AUDIOLOGIA INFANTIL

EDITORA AFILIADA

4ª reimpressão

Dados Internacionais de Catalogação na Publicação (CIP)
(Câmara Brasileira do Livro, SP, Brasil)

Russo, Iêda C. Pacheco.
   Audiologia infantil / Iêda C. Pacheco Russo, Teresa M. Momensohn dos
Santos – 4. ed. rev. e amp. – São Paulo : Cortez, 1994.

   Bibliografia.
   ISBN 85-249-0177-2

     1. Audiologia 2. Audiometria 3. Crianças – Distúrbios da audição
4. Crianças – Distúrbios da linguagem I. Santos, Teresa M. Momensohn.
II. Título.

CDD- 618.920978
-617.89
NLM-WV 270
-WS 340

89-1034

Índices para catálogo sistemático:

1. Audiologia infantil : Pediatria 618.920978
2. Audiometria : Medicina 617.89
3. Crianças : Audiologia : Pediatria 618.920978
4. Crianças : Deficiências auditivas : Pediatria 618.920978

IÊDA C. PACHECO RUSSO
TERESA M. MOMENSOHN SANTOS

AUDIOLOGIA INFANTIL

4ª edição revista e ampliada

AUDIOLOGIA INFANTIL – Princípios e Métodos da Avaliação da Audição na Criança
Iêda C. Pacheco Russo e Teresa M. Momensohn dos Santos

Capa: Jeronimo de Oliveira
Arte-final: Maria Regina da Silva
Montagem: Agnaldo J. Soares
Revisão: Maria de Lourdes de Almeida e Eliana Martins
Composição: Dany Editora Ltda.
Coordenação editorial: Danilo A. Q. Morales

Texto revisto e ampliado a partir da 4ª edição em fevereiro de 2001.

Nenhuma parte desta obra pode ser reproduzida ou duplicada sem autorização expressa das autoras e do editor.

© 1994 by Autora

Direitos para esta edição
CORTEZ EDITORA
Rua Monte Alegre, 1074 – Perdizes
05014-001 – São Paulo – SP
Tel.: (11) 3864-0111   Fax: (11) 3864-4290
E-mail: cortez@cortezeditora.com.br
www.cortezeditora.com.br

Impresso no Brasil – março de 2009

Iêda e Teresa dedicam este trabalho aos *pequenos pacientes* e suas famílias, com quem tanto aprenderam.

*As autoras agradecem aos maridos
e filhos pela compreensão das ausências
e pelo estímulo constante.*

SUMÁRIO

PREFÁCIO À TERCEIRA EDIÇÃO 9
PREFÁCIO À PRIMEIRA EDIÇÃO 11
NOTA DAS AUTORAS 13
Capítulo I
A AUDIÇÃO E O DESENVOLVIMENTO DA LINGUAGEM 15
1. O que é comportamento auditivo 19
2. Maturação da resposta auditiva 25
3. Função normal no processo perceptual auditivo 27
Capítulo II
CAUSAS DA DEFICIÊNCIA AUDITIVA NA CRIANÇA 29
1. Classificação quanto ao local 29
2. Classificação das perdas auditivas quanto ao grau 33
3. Classificação das perdas auditivas quanto ao momento
   em que ocorrem 38
4. Classificação das perdas auditivas quanto à origem do
   problema 38
Capítulo III
A AVALIAÇÃO AUDIOLÓGICA 71
1. O que é avaliação audiológica? 72
2. Princípios da avaliação audiológica 73
3. Relatório de avaliação audiológica 87
Capítulo IV
AVALIAÇÃO DO RECÉM-NASCIDO E OS PROGRAMAS DE
IDENTIFICAÇÃO PRECOCE DA DEFICIÊNCIA AUDITIVA 92
1. Registros de alto risco 94
2. Audiômetros pediátricos 96
3. A testagem do bebê recém-nascido 98
Capítulo V
A AVALIAÇÃO AUDIOLÓGICA DA CRIANÇA DE
0 A 2 ANOS DE IDADE 109
1. Avaliação audiológica baseada nas respostas
   comportamentais
2. Teste BOEL
3. Condicionamento do reflexo de orientação (COR)
4. Audiometria com reforço visual (VRA)

Capítulo VI

A AVALIAÇÃO AUDIOLÓGICA DA CRIANÇA DE
2 A 6 ANOS DE IDADE 135
1 Técnicas de avaliação da audição em crianças de
2 a 6 anos de idade 139
2. A triagem audiométrica na criança de 2 a 6
anos de idade 147

Capítulo VII

LOGOAUDIOMETRIA NA CRIANÇA 155
1. A aplicação da logoaudiometria na criança de
0 a 2 anos de idade 168
2. A aplicação da logoaudiometria na criança de
2 a 5 anos de idade 169
3. A logoaudiometria na criança difícil de testar 174
4. Logoaudiometria para indicação do aparelho individual
de amplificação sonora 175

Capítulo VIII

MEDIDAS DA IMITÂNCIA ACÚSTICA NA CRIANÇA 178
1. A aplicação das medidas da imitância acústica em bebês 181
2. As medidas da imitância acústica em pré-escolares e
escolares e as triagens imitanciométricas 185
3. A predição do limiar auditivo a partir do reflexo
estapediano 194
4. Maneiras de facilitar a aplicação do exame em crianças 199

Capítulo IX

A CRIANÇA COM OUTRAS DIFICULDADES 205
1. A avaliação do comportamento auditivo como fator de
diagnóstico diferencial 207
   1.1. Sintomas comportamentais da criança com
   deficiência auditiva periférica 208
   1.2. Sintomas comportamentais da criança afásica —
   lesões neurológicas centrais 209
   1.3. Sintomas comportamentais da criança com distúrbio
   emocional — surdez psíquica 210
   1.4. Sintomas comportamentais da criança com
   deficiência mental 210
2. O distúrbio de processamento auditivo central e sua
avaliação 211

Capítulo X

ORIENTAÇÃO E SEGUIMENTO 226
A integração do deficiente auditivo na escola 229

PREFÁCIO À TERCEIRA EDIÇÃO

Os métodos de avaliação da audição, através da acumetria, começaram a ser desenvolvidos em meados do século passado, com o uso de diapasões, propiciando os testes de Rinne, Weber e Schwabach e, posteriormente, os de Gellé, Bing, Bonnier e outros. Posteriormente, a avaliação do campo auditivo espacial passou a ser feita com o apito de Galton e o monocórdio de Von Struycken.

A Audiologia moderna, entretanto, utilizando métodos eletrônicos, tem pouco mais de 50 anos e é, por assim dizer, uma ciência jovem.

No Brasil, os primeiros audiômetros foram introduzidos na década de 30 e, de acordo com a bibliografia existente, a primeira câmara acústica construída no Brasil o foi por Waldemir Salém, no Centro Médico do Galeão, no Rio de Janeiro, da antiga Aviação Naval.

Poderíamos dizer que a Audiologia, no Brasil, tem, ainda hoje, poucos e bravos adeptos.

Os primeiros trabalhos importantes publicados no país o foram por Geraldo de Sá, do Recife, que introduziu as primeiras listas de palavras foneticamente balanceadas em língua portuguesa para uso em logoaudiometria, com monossílabos e dissílabos, gravadas em discos de acetato, trabalho realizado no Central Institute for the Deaf, Saint Louis, Missouri, e por Mauro Penna e Aristides Monteiro, que realizaram e publicaram importante estudo sobre as lesões auditivas provocadas pelo ruído, em operários do Arsenal de Marinha, no Rio de Janeiro. Ao mesmo Aristides Monteiro e colaboradores devemos os trabalhos iniciais de avaliação auditiva em berçários. A esses seguiram-se trabalhos de diversos pesquisadores. como os de Américo Morgante, de São Paulo, que, juntamente com o argentino Júlio

Bernaldo de Quirós, introduziu uma lista de palavras, para uso em logoaudiometria, de uso comum nos países de língua espanhola e portuguesa; também de São Paulo tivemos expressivos trabalhos de Mangabeira Albernaz e colaboradores, Octacilio Lopes Filho, Orozimbo Alves Costa Filho e alguns outros estudiosos, sendo que alguns deles são mencionados na bibliografia desta publicação; José Seligman, no Rio Grande do Sul, com pesquisas de audição em escolares. No Rio de Janeiro, Armando Paiva de Lacerda publicou um manual de Audiologia Clínica.

Parece-nos, entretanto, que a Audiologia — e não é só no nosso meio — é uma filha enjeitada, tanto pelos otorrinolaringologistas, que preferem se dedicar mais à cirurgia, quanto pelos fonoaudiólogos, que têm maior propensão de cuidar dos distúrbios da voz, fala e linguagem, da aprendizagem e da psicomotricidade.

Iêda Chaves Pacheco Russo e Teresa Maria Momensohn dos Santos pertencem a essa estirpe de bravos adeptos antes mencionada, e que perseguem uma sacrificada saga de estudos e de transmissão de conhecimentos em Audiologia. E como o fazem bem!

Em linguagem fluida e escorreita prendem o leitor do primeiro ao último parágrafo deste livro, dedicado à Audiologia Infantil. Nele, conseguem realizar a difícil façanha de tornar agradável a leitura de um livro didático, além de sintetizarem todas as correntes e métodos de diagnóstico dos distúrbios da audição em crianças. Poderíamos dizer que se trata de um livro que propicia, aos iniciantes, os primeiros passos para a aprendizagem da Audiologia e, para os veteranos, um aprofundamento em seus conhecimentos, com a discussão objetiva dos distintos enfoques. Mais ainda, Iêda Russo e Teresa Momensohn ensinam, metódica e subjetivamente, como obter, de cada método de pesquisa, os melhores resultados; a pensar e a observar (e em audiometria de comportamento a observação e a lógica são essenciais no desenvolvimento da percepção de um examinador, tornando-o apto a captar pequenas e sutis respostas); a criar e a adaptar jogos e dispositivos de baixo custo.

Desejamos, finalmente, felicitar, não só à Iêda e à Teresa, por terem escrito este profícuo trabalho, como aos estudiosos que tiverem a ventura de o ler.

Aziz Lasmar
Rio, dezembro de 1988.

PREFÁCIO À PRIMEIRA EDIÇÃO

As deficiências auditivas da criança e suas graves conseqüências na aquisição da fala e da linguagem, assim como na escolaridade, tornam de extrema importância o conhecimento do desenvolvimento da audição na infância e dos recursos para avaliá-la adequadamente. Em nosso país, nos últimos anos, grande interesse tem sido despertado para o domínio de técnicas de avaliação de audição, havendo necessidade crescente de um número maior de profissionais competentes atuando na área da audiologia pediátrica. Entretanto, há carência de publicações em português e, mesmo, ausência de um livro brasileiro integralmente dedicado ao assunto. Isto, por si só, já justificaria a iniciativa das autoras em publicar um manual especializado, contribuindo, acredito, para a melhor qualificação de audiologistas.

Neste livro, a vivência audiológica das autoras com crianças é apresentada, às vezes, sob forma de narrativa e de maneira muito pessoal, revelando suas dificuldades e seus recursos para o diagnóstico desejado. Aos iniciantes em audiologia, é importante tomar conhecimento desta vivência. Aos mais experientes e atuantes no campo, a leitura do livro é intrigante e pode, em certas passagens, até mesmo despertar controvérsias. Mas, afinal, assim é a avaliação da audição na infância: intrigante e controversa.

Orozimbo Alves Costa Filho

NOTA DAS AUTORAS

Ao completarmos dez anos da primeira edição deste que foi o nosso primeiro livro publicado, é com satisfação que olhamos para trás, na certeza de havermos contribuído para a formação de fonoaudiólogos brasileiros na área da Audiologia Infantil. Tal satisfação só é superada pelo fato de que esta 4ª edição revista e ampliada conta com trabalhos de colegas brasileiros, que, com suas pesquisas, teses de mestrado e doutorado, engrandecem ainda mais o trabalho de atendimento precoce ao deficiente auditivo em nosso meio.

Jamais esqueceremos os ensinamentos contidos nos livros escritos pelos Drs. Marion Downs e Jerry Northern dos EUA, ensinamentos preciosos que sempre nortearam nossa conduta junto à criança portadora de deficiência auditiva.

Também não poderíamos deixar de mencionar que este trabalho começou a ser desenvolvido em 1972, no Setor de Audiologia da Clínica de Otorrinolaringologia da Santa Casa de São Paulo, instituição esta que sempre nos apoiou e incentivou, possibilitando, assim, a continuidade do mesmo, além de permanecer como um centro de referência pela alta qualidade dos cursos e estágios oferecidos a fonoaudiólogos de todo o país, que queiram aprimorar seus conhecimentos na área da Audiologia Clínica, Educacional e da Fonoaudiologia como um todo.

Nossa atuação como docentes do curso de Fonoaudiologia da PUC de São Paulo, atendendo aos "pequenos pacientes" na DERDIC — Divisão de Ensino e Reabilitação dos Distúrbios de Comunicação, nos possibilitou abrir novos horizontes e ampliar nossos conhecimentos sobre novos métodos e técnicas de avaliação auditiva de crianças pequenas.

Neste período, tivemos a oportunidade de completar nossa formação, realizando o Programa de Mestrado em Audiologia na PUC de São Paulo e o Programa de Mestrado e Doutorado em Distúrbios de Comunicação Humana — Campo Fonoaudiológico, na Escola Paulista de Medicina, o que muito nos honrou e propiciou os subsídios que nos faltavam para continuarmos nossas pesquisas nesta e em outras áreas fonoaudiológicas.

Este livro continua, pois, a ser destinado a todos os profissionais que, direta ou indiretamente, atuam com o deficiente auditivo, quer na área diagnóstica, quer na habilitação e reabilitação auditivas. Nosso principal objetivo é relatar nossa experiência, acrescida da contribuição valiosa de profissionais brasileiros, na avaliação audiológica da criança de 0 a 6 anos de idade, por ser esta uma faixa etária que requer muita paciência, dedicação e atualização de conhecimento por parte do audiologista.

Nossa mensagem continua sendo aquela que valoriza todo e qualquer procedimento ou técnica que seja aplicado, seja ele subjetivo ou objetivo, no sentido de garantir o diagnóstico precoce da deficiência auditiva em nosso meio, a fim de propiciar um trabalho adequado de habilitação do pequeno ser em desenvolvimento.

Lembramos, ainda, a importância da bateria de testes audiológicos no processo diagnóstico da deficiência auditiva e que *nenhum teste isolado tem valor absoluto.*

Nossos mais profundos agradecimentos aos nossos pais, maridos, filhos, mestres, colegas e alunos, sem os quais a opção de vida que fizemos não teria sido tão válida e possível, e que possamos festejar juntos a alegria da primeira década desta publicação.

Iêda Chaves Pacheco Russo
Teresa M. Momensohn dos Santos

Capítulo I
A audição e o desenvolvimento da linguagem

Ouvir a linguagem por um período de tempo é essencial
para ultimar o seu uso. (Lenneberg, 1967)

A *linguagem* envolve um processso altamente complexo, uma vez que está diretamente relacionada à elaboração e simbolização do pensamento humano. É a faculdade humana e abstrata de representação de conteúdos. É por seu intermédio que o homem pode estabelecer contatos com seus semelhantes, desenvolvendo a habilidade de compartilhar suas experiências, pensamentos, idéias, desejos, na busca de novas experiências e conhecimentos, ou seja, comunicar-se com outrem.

A *comunicação*, além de satisfazer uma necessidade básica do ser humano, isto é, o saber, é um dos mais penetrantes, complexos e importantes aglomerados de seu comportamento social. Nossas vidas cotidianas são afetadas seriamente pelas nossas comunicações com os outros.

Sendo entendida como algo interior, a linguagem pode ser tanto *verbal* quanto *não-verbal*. A linguagem é verbal quando expressada por intermédio da *fala*, a qual, por sua vez, é a exteriorização do pensamento abstrato, feita através do uso sistemático de emissões ou expressões de símbolos verbais ou palavras contidas no código de uma língua.

O *código* é o conjunto de representações concretas da linguagem humana, constituído por instrumentos convencionais, tais como: signos, sinais e símbolos ordenados a fim de formarem determinada língua.

A linguagem não-verbal é aquela que envolve o uso de gestos indicativos e/ou representativos, expressão corporal e facial, a paralinguagem, manifestada através de qualidades e características vocais específicas.

A capacidade de aquisição da linguagem é notável por sua universalidade em toda a raça humana, sendo uniforme e específica desta. Ao analisarmos uma língua e seu funcionamento descobrimos ser ela extraordinariamente complexa, abrangendo princípios ou sistemas de organização altamente abstratos. Mesmo assim, nos primeiros anos de vida uma criança é capaz de dominar um sistema lingüístico idêntico àquele empregado pelas pessoas que a cercam.

Entretanto, para que o desenvolvimento da linguagem falada se processe, devem ser destacadas três seqüências inter-relacionadas de desenvolvimentos:

1. Desenvolvimento da capacidade de receber, reconhecer, identificar, discriminar e manipular as características e processos do mundo que nos cerca. Esta etapa constitui a fase de recepção, de entrada dos estímulos sensoriais, principalmente auditivos, visuais e cinestésicos, sob o comando do Sistema Nervoso Central (SNC). A *audição*, portanto, desempenha um papel preponderante e decisivo, uma vez que para que a linguagem falada se desenvolva é necessário que a criança ouça, possuindo integridade do sistema auditivo como um todo, tanto a nível periférico quanto central. Através da audição nos mantemos informados sobre as atividades que estão ocorrendo à distância, funcionando como mecanismo de alerta e defesa contra o perigo.

É pela integridade das vias auditivas que podemos localizar a fonte sonora. O mais alto nível de audição reside no fato de que o homem, por possuir grande habilidade de distinguir e reconhecer o significado dos sons, juntamente com sua capacidade de produzir e simbolizar uma enorme variedade deles através da fala, desenvolve um sistema de comunicação estruturado e único da espécie humana, isto é, a linguagem falada.

Todavia, a aquisição da linguagem pela audição "é uma função que depende do tempo e está relacionada a períodos de maturação precoce, que são denominados *períodos críticos* para o desenvolvimento de funções biológicas, as quais são responsáveis pela aquisição da linguagem em tempo certo" (Lenneberg, 1967). Esta estreita relação entre audição e aquisição da linguagem é próprio do ser humano, exatamente porque é uma função fechada no tempo e está relacionada a períodos maturacionais que ocorrem muito cedo na vida do bebê.

Um bebê que não recebe estimulação de linguagem adequada durante os 2 ou 3 primeiros anos de vida nunca terá seu potencial de linguagem completamente desenvolvido, não importa a razão de sua privação.

Em vista da necessidade de se ouvir bem é que se torna premente atacar os problemas auditivos das crianças com toda a habilidade, conhecimento e possibilidades de que somos capazes. A prevenção da deficiência auditiva na criança protege seu direito fundamental e essencial ao ser humano — o desenvolvimento da função da linguagem.

Existe, pois, maturação precoce do sistema receptivo, o qual estabelece a prontidão para a maturação do sistema expressivo no devido tempo.

2. Desenvolvimento da capacidade de compreender, decodificar, associar a linguagem falada, ou seja, a *interpretação* dos sons lingüísticos que a criança ouve em seu ambiente. Sendo uma função mental, a *interpretação* depende da integridade dos centros de associação do Sistema Nervoso Central para possibilitar o funcionamento de processos bastante complexos, tais como: memória, não somente de símbolos verbais, mas de pessoas, objetos, eventos, atividades e conceitos intelectuais que eles representam; organização têmporo-espacial; análise-síntese; figura-fundo; motivação, além de experiências emocionais.

É sabido que o impulso para a comunicação através da linguagem falada é inato (LAD — Language Acquisition Device). Contudo, a habilidade para ler, escrever ou desenhar é aprendida (Bee, 1977).

Um exemplo de interpretação pode ser encontrado no próprio desenvolvimento de linguagem da criança. Imagine-se que ela empregue a onomatopéia "au-au" para todos os animais de quatro patas: cachorro, gato, cavalo etc. Usa este código generalizando-o, até que, em dado momento, consegue substituí-lo pelo adequado, ou seja, emprega "au-au" para cachorro, "miau" para gato e "toc-toc" para cavalo. No instante em que tal substituição ocorreu, pode-se dizer que a criança interpretou.

3. Desenvolvimento da capacidade de produzir os sons da fala, isto é, a *emissão*. Esta etapa envolve uma atividade motora, que é comandada pelo Sistema Nervoso Central, isto é, a habilidade fonoarticulatória necessária à produção dos sons da fala. Ao exteriorizar seu pensamento por meio da linguagem verbal, o homem precisa desejar fazê-lo, ter capacidade para isso, pois este ato engloba uma seqüência de eventos que inclui: separar a idéia principal; colocá-la

em simbologia verbal adequada, em forma gramatical e cadência vocal apropriadas; mentalizar a imagem cinestésica e, finalmente, acionar, adequadamente, os órgãos fonoarticulatórios (OFA), a fim de produzir os sons de fala desejados.

O choro da criança, organicamente determinado nos três primeiros meses de vida, dá lugar à vocalização que, por volta dos seis meses, transforma-se na denominada fase de balbucio.

Segundo Menyuk (1975), "o uso de sons pela criança de modo repetitivo indica a época em que o sistema de *feedback* está efetivo". Por *feedback* acústico articulatório entende-se a monitorização que o ouvido exerce sobre as produções articulatórias do indivíduo.

Durante a fase do balbucio, iniciada aproximadamente aos seis meses, muitos sons são acrescentados e ocorrem, além da seqüência consoante-vogal, várias combinações complexas. Na verdade, durante este estágio os bebês produzem todos os sons que formam a base fonética de todas as línguas.

Entretanto, sua capacidade produtiva para a fala apresenta uma defasagem em relação à sua habilidade demonstrada para perceber diferenças.

Somente por volta de nove meses a um ano de vida a criança começa a usar sua primeira palavra, tão ansiosamente esperada pelos pais e familiares.

Diante desta seqüência de desenvolvimentos inter-relacionados podemos depreender que o material da linguagem falada consiste num longo período de recepção dos símbolos auditivos da linguagem, o qual é pré-requisito para a posterior emissão desta.

Quadro I - 1

Diagrama esquemático do processo de comunicação através da linguagem falada

1ª etapa	*2ª etapa*	*3ª etapa*
Recepção ⟶	Interpretação ⟶	Emissão
Ouvido ⟵⟶	SNC ⟶	OFA
Sensorial ⟶	Mental ⟶	Motora
Aferência ⟶	Associação ⟶	Eferência

1. O que é comportamento auditivo

O comportamento auditivo inclui todas as reações a sons manifestadas primordialmente por reações motoras. Ele depende tanto de estruturas centrais e periféricas quanto da integridade biológica e psicológica da criança. Por esta razão envolve múltiplos aspectos que são de grande relevância na avaliação da função auditiva de uma criança. Estes aspectos vão desde as características da voz, a vocalização, o uso de gestos, a qualidade das respostas aos sons, o tipo e a adequação do riso e do choro, até a forma como a criança usa pistas visuais ou táteis, sua expressão facial, demonstrando prazer ou desprazer, sua percepção social, além das respostas motoras (Downs, 1974).

As reações motoras adquirem um papel de suma importância no processo de desenvolvimento do comportamento auditivo, onde é fundamental conhecer o tipo de resposta que a criança é capaz de apresentar, segundo sua faixa etária, e, conseqüentemente o estágio no qual a maturação do Sistema Nervoso Central começa a se completar.

Em geral, as etapas de respostas a sons seguem um padrão de maturação. Fisiologicamente, a cóclea humana possui função adulta normal após a vigésima semana de gestação, sendo que o feto reage a estímulos sonoros intensos.

Ao nascer, o ser humano apresenta apenas audição do tipo reflexa; em seguida, inicia-se o processo de aprendizagem e novas respostas ao som passam a ser desenvolvidas, sendo estas dependentes de experiências auditivas. Assim que estas experiências vão sendo adquiridas, ocorre a inibição das respostas reflexas. Desta maneira, a audição puramente reflexa no nascimento passa a adquirir forma mais sofisticada e complexa, que é denominada por Fry (1971) de "audição de compreensão", necessária à compreensão e produção da fala.

Downs e Sterritt (1967) cataIogaram uma variedade de respostas comportamentais do recém-nascido a sons, enfatizando a maneira de observá-las:

• *Piscar de olhos ou atividades de pálpebras* — Pode ocorrer desde um pequeno e rápido estreitamento até um grande fechamento, incluindo a contração das sobrancelhas. Este é o chamado reflexo cócleo-palpebral, o qual consiste num piscar ou fechamento de olhos. A via aferente é o nervo *coclear*, o centro de associação é a formação reticular, e a via eferente, o nervo facial. Se a criança estiver dormindo em sono profundo, seu centro de vigília estará bloqueado e, por esta razão, os impulsos aferentes precisam ser de grande intensidade e duração para que tal resposta seja obtida. A via reflexa que liga o olho e seus músculos à oliva superior permanece como interligação entre o olho e o ouvido, podendo esta associação ser vista no bebê que, em breve, será capaz de elevar a cabeça e voltá-la para a fonte sonora, movendo seus olhos na procura do som.

• *Reflexo de Moro* — Na maioria dos casos os braços se separam, os dedos se abrem, as pernas são esticadas e a cabeça volta-se para trás (Dennis, 1934). É uma violenta reação de sobressalto, consistindo num movimento abrupto de todo o corpo, sendo braços e pernas esticados e afastados da linha média do corpo. Algumas vezes pode ser observado um tremor ou estremecimento dos membros durante o movimento. Este reflexo tende a ser inibido antes do reflexo cócleo-palpebral.

• *Susto ou sobressalto* ("startle") — Descrito como um pequeno "pulo" do corpo do recém-nascido, logo após ter sido estimulado acusticamente. É também denominado de reação de susto, alerta ou alarme, que pode ou não acompanhar o reflexo de Moro.

• *Cessação de atividade* — Momento em que o bebê está acordado, chorando e se movimentando e pára de fazê-lo durante a apresentação do som.

• *Caretas* — O rosto do bebê enruga-se como se quisesse protestar contra o som. Pode ocorrer contração das sobrancelhas, além, de abertura e fechamento dos olhos.

• *Sucção* — Leve retração do lábio inferior. O bebê pode parar de sugar ou aumentar o ritmo de sucção.

• *Início de movimentos generalizados* — Quer o bebê esteja dormindo calmamente, quer esteja acordado, mas quieto, os olhos se abrem e isto é acompanhado por leves movimentos corporais, seguidos de tremor leve do corpo.

• *Arregalar os olhos* — Quando o bebê, ao despertar, abre os olhos demasiadamente. O mesmo pode ocorrer se estiver acordado.

• *Mudança na respiração* — O ritmo respiratório pode ser interrompido ou acelerado.

• *Riso e/ou choro* — O bebê tanto pode cessar quanto iniciar estes comportamentos.

Uma das respostas mais seguras e concretas que um recém-nascido pode apresentar a um estímulo sonoro é o *despertar do sono*. Bench (1970) enfatizou a importância de considerar o estado pré-estimulatório ao despertar do sono do bebê através da "Lei do valor inicial". "Quanto mais baixo for este estado, maior será o aumento no nível de atividade durante a estimulação; quanto mais elevado, maior será a diminuição no nível de atividade do bebê durante a estimulação".

2. Maturação da resposta auditiva

Os primeiros anos de vida de um bebê são repletos de aprendizagem. Neste período ele adquire todos os tipos de habilidades motoras e uma enorme quantidade de informações que provêm dos sentidos especiais, tais como: visão, tato, olfato, gustação e audição.

Entretanto, a audição como sentido especial vem mais tarde, uma vez que a criança armazena todo o tipo de informação, indistintamente, sendo que os sons passam a ter real significado para ela quando se estabelece o processo de aprendizagem para ouvir.

O desenvolvimento deste processo pode ser influenciado pelo *ambiente*. De acordo com Menyuk (1975), o "enriquecimento da comunicação como instrumento de interação social é amplamente influenciado pelo reforço e pelo inter-relacionamento precoce da criança com o ambiente". Desta maneira, depreende-se que tanto fatores ambientais quanto emocionais ocupam papéis destacados no processo de maturação da resposta auditiva.

Contudo, o fator decisivo e relevante neste processo cabe à *maturação do Sistema Nervoso Central,* isto é, depende da mielinização das fibras nervosas, que garantirá a condução dos impulsos nervosos aos centros corticais correspondentes. Isto explica o porquê das respostas do bebê recém-nascido até os dois ou três meses de vida serem reflexas. O processo de inibição reflexa terá início tão logo se inicie a maturação do SNC. Nesse momento, o córtex inicia o comando das respostas do bebê.

Os sons que têm maior significado para a criança, como, por exemplo, a voz da mãe, os sons referentes à alimentação, enfim, os mais freqüentemente ouvidos por ela são os de aprendizado mais fácil. Com duas semanas de vida, a criança adquire uma atitude auditiva ao som da voz humana e, com quatro semanas, ela é acalmada

Quadro I - 2

Maturação das respostas auditivas em bebês de 0 a 24 meses

Recém-nascido	— Despertar do sono, respostas reflexas (reflexo cócleo, palpebral, Moro, *startle*).
3 a 4 meses	— Esforços rudimentares para virar a cabeça. Começa a inibição das respostas reflexas.
4 a 7 meses	— Localiza a fonte sonora somente para o lado. Esta fase coincide com a habilidade de se sustentar e virar a cabeça.
7 a 9 meses	— Localiza a fonte sonora para o lado e indiretamente para baixo.
9 a 13 meses	— Localiza a fonte sonora diretamente para o lado e para baixo.
13 a 16 meses	— Localiza a fonte sonora para o lado, para baixo e indiretamente para cima.
16 a 21 meses	— Localiza diretamente os sons para o lado, para baixo e para cima.
21 a 24 meses	— Localiza diretamente os sons em qualquer ângulo.

(Downs e Northern, 1974)

pelo som, modificando sua atividade ao ouvi-lo. Por volta dos quatro meses de idade, os sons fazem com que a criança volte a cabeça, deliberadamente, na sua direção, mesmo que tais sons sejam fracos, uma vez que agora ela já aprendeu a aceitar os sons fortes como parte integrante de seu ambiente.

A localização é um marco importante que auxilia a criança a manter um contato estável com seu ambiente e associar os sons com as fontes sonoras.

Estes dados sugerem que, entre o nascimento e os quatro meses de idade, a criança demonstra:

- conscientização do som;
- discriminação entre presença e ausência do som;
- capacidade de efetuar respostas corretas na procura do som.

Todavia, é importante ressaltar o fato de que mesmo que a criança seja capaz de selecionar vários sons de fala nos primeiros meses de vida, sua produção sonora não se desenvolve na mesma velocidade.

Assim, podemos depreender que o material da linguagem consiste num longo período de recepção dos símbolos auditivos desta, o qual é pré-requisito para a sua posterior emissão.

Explorar as razões da defasagem entre recepção e emissão não nos cabe neste momento. O importante é que não desconheçamos o fato de que existe precocemente a maturação do sistema receptivo, que ocorre a fim de estabelecer a prontidão para o sistema expressivo, posteriormente. No momento em que a linguagem falada aparece, houve um período de 12 a 18 meses de complexa recepção da linguagem falada pelo adulto e levada à matriz da estrutura de linguagem da criança.

Refinar uma estrutura de linguagem complexa a uma estrutura básica formada de sentenças de duas palavras, as quais constituem as primeiras manifestações de fala da criança, é o dia mais nobre da criação (Kaplan, 1969).

No momento em que a primeira palavra é pronunciada pela criança são atingidos aproximadamente 60% dos valores de maturação do adulto; um mundo de experiências auditivas ocorreu e nada do que ela faça depois disto será tão importante e complexo como o que precedeu esta primeira emissão (Lenneberg, 1967).

3. Função normal no processo perceptual auditivo

Como um ouvinte normal analisa os sons verbais que recebe, ordena-os em estruturas significativas e compreende o seu significado em relação ao meio ambiente?

Segundo Russo e Behlau (1993), a percepção auditiva envolve a recepção e a interpretação dos estímulos sonoros através do sentido da audição. Este processo altamente complexo e elaborado desenvolve-se a partir da representação interna do objeto ou acontecimento percebido nos centros auditivos do cérebro.

A forma exata como percebemos os estímulos sonoros ainda não é totalmente compreendida, mas é possível identificar-se alguns dos componentes da percepção auditiva, segundo Boothroyd (1986), tais como: Detecção, Sensação sonora, Discriminação, Localização, Reconhecimento, Compreensão, Atenção e Memória.

Boothroyd (1986) sugere que, para sabermos e entendermos melhor como cada uma destas etapas acontece, devemos fazer uma série de questões, que tornarão estes eventos simples de serem identificados:

1. Detecção: "Existiu o som?"
2. Sensação: "Como era o som?"
3. Discriminação: "O som se modificou?" ou "Em que este som é diferente daquele outro?"
4. Localização: "Onde está a fonte que produziu o som?"
5. Reconhecimento: "Qual foi o evento que causou o som?"
6. Compreensão: "Porque razão o evento ocorreu?"
7. Atenção: "Que estímulo sonoro me interessa mais?"
8. Memória: "O que ficou retido e pode ser evocado daquele som?"

Desta forma, a percepção auditiva é parte do processamento auditivo que envolve uma análise complexa do sinal acústico, integrando a informação em modelos auditivos. É um processo adaptável, modificável e influenciado pela aprendizagem (Sloan, 1991).

A nível acústico, o Sistema Auditivo analisa os sons da fala identificando-os acusticamente e reconhecendo-os como os fonemas da língua a que está exposto. Muitas vezes, um indivíduo portador de lesão neurológica ou de uma alteração neurológica funcional pode ser capaz de receber a energia acústica da fala, mas pode não ser competente para utilizar estas informações de maneira produtiva. Ou seja, não basta ouvir bem, é necessário que a informação possa ser adequadamente interpretada, para que realmente seja entendida como mensagem.

Se, para que o processo perceptual auditivo aconteça, é necessário que primeiro possamos detectar e sentir o fenômeno físico — som, torna-se fundamental para as posteriores etapas que as estruturas responsáveis pela transmissão e recepção destes estímulos auditivos estejam funcionando em plena integridade, ou seja, que o ouvido Externo, Ouvido Médio e Ouvido Interno apresentem integridade morfo-fisiológica. Qualquer alteração orgânica nestas estruturas poderá implicar em informações incorretas, distorcidas ou alteradas sobre os fonemas percebidos.

Chalfont e Scheffelin (1969) separaram as respostas comportamentais aos estímulos auditivos nas seguintes categorias:

1. Atenção auditiva: capacidade do indivíduo de apresentar uma resposta voluntária a um estímulo sonoro.

2. Consciência auditiva: capacidade do indivíduo de perceber a presença e a ausência do som.

3. Localização sonora: capacidade do indivíduo em reconhecer de onde a fonte sonora partiu.

4. Discriminação de sons: processo de detectar diferenças e semelhanças nos sons que percebemos; para isso, inicialmente a criança deve perceber um som isolado para depois compará-lo a outro. À medida que esta habilidade se especializa é possível distinguir diferenças entre fonemas e entre palavras tão sutis como os traços distintivos da língua. Nesta etapa, ocorre também a habilidade para a discriminação de seqüências de sons tais como: ritmo, cadência, entonação etc.

5. Seleção figura/fundo: habilidade de selecionar um estímulo sonoro significativo dentro de uma gama de sons apresentados simultaneamente.

6. Associação de sons com a fonte sonora: etapa final de todo o processo perceptual pois se o indivíduo não a consegue, sabemos que poderá apresentar alterações na sua linguagem, demanda integridade das habilidades cognitivas.

Tais comportamentos envolvem correlações com inteligência, memória auditiva, localização e discriminação de sons, sendo o comportamento final a extração do significado dos estímulos auditivos e o desenvolvimento do uso da linguagem para a comunicação receptivo-expressiva, mas todos se iniciam a partir da boa qualidade da recepção do estímulo acústico.

A deficiência auditiva na criança, não importa o grau, local ou configuração, se caracteriza como um problema silencioso, pouco visível, que produz sérias conseqüências no desenvolvimento da fala e da linguagem de seus portadores e pode acarretar distúrbios emocionais, sociais e psicológicos não só no seu portador, mas também em seus familiares.

Sabemos que a deficiência auditiva ocorre na proporção de 6:1000 nascimentos e que é adquirida em 20:1000 crianças nos Estados Unidos (1993). No Brasil, não temos noção de sua incidência, mas não deve ser menor do que a relatada pelo grupo de Rhode Island (1993), visto que nossas medidas de prevenção estão bem abaixo do desejado e necessitado.

Torna-se então primordial definirmos o que é uma perda auditiva em uma criança, já que esta tem necessidades auditivas muito maiores que qualquer adulto, pois para aprender a língua de sua comunidade é preciso primeiro identificar acusticamente os fonemas que esta contém. Ao mesmo tempo, uma séria indagação nos aparece: Em que momento a audição de uma criança deixa de ser normal e passa a ser considerada anormal? Em um adulto, este tênue limite é estabelecido a 25 dBNA para a média tonal de 500, 1000 e 2000Hz; mas será que estes valores devem ser os mesmos para as crianças? Será que 25 dBNA já não resulta em recepção inadequada de estímulos acústicos que necessitam ser muito bem percebidos para serem corretamente interpretados? Northern e Downs (1991) afirmam que este valor é muito alto para as crianças, elas demandam mais energia na informação para que possam realizar a aprendizagem adequada; acreditam que o limite de normalidade para uma população infantil deve estar na faixa de 15 dBNA para a média tonal de 500, 1000, 2000 e 3000 Hz.

A literatura tem mostrado que sujeitos que apresentaram quadros de alterações auditivas discretas nos primeiros anos de vida apresentam dificuldades para realizar tarefas auditivas importantes, tais como a habilidade para atenção seletiva (figura/fundo) (Ferman, Verschuure e van Zanten, 1993).

A análise da acústica dos fonemas da fala mostra que os sons vocálicos têm muita energia, mas trazem poucas informações. Mostram também que os sons consonantais têm pouca energia, mas são ricos em informações. Isto significa que se ouvirmos somente as vogais de uma emissão, teremos enormes dificuldades para entender o que foi falado; por outro lado se pudermos ouvir todas as consoantes, teremos maiores chances de reconhecermos a palavra emitida. Por exemplo, se ouvirmos "..a ..a", não teremos a menor idéia do que foi dito, porém se ouvirmos "c.. s.." teremos um número menor de possibilidades do que para "..a ..a". Russo e Behlau (1993) apresentaram a distribuição dos sons do português brasileiro em um audiograma. Neste quadro é possível percebermos quão pouco intensos são os sons consonantais e como apresentam qualidade tonal de freqüência alta, área em que a maior parte dos deficientes auditivos têm maior perda.

Conhecendo a importância da boa percepção acústica para o desenvolvimento de estratégias que nos permitam manter uma conversação mesmo em situações acústicas ruins — ruído ambiente, carro, pouca iluminação etc., podemos entender as conseqüências que uma discreta perda auditiva pode trazer ao seu portador, principalmente se este for uma criança. Skinner (1978) enumerou uma série de alterações no aprendizado da linguagem que uma criança pode apresentar se for portadora de deficiência auditiva leve:

• Perda da constância das pistas auditivas quando a informação acústica flutua;

- Confusão dos parâmetros acústicos em situações de fala rápida;
- Confusão na segmentação e na prosódia;
- Mascaramento em ambiente ruidoso, onde a relação ideal deveria ser de + 30 dB (French e Steinberg, 1947) e na vida real temos de + 12 dB;
- Quebra da habilidade precoce de perceber a acústica dos sons da fala;
- Quebra na habilidade de aprender significados;
- Abstração errônea das regras gramaticais. Em nossa língua a sílaba final de cada palavra apresenta baixa intensidade e algumas marcas de gênero e número estão exatamente nesta sílaba, que passa a ser inaudível para a criança;
- Perda dos padrões de entonação subliminares, representado pelo conteúdo emocional que se dá a cada emissão.

Bibliografia

BEE, H. *A criança em desenvolvimento*. São Paulo, Harper & Row do Brasil, 1977.

BENCH, J. The law of initial value: a neglected source of variance in infant audiometry. *Int. Audiol.* 9:314-322, 1970.

BOOTHROYD, A. *Acoustic perception of speech*. Texas, PROED, 1986.

CHALFONT, J. C. & SCHEFFELIN, M. A. *Central processing dysfunction in children*. Bethesda, US Dept. of H.E.W., 1969.

DENNIS, W. Description and classification of the response of the newborn infant. *Psychol. Bull.*, 31:5-22, 1934.

DOWNS, M. P. & NORTHERN, J. L. *Hearing in children*. Baltimore, The Williams and Wilkins Co., 1974.

DOWNS, M. P. & STERRITT, G. M. A guide to newborn and infant hearing screening programs. *Arch. Otolaryngol.*, 85:15-22, 1967.

EISENBERG, R. B. *et al.*: Auditory behavior in the human neonate. A preliminary report. *J. Speech Hear. Res.* 7:245-269, 1964.

FERMAN, L.; VERSCHUURE, J. F.; van ZANTEN, B. Impaired Speech perception in Noise in Patients with a normal audiogram. *Audiology*, 32:49-54, 1993.

FRENCH, N. R. & STEINBERG, J.C. Factors governing the intelligibility of speech sounds. *I. Acoust. Soc. Am.* 19:90-119, 1947.

FRY, D. B. & WHETNALL, E.: *The deaf child*. Londres, The William Heinemann Med. Books Ltd., 1971.

KAPLAN, E. L. *The role of the intonation in the acquisition of language*. Doctoral Dissertation. Cornell University, 1969.

LENNEBERG, E. H. *Biological foundations of language*. New York: John Wiley and Sons, 1967.

LERNER, J. W. *Children with learning disabilities: theories, diagnosis and teaching strategies.* Boston, Hougton Mifflin Co., 1971.

MENYUK, P. *Aquisição e desenvolvimento da linguagem.* São Paulo, Pioneira, 1975.

NORTHERN, J. L. & DOWNS, M. P.: *Hearing in children.* 4th ed. Baltimore, Williams and Wilkins Co., 1991.

RUSSO, I. & BEHLAU, M.: *Percepção da fala:* análise acústica do português brasileiro. São Paulo, Lovise, 1993.

SLOAN, C. *Trating auditory processing difficulties in children.* San Diego, CA, Singular Publishing Group, 1991.

Capítulo II
Causas da deficiência auditiva na criança

> A primeira tarefa do médico no tratamento clínico de um paciente com uma deficiência auditiva é estabelecer por que este sujeito tem tal problema.
>
> (Ruben, 1977)

A estreita relação que existe entre a audição e o desenvolvimento da linguagem no ser humano torna o diagnóstico das causas da deficiência auditiva de extrema importância. Isto é determinado pelo fato de a linguagem ser uma das funções biológicas do ser humano (Lenneberg, 1967). Qualquer sujeito que não é exposto à estimulação de linguagem durante seu primeiro, segundo ou terceiro ano de vida apresentará sempre uma defasagem em relação ao desenvolvimento pleno de sua linguagem.

A prevenção da perda auditiva na criança é uma forma de proteger e impedir que ela sofra os efeitos funestos provocados pela falta de estimulação auditiva sobre a função da linguagem.

As perdas auditivas podem ser classificadas de diversas formas, dependendo do aspecto considerado: local, grau, momento em que ocorre e origem do problema.

1. Classificação quanto ao local

Ao se classificar as perdas auditivas, tendo em vista o local em que a lesão está situada, podemos denominá-las da seguinte forma:

- perdas auditivas condutivas;
- perdas auditivas neuro-sensoriais (Figura II - 1);
- distúrbios auditivos centrais.

Figura II - 1
Classificação das deficiências auditivas quanto ao local da lesão

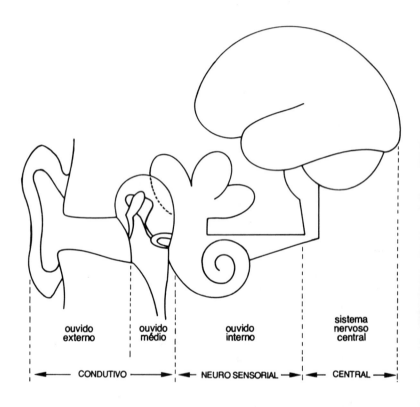

Perdas auditivas condutivas — As perdas auditivas de origem condutiva são determinadas por patologias, que ocorrem no ouvido externo e/ou no ouvido médio. Neste caso, a audição se encontra rebaixada na via aérea e a via óssea se encontra dentro dos padrões de normalidade (Figura II - 2)

Figura II - 2
Audiometria típica de perda auditiva condutiva

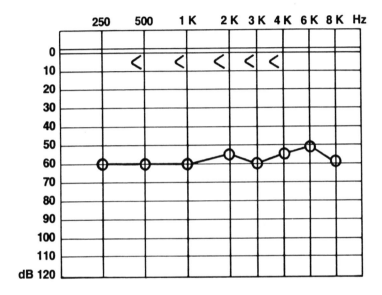

Os achados timpanométricos encontram-se alterados e não há registro de reflexo acústico do músculo estapédio (Figura II - 3).

Em geral, nestes pacientes o ouvido interno encontra-se normal e basta que a intensidade do estímulo sonoro seja aumentada para que o sujeito possa percebê-lo.

Estas patologias podem variar desde a presença de corpo estranho no conduto auditivo externo até a completa malformação de todo o sistema de transmissão — pavilhão auricular, conduto auditivo externo, membrana timpânica e cadeia ossicular.

Perdas auditivas neuro-sensoriais — Quando as causas da perda auditiva estão localizadas na cóclea e/ou no nervo coclear, a deficiência auditiva resultante é denominada neuro-sensorial.

Figura II - 3
Timpanometrias típicas de problemas de ouvido médio

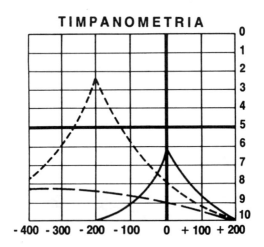

MEDIDA DO REFLEXO ESTAPEDIANO

Via aferente direita			Hz	Via aferente esquerda		
Limiar	Reflexo	Dif.		Limiar	Reflexo	Dif.
	120↓		500		120↓	
	120↓		1 000		120↓	
	120↓		2 000		120↓	
	120↓		4 000		120↓	

— — — — presença de líquido no ouvido médio
- - - - - disfunção tubária
———— rigidez do sistema ossicular

Atualmente, com o advento de técnicas eletrofisiológicas sofisticadas, tais como a eletrococleografia, a audiometria do tronco cerebral e a otoemissão acústica, é possível estabelecer o local da lesão de forma objetiva e, muitas vezes, precisa. Dessa forma, é possível determinar se a perda auditiva é sensorial ou neural, isto é, se está ocorrendo no nível do órgão de Corti — sensorial — ou no nível do nervo coclear-neural.

Os achados audiológicos neste caso caracterizam-se por perdas auditivas, tanto na via aérea, quanto na via óssea. Os limiares tonais encontram-se praticamente juntos (Figura II - 4).

Os achados timpanométricos encontram-se dentro dos padrões normais (curva do tipo An), se não houver ocorrência de patologia de ouvido médio associada. O reflexo acústico do músculo estapédio pode estar presente, dependendo do nível de audição da via aferente e da presença do recrutamento.

Distúrbios auditivos centrais — Nem sempre o atraso no desenvolvimento da linguagem é decorrente de deficência auditiva periférica. Em alguns casos, o problema está mais à frente e se manifesta através do comportamento auditivo.

Muitas vezes a criança pode ter achados audiométricos dentro dos padrões de normalidade e, mesmo assim, ter dificuldades para reconhecer ou interpretar a fala. Estas dificuldades podem variar muito, passando de uma leve dificuldade para tarefas auditivas até a completa falta de compreensão da fala.

2. Classificação das perdas auditivas quanto ao grau

Uma outra forma de se analisar e classificar as perdas auditivas é através do critério do grau de perda auditiva.

Este método baseia-se na obtenção da média de perda auditiva para as freqüências de 500, 1000 e 2000Hz e a comparação do valor obtido com a tabela elaborada por Davis & Silvermann (1970) (Quadro II - 1).

Quadro II - 1

Classificação	Média da perda auditiva
Normal	0 — 25 dBNA
Leve	26 — 40 dBNA
Moderada	41 — 70 dBNA
Severa	71 — 90 dBNA
Profunda	91 — ....

Figura II - 4
Audiometria característica de perda neuro-sensorial à direita
(0 – 0 – 0) e esquerda (x – x – x) com timpanometria normal

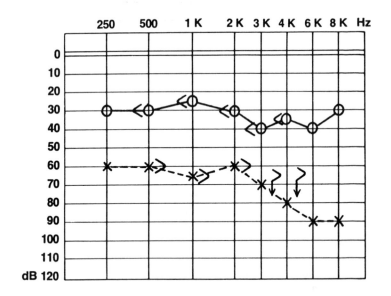

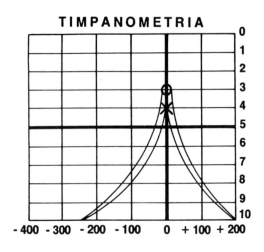

As perdas auditivas que se encontram nos limites entre um grau e outro são, em geral, denominadas pela combinação dos termos, por exemplo: severa/profunda.

Quando classificamos o grau de perda auditiva em uma criança torna-se fundamental lembrarmos da importância que a audição tem para o desenvolvimento adequado da fala e da linguagem. Faz-se então necessário definir o que é perda auditiva em uma criança. Em que momento podemos dizer que esta ou aquela criança tem sua audição normal ou anormal? A complexidade do tema não permite uma resposta clara e objetiva. Uma revisão das tentativas governamentais americanas em tentar resolver este dilema revela bem a complexidade do problema.

Foi realizada uma pesquisa nos anos de 1963-1970 pelo Departamento de Saúde, Educação e Bem-Estar dos Estados Unidos, onde examinou-se 1 milhão de crianças entre 6 e 11 anos de idade, baseando-se no seguinte procedimento: 1. Questionário para os pais, onde se investigava se eles achavam que seu filho ouvia bem. 2. Avaliação audiológica — testes audiométricos. Os resultados mostraram que, segundo os pais, 4% das crianças apresentavam problemas para ouvir; a análise dos resultados audiométricos, usando-se o critério de 25 dB como limite de normalidade, mostrou que somente 1% não tinha limiares auditivos normais.

Um estudo minucioso desta mesma pesquisa revelou que as crianças cujas membranas timpânicas apresentavam algum grau de anormalidade encontravam-se de forma significante dentro dos 4% levantados a partir da referência dos pais. Ainda mais, os testes audiométricos mostravam pequenas diferenças entre as que apresentavam otoscopia normal e as que tinham otoscopia anormal.

Em função deste e de outros estudos realizados na população infantil uma questão é levantada: teriam os pais feito um mau julgamento da capacidade auditiva de seus filhos? Ou: o critério usado para determinar a normalidade é inadequado para uma população infantil? A resolução destas perguntas é de suma importância para a elaboração de programas educacionais e de triagem auditiva em escolas, creches ou instituições que trabalhem com crianças pequenas.

Jordan e Eagles (1961) obtiveram os achados otoscópicos e audiométricos de 4067 crianças entre 5 e 10 anos de idade. Relataram ter encontrado 13% de cerúmen no conduto auditivo externo, no grupo restante, encontraram 6% com otoscopia anormal bilateral e 12% com alterações unilaterais. Ao compararem os achados patológicos com os limiares audiométricos revelaram que 50% das crianças com otite média serosa tinha audição melhor que 15 dBNA.

Estes estudos mostram que deficiência auditiva é um conceito que merece uma definição não só quantitativa mas também qualitativa, principalmente quando o audiograma a ser classificado é de uma criança.

Em 1979, a Academia Americana de Otolaringologia e o Conselho Americano de Otolaringologia encaminharam uma nova orientação para as agências de previdência social, alterando a composição da média tonal para os limiares de via aérea para o produto da média de 500, 1000, 2000 e 3000 Hz, tentando desta forma refletir de forma mais real as necessidades auditivas para a compreensão da fala. Northern e Downs (1991) defendem a mesma composição para a obtenção da média tonal, mas preconizam que o limite da normalidade para crianças deve ser 15 dBNA.

Crianças não são capazes de usar informações contextuais para inferir significados, pois à medida que não ouvem os sinais acústicos da fala com todas as características da fonte passam a estabelecer códigos que não correspondem ao do sistema fonêmico de sua comunidade. As alterações auditivas decorrentes de patologias do ouvido médio e/ou do ouvido externo nem sempre levam a perdas auditivas quantitativas, mas com certeza resultam em má interpretação do sinal acústico percebido.

O estudo da fonética acústica tem mostrado que as vogais são ricas em energia mas pobres em informação, enquanto as consoantes apresentam características opostas, ou seja, pobres em energia mas ricas em informação. Consoantes tais como /s,p,t,k,f,x/ contêm uma quantidade tão pequena de energia de fala que muitas vezes estão abaixo do limiar auditivo normal, quando em uma situação de fala rápida.

O diagnóstico de uma perda auditiva em qualquer caso, seja o problema de origem condutiva ou neuro-sensorial, deixa de ser um processo diagnóstico que inclui não só os profissionais da área do ouvido e dos testes auditivos, mas deve incluir avaliações da linguagem receptiva e expressiva, das vocalizações ou dos níveis de fala e do comportamento geral da criança. Tais avaliações diagnósticas podem ser feitas por outras disciplinas que irão determinar se o atraso de linguagem apresentado pela criança necessita intervenção educacional. A identificação destas crianças está, principalmente, nas mãos do pediatra, pois é a ele que a família recorre em primeiro lugar quando em dúvida sobre alguma alteração no filho.

Downs e Northern (1991), propõem uma definição mais ampla de deficiência auditiva na criança: "Considera-se perda auditiva em uma criança qualquer grau de audição que reduza a inteligibilidade de uma mensagem de fala a um grau inadequado que a impeça de interpretar ou aprender de forma adequada". Com esta definição, reconhecemos que não é só a perda auditiva que pode levar uma criança a apresentar problemas de fala, de linguagem e de aprendizagem; outros fatores também interferem de forma muito direta — nível e qualidade da estimulação em casa, inteligência, personalidade, condições sócio-econômicas e de saúde. Estes aspectos interferem tanto que uma perda auditiva de 10 dB em uma criança pode ser um problema, e em outra uma perda de 20 dB pode não representar nada.

3. Classificação das perdas auditivas quanto ao momento em que ocorrem

As deficiências auditivas podem também ser classificadas baseando-se no momento em que ocorrem, ou seja, se o problema que provocou a perda auditiva aconteceu antes, durante ou depois do nascimento.

Denominam-se deficiências auditivas congênitas aquelas que ocorrem antes ou durante o nascimento, e deficiências auditivas adquiridas aquelas que ocorrem após o nascimento. Do ponto de vista do desenvolvimento da linguagem, são consideradas deficiências auditivas congênitas aquelas que ocorrem no período que antecede o aparecimento da primeira palavra.

4. Classificação das perdas auditivas quanto à origem do problema

Quando se estuda o aspecto origem como determinante da perda auditiva pesquisa-se, basicamente, o elemento hereditariedade. Dessa forma, pode-se classificar as perdas auditivas em: a) de origem hereditária e b) de origem não-hereditária.

Segundo a classificação sugerida por Paparella (1973), pode-se estudar as causas da deficiência auditiva associando-se os aspectos que levam em conta o momento em que a patologia ocorre e a origem do problema.

A tabela em que nos baseamos para classificar as causas da deficiência auditiva é exatamente a que foi elaborada por Paparella e Shumrick (1973) e apresentada em seu livro *Otolaryngology*, vol. 2, Diagnóstico Diferencial da Deficiência Auditiva (Quadro II-2).

A importância do conhecimento das causas da deficiência auditiva reside no fato de que, apesar de sabermos o que fazer com o sujeito portador desta patologia, é também importante que saibamos com que tipo de problema estamos trabalhando. É comum encontrarmos a descrição de todos os sintomas da deficiência auditiva, conseguirmos categorizá-los, organizá-los, mas a etiologia da deficiência é muitas vezes subestimada.

O diagnóstico preciso da causa da deficiência auditiva é de suma importância, tanto para a sua prevenção como para a adequação dos métodos fonoaudiológicos e educacionais que deverão ser utilizados. O processo de reabilitação e/ou habilitação de uma criança com problema sensorial deve ser diferente daquele que será empregado para uma criança com problema neural ou central. Conhecendo-se o local, o grau, o momento em que ocorreu e a origem do problema, pode-se esquematizar melhor todo o trabalho que virá a seguir.

Neste livro, a nossa preocupação é com o diagnóstico precoce da deficiência auditiva na criança. Por isso não nos preocuparemos em descrever patologias que raramente ou nunca ocorrem na população infantil. Procuraremos relatar as causas mais comuns e que atingem o ouvido externo, médio e/ou interno.

Deficiências auditivas que ocorrem por patologias do ouvido externo

Diversas são as patologias que ocorrem no ouvido externo, muitas delas trazendo mais desconforto e dor do que perda auditiva. Dentre elas podemos citar: otite externa, pericondrite, furunculose, corpos estranhos e rolha de cera.

Quadro II - 2
Diagnóstico diferencial da deficiência auditiva

Deficiência auditiva congênita	Deficiência auditiva tardia
A) Genética	A) Genética
1. D.A. Ocorrendo sozinha	1. D.A. Ocorrendo sozinha
a) Aplasia de Michel	a) D.A. neuro-sensorial progressiva familiar
b) Displasia de Mondini	b) Otosclerose
c) Aplasia de Scheibe	c) Presbiacusia
2. D.A. Ocorrendo associada a outras anormalidades	2. D.A. Ocorrendo associada a outras anormalidades
a) Síndrome de Waardenburg	a) Síndrome de Alport
b) Síndrome do Albinismo	b) Síndrome de Hurler
c) Síndrome da Onicodistrofia	c) Síndrome de Klippel-Feil
d) Síndrome de Pendred	d) Síndrome de Refsum
e) Hiperpigmentação	e) Síndrome de Alstrom
f) Síndrome de Jervell	f) Síndrome de Paget
g) Síndrome de Usher	g) Síndrome de Richards-Rundel
h) Síndrome de Treacher-Collins	h) Síndrome de Von Recklinghausen
	i) Síndrome de Crouzon
3. Anormalidades Cromossômicas	
a) Trissomia 13-15	
b) Trissomia 18	
B) Não-Genética	B) Não-Genética
1. D.A. Ocorrendo sozinha	1. Distúrbios inflamatórios
a) Ototoxicose	a) bacteriana-otite média, meningite etc.
	b) Viral — sarampo, caxumba
	c) Espiroquetal — sífilis etc.
2. D.A. ocorrendo associada a outras anormalidades	2. Ototoxicose
a) infecção viral — rubéola materna	
— citomegalovírus	
— herpes	
— toxoplasmose	
b) infecção bacteriana — meningite	
c) ototoxicose	
d) distúrbios metabólicos — tiróide	
e) eristroblastose fetal	
f) radiação (1º trimestre)	
g) prematuridade	
h) trauma de parto, anoxia	
	3. Desordens neoplásicas — leucemia, linfoma etc.
	4. Lesões traumáticas — trauma acústico, fraturas do temporal etc.

(Paparella e Shumrick, 1973)

Apesar de encontrarmos poucos trabalhos a respeito da incidência de rolhas de cera na população infantil, a prática clínica tem nos mostrado que 20 a 25% das crianças em idade pré-escolar apresenta acúmulo de cera em um dos ouvidos. Ribeiro (1993) relata ter encontrado 35 crianças com rolha de cera em um grupo de 522 por ele examinadas No grupo de crianças deficientes auditivas este valor pode até ser maior, pois o uso constante de moldes auriculares pode ser um fator colaborador. Oyiborhoro (1993), ao estudar 370 ouvidos em sujeitos com paralisia cerebral, encontrou rolha de cera em 13,46% das crianças em idade escolar; 6,85% nas crianças em idade pré-escolar. Estes achados reforçam a necessidade de exames periódicos nas crianças, tenham elas ou não problemas ou queixas auditivas, para garantirmos a boa qualidade da pista auditiva nelas.

Entre as etiologias do ouvido externo que levam à hipoacusia (perda auditiva) pode-se citar a atresia ou estenose do conduto auditivo externo.

Por atresia, entende-se o completo fechamento do conduto auditivo externo, enquanto a estenose é o estreitamento da luz do conduto auditivo externo. Ambas as condições podem ter como causa fatores pré ou pós-natais, ou seja, a criança pode nascer com esta malformação ou pode adquiri-la através de processos traumáticos, tais como fraturas ou queimaduras.

As malformações de conduto auditivo externo podem aparecer isoladas ou acompanhadas por malformações de pavilhão auricular e/ou ouvido médio, disostoses craniais, faciais e, também, podem estar associadas com fissuras labiais e/ou palatais.

Os achados audiológicos nestas crianças são característicos de hipoacusia condutiva, onde a via aérea está rebaixada e a via óssea, normal (Figura II - 5).

Deficiências auditivas que ocorrem por patologias do ouvido médio

I – Deficiência auditiva de origem não-genética, manifestação isolada e pós-natal.

Uma das patologias mais comuns na criança é a otite média; ocorre com maior incidência na criança abaixo de quatro anos e, segundo Teele *et al.* (1980), está diretamente relacionada a fatores tais como: idade, sexo (em meninos a freqüência é maior), raça (ocorre mais na raça branca), fatores genéticos, nível sócio-econômico, estação do ano e clima.

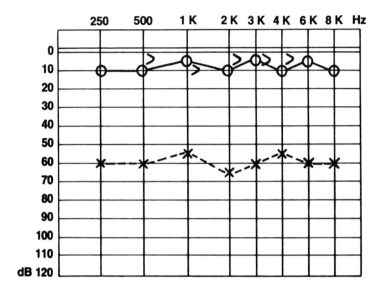

Figura II - 5
Audiometria característica de hipoacusia condutiva devido à atresia de conduto auditivo externo no ouvido esquerdo

Segundo Lubianca Neto *et al.* (1993), existem alguns fatores que podem ser considerados de risco para a otite média, alguns já estabelecidos: idade entre 6 meses e 6 anos; permanência em creches; dismorfias crânio-faciais e privação do leite materno. Outros considerados prováveis: sexo masculino; baixo nível sócio-econômico; meses frios do ano; amamentação em posição horizontalizada; aumento das adenóides. Alguns outros ainda em estudo: fatores genéticos e tamanho da família; rinite alérgica; baixo peso ao nascer e prematuridade; fumo passivo e raça branca.

Cerruti (1992), estudando uma população infantil composta por 53 crianças que ficavam em creches, encontrou grande incidência de sujeitos com alterações timpanométricas (39,6%) em meses de temperatura amena — março e maio; esta incidência se tornou ainda maior no mês de junho (51%) e nos meses de agosto e setembro (52,4%) — meses frios. O estudo mostrou também que 40% destas crianças moravam em casa úmida, 40% tinham mães fumantes e 60% vinham de famílias com pelo menos um caso de problema de ouvido médio.

Ribeiro (1993), estudou a incidência da otite média secretora em 522 crianças de diferentes faixas etárias e demonstrou que na faixa entre 4 e 7 anos a incidência de OMS era de 6,9% e que esta caía para 0,63% no grupo entre 7 e 11 anos. Se considerarmos os achados associados de OMS e disfunção tubária, o estudo de Ribeiro mostra incidência de 13,8% no grupo entre 4 e 7 anos e de 4,4% no grupo entre 7 e 11 anos.

Estes trabalhos vêm mostrar que existe um grupo de crianças mais suscetível à otite média, e que este grupo merece atenção especial de pediatras, professoras, pajens e famílias, para que estas crianças não venham apresentar seqüelas no desenvolvimento de sua fala, linguagem ou aprendizagem.

Por definição, a otite média é uma inflamação do ouvido médio, que pode ter ou não origem infecciosa (Paparella, 1976).

Pode ser classificada, segundo Payne e Paparella (1976), em três grandes grupos, baseando-se em achados físicos, fisiopatológicos e duração da doença:

- otite média com efusão;
- otite média aguda supurativa;
- otite média crônica supurativa.

A otite média com efusão é uma condição na qual o espaço do ouvido médio está preenchido por qualquer tipo de fluido não contaminado.

A otite média aguda supurativa é uma condição na qual o espaço da cavidade timpânica está preenchido por pus Aparece e desaparece rapidamente. Em geral é acompanhada por sinais sistêmicos de infecção, como febre e dor.

A otite média crônica supurativa é um quadro crônico, no qual o ouvido médio e a mastóide ficam intermitentemente preenchidos com pus por um longo período. Sua instalação é lenta, tende a ser persistente e pode levar a complicações, tais como: meningite, mastoidite, labirintite, timpanosclerose, paralisia facial, abcesso subdural, abcesso cerebral e trombose do seio lateral.

Etiologia — Diversas são as causas da otite média, que determinam o aparecimento de qualquer uma das formas descritas. No que diz respeito aos fatores etiológicos, pode-se relacionar os seguintes agentes:

a) Disfunção mecânica da tuba auditiva:

- pacientes portadores de fissura palatina, nos quais o músculo tensor do véu, responsável pela abertura da tuba, está anormalmente desenvolvido;
- hipertrofia de adenóide;

- tumores nasofaríngeos;

- barotrauma;

- desvio do septo nasal;

- cicatrizes traumáticas do orifício peritubal devido à terapia por radiação;

- tamanho e posição da tuba auditiva na criança sendo mais curta e horizontalizada nesta do que no adulto. Segundo Paradise (1980), a função da tuba auditiva na criança pequena parece ser menos competente do que no adulto e na criança maior. Acredita-se que talvez isto seja decorrente do fato de que as paredes da tuba auditiva na criança pequena sejam mais complacentes e, portanto, mais suscetíveis ao colapso, criando, assim, a obstrução funcional.

b) Agente infeccioso: a inter-relação entre infecção de vias respiratórias superiores e otite média secretora é bastante enfatizada, mas o que se observa é que em significativa porcentagem a infecção das vias aéreas superiores está ausente (Hungria, 1985). Por outro lado, nota-se maior incidência de otite serosa/secretora nos períodos onde ocorrem surtos epidêmicos de viroses das vias respiratórias.

Outra causa que é bastante discutida é a resultante da otite média aguda tratada de forma insuficiente por antibióticos.

As otites médias também podem ter sua causa na anatomia, como por exemplo: se a passagem que conecta as células aéreas da mastóide com o ouvido médio é muito estreita, o material infeccioso pode ter dificuldade para ser drenado para fora do ouvido e, dessa forna, pode se tornar um "ninho" de infecção crônica.

c) Agentes alérgicos: a imaturidade do sistema imunológico poderia ser apontada como um agente etiológico para as otites do ouvido médio. Existe uma estreita relação entre a maturidade do sistema imunológico, que ocorre entre oito e dez anos e a diminuição de incidência da otite média depois dessa idade (Hungria, 1985).

Segundo Paparella e Shumrick (1973), existem cinco tipos de líquidos que podem ser encontrados no ouvido médio:

- seroso — é a forma mais simples e ocorre com maior freqüência em barotraumas, terapias radiológicas e em algumas infecções de vias aéreas superiores;

- mucoso (secretora) — líquido mais espesso, com a presença de células sangüíneas brancas e um pouco de bactérias. É mais comum em condições alérgicas e em quadros de deficiência imunológica;

- pus (purulenta) — o líquido apresenta-se purulento, contendo células brancas do sangue e muita bactéria. Podem ocorrer mudanças agudas ou crônicas na mucosa e na membrana timpânica;
- sangue (hemotímpano) — ocorre em geral após barotrauma e fratura do osso temporal;
- misto — é o tipo mais comum de líquido no ouvido médio, sendo que as associações mais freqüentes são a mucopurulenta e a muco-sangüinolenta.

Otite média serosa/secretora — Por definição, a otite média serosa/secretora refere-se a qualquer condição, na qual o líquido está presente atrás da membrana timpânica e esta se encontra retraída (Paparella, 1976).

Ao exame otoscópico, observa-se alteração de cor, brilho, mobilidade e espessura da membrana timpânica. O paciente se queixa de autofonia, sensação de ouvido "cheio", ou plenitude auricular, como se o ouvido estivesse com líquido. Dificuldade discreta para ouvir e, às vezes, zumbido.

O exame audiológico mostra hipoacusia condutiva de grau leve a moderado (25 a 45 dBNA), em geral bilateral; SRT, limiar de recepção da fala, de 5 a 10 dBNS da média das freqüências da fala, índice de reconhecimento de fala dentro dos padrões de normalidade (90 a 100%). A timpanometria apresenta curva do tipo B e não há registro de resposta reflexa do músculo estapédio (Figura II-6).

Avaliações audiométricas na rotina escolar, onde a medida da imitância acústica é aplicada, podem se tornar um instrumento eficaz na detecção precoce de patologias do ouvido médio, permitindo que o tratamento clínico seja iniciado e as conseqüências para o desenvolvimento escolar e social sejam amenizadas (Ribeiro, 1987).

Crianças cujo desenvolvimento escolar é bom e que sem causa aparente começam a apresentar problemas em ditados, tornam-se distraídas e desatentas, são suspeitas de serem portadoras de hipoacusia secundária a uma otite média serosa/secretora.

Oliveira e Bandeira (1983) relataram a associação de perda auditiva neuro-sensorial, *tinitus* e vertigem com episódios de disfunção tubária e otite média serosa em pacientes adultos.

Otite média crônica supurativa — Infecção crônica do ouvido médio que se instala de forma lenta e contínua, com tendência a ser persistente e, quase sempre, destrutiva.

Os sintomas apresentados pelos indivíduos variam muito, bem como a forma de apresentação da otite média crônica.

Figura II - 6
Audiometria e imitanciometria características de presença de líquido no ouvido médio bilateral

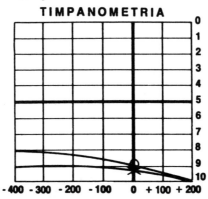

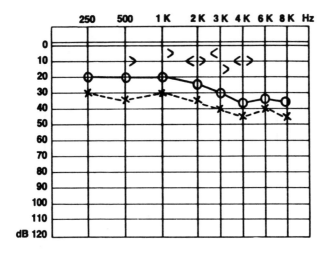

Via aferente direita			Hz	Via aferente esquerda		
Limiar	Reflexo	Dif.		Limiar	Reflexo	Dif.
	120 ↓		500		120 ↓	
	↓		1 000		↓	
	↓		2 000		↓	
	↓		4 000		↓	

MEDIDA DO REFLEXO ESTAPEDIANO

SRT. – O.D. 30 dB O.E. 40 dB
Índice de reconhecimento de fala – O.D. 96% O.E. 96%

As queixas mais comuns são: supuração e perda auditiva. O quadro audiológico mostra hipoacusia condutiva, de grau leve a moderado (20 a 45/50 dB), podendo apresentar hipoacusias mistas, com curva descendente e comprometimento de limiar ósseo nas freqüências altas (Figura II - 7).

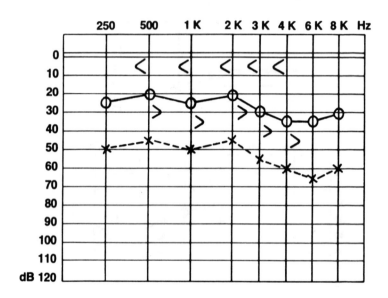

Figura II - 7
Audiometria freqüente em otite média crônica supurativa

Ao exame otoscópico observa-se perfuração da membrana timpânica, em geral na parte tensa desta.

II – Deficiência auditiva de origem congênita e manifestação associada a outros sinais (Síndromes).

Síndrome de Treacher-Collins — Esta síndrome caracteriza-se por malformações do primeiro arco branquial, que resultam nas seguintes manifestações:

• fissuras palpebrais inferiores "caídas";

• ossos malares não-protuberantes (afundados);

• pavilhão auricular malformado e com implantação mais baixa do que o padrão comum;

- micrognatia:
- boca grande com freqüentes anormalidades dentárias.

São sinais comuns nesta síndrome as malformações e/ou atresia do conduto auditivo externo, da cadeia ossicular e fissura de palato.

Segundo Northern e Downs (1984), a Síndrome de Treacher-Collins é um defeito genético que leva a anomalias congênitas múltiplas. São gens autossômicos dominantes com penetração incompleta e variável.

Os achados audiológicos indicam, em geral, hipoacusia condutiva, de grau moderado (60 dBNA), horizontal e bilateral. Não pode ser descartada a possibilidade de malformações envolvendo estruturas do ouvido interno. Por isso, é possível encontrarmos audiometrias sugerindo disacusia neuro-sensorial.

Síndrome de Goldenhar (displasia óculo-aurículo-vertebral) — Os portadores desta síndrome apresentam anomalias orais, músculo-esqueléticas e oculares.

As anormalidades orais podem incluir:
- hipoplasia unilateral do ramo facial e do côndilo;
- palato com arco alto;
- mordida aberta;
- língua e úvula bífidas, fissura palatina e labial.

As anormalidades auriculares mostram:
- malformações dos pavilhões auriculares;
- pavilhão auricular localizado mais posteriormente, em um dos lados da cabeça;
- microtia unilateral;
- atresia do conduto auditivo externo em 40% dos casos.

Estas crianças apresentam, ainda, malformações oculares, que se caracterizam da seguinte forma:
- defeitos dos músculos extra-oculares;
- obliqüidade antimongolóide;
- dermóides epibulbares:
- anoftalmia, microftalmia, microcórnea, atrofia da íris;
- alterações na fissura ocular ou na pálpebra superior.

Associadas a estas alterações encontramos malformações músculo-esqueléticas, tais como: pé torto e hemivértebras. Problemas cardíacos congênitos também podem ser detectados.

O quadro de perda auditiva é do tipo condutivo em 40-50% dos casos relatados por Sugar (1966) e Berkman e Feingold (1968). Sua etiologia parece estar relacionada a anomalias no suprimento sangüíneo para o pescoço e cabeça, não existindo evidência de padrão hereditário para esta síndrome (Oliveira, 1983).

Síndrome de Apert — Descrita por Wheaton, em 1894, esta síndrome caracteriza-se pelas seguintes manifestações:

- deficiência mental;

- sindactilia óssea e/ou cutânea;

- palato estreito e arqueado;

- hipertelorismo;

- hipoplasia dos ossos malares;

- nariz pequeno;

- espinha bífida;

- perda auditiva, em geral, do tipo condutiva, horizontalizada.

O risco de ocorrência desta síndrome é de 1 em 160 000 e sua reprodução parece estar ligada à transmissão autossômica dominante.

Síndrome de Pierre-Robin — As manifestações desta síndrome estão ligadas a malformações do esqueleto crânio-facial. De transmissão dominante, seus portadores apresentam as seguintes características:

- fissura de palato;

- hipodesenvolvimento do queixo e maxilar;

- língua retraída ou deslocada para baixo;

- pavilhão auricular com implantação baixa;

- deficiência mental em 20% dos casos.

Além das alterações descritas acima, é possível que o paciente apresente ainda amputações congênitas, deslocamento do quadril, anomalias do esterno, espinha bífida, hidrocefalia e microcefalia.

O quadro audiológico pode mostrar perda auditiva condutiva e/ou neuro-sensorial. Segundo Williams *et al.* (1981) o risco de ocorrência é de 1 em 30 000.

Deficiências auditivas que ocorrem por patologia do ouvido interno

I – Deficiência auditiva de origem genética, congênita e de manifestação isolada.

Os quadros que serão descritos a seguir são decorrentes de malformações congênitas do ouvido interno, que resultam em deficiência auditiva. O momento da vida embrionária em que ocorre a falha no desenvolvimento é que vai determinar o grau e a aparência da deformidade. Segundo Schuknecht (1967), um indivíduo pode ter graus diferentes de aplasia nos dois ouvidos.

As malformações de ouvido interno mais conhecidas são:

Aplasia de Michel — Descrita por Michel em 1863, esta anomalia caracteriza-se por completa ausência do ouvido interno e nervo auditivo. Tem sido relacionada ao uso da talidomida durante o período gestacional.

Displasia de Mondini — Descrita por Mondini em 1791, caracteriza-se por apresentar a cóclea com desenvolvimento incompleto e de aparência achatada. Há, também, envolvimento do nervo auditivo e dos canais semicirculares.

Os estudos de ossos temporais têm permitido uma descrição mais minuciosa e têm mostrado que esta malformação varia muito e pode ser unilateral ou bilateral. Alguns pesquisadores têm levantado a hipótese de hipertensão endolinfática nos pacientes portadores de displasia de Mondini. Os estudos feitos com a Eletrococleografia — Echog, por Brackmann (1977) e Mangabeira-Albernaz *et al.* (1981), mostram um tipo de forma de onda característica da doença de Ménière, o que vem corroborar a teoria de hidropsia labiríntica.

House em 1974 propôs que os pacientes portadores da displasia de Mondini fossem submetidos ao mesmo tipo de cirurgia que os portadores da doença de Ménière — a derivação do saco endolinfático. Segundo House existem 4 razões para a escolha:

1. Semelhança de sintomatologia entre doença de Ménière e displasia de Mondini.

2. Presença de alterações hidrópicas na displasia de Mondini.

3. Presença invariável (comprovada histologicamente) de sacos endolinfáticos de grandes proporções nos casos de Mondini.

4. A tendência à perda progressiva de células ciliadas no órgão de Corti poderia ser devida à ruptura de membranas cocleares, e a redução da pressão endolinfática poderia contribuir para reduzir a ocorrência de tais rupturas.

Segundo Mangabeira-Albernaz *et al.* (1980), os pacientes portadores de displasia de Mondini apresentam algumas características audiológicas, radiológicas e de evolução que permitem um diagnóstico relativamente seguro desta malformação:

1. História de surdez flutuante e progressiva acompanhada ou não de distúrbios do equilíbrio.

2. A avaliação radiológica através da politomografia dos ossos temporais permite estudar a presença ou ausência dos pequenos septos ósseos que delimitam as espiras mais apicais.

3. A avaliação audiológica através da eletrococleografia apresenta limiares auditivos ao redor de 50 a 80 dB, em ambos ouvidos; em geral os resultados mostram assimetria na perda autidiva ou malformação unilateral.

Os mesmos autores comentam que o estabelecimento do diagnóstico clínico da displasia de Mondini melhorou muito mas ainda não esclarece completamente todas as questões: Por que em alguns casos evolui rapidamente e em outros não se modifica por anos seguidos? Como explicar aos pais que tudo pode acontecer, que a cirurgia é uma opção relativamente segura mas não totalmente garantida? Mangabeira-Albernaz *et al.* (1980) apresentam os resultados obtidos em 18 casos de displasia de Mondini. A análise da eletrococleografia pré e pós-operatória mostrou: melhora do limiar em 10 casos, estabilização das respostas auditivas em 8.

É importante para o examinador ter em mente que um quadro de perda flutuante, progressiva, com episódios de rejeição pelo aparelho auditivo, acompanhado ou não de problemas do equilíbrio é viável e merece um estudo pormenorizado.

Aplasia de Scheibe — Este tipo de displasia é a mais comum entre as malformações do ouvido interno. Descrita em 1892, caracteriza-se pelo mau desenvolvimento da porção membranosa da cóclea e do sáculo.

Esta malformação tem sido encontrada em portadores das síndromes de Waardenburg, Jervell-Lange-Nielsen, Usher, Refsun e rubéola materna. Conhecer o agente causador desta aplasia é muito importante, pois implica aconselhamento genético para o paciente, quando este deseja ter filhos.

Na aplasia de Scheibe é possível haver audição residual nas freqüências baixas, já que a lesão maior está na porção basal da cóclea.

II – Deficiência auditiva congênita, de origem genética, associada com outras anormalidades.

A deficiência auditiva pode ocorrer acompanhada de alterações em outros órgãos; nestes casos, a perda de audição pode ser o primeiro sinal de um distúrbio, ou pode ser apenas mais um sintoma de um quadro complexo de manifestações.

É importante que o examinador esteja atento a possíveis alterações ou defeitos que o paciente possa apresentar, para, dessa forma, orientar a família no que diz respeito ao tratamento clínico, terapêutico e ao aconselhamento genético.

Síndrome de Waardenburg — Descrita na Holanda, por Waardenburg, em 1951, com incidência de 1,4% nos casos de surdez congênita, caracteriza-se pelas seguintes manifestações:

- deslocamento lateral dos cantos internos dos olhos;

- base do nariz larga e alta;

- hipertelorismo;

- mecha branca no cabelo, na região frontal;

- heterocromia da íris;

- deficiência auditiva (25 a 50% dos casos).

Associados a estes sinais, embora com menor freqüência, podemos encontrar:

- fissura labial e palatina:

- malformação cardíaca;

- malformações dos membros.

A deficiência auditiva encontrada nestes pacientes é do tipo neuro-sensorial e pode variar de leve a severa. Está presente em mais ou menos 50% dos pacientes, podendo ser unilateral ou bilateral e/ou progressiva (Pantke e Cohen, 1951).

Síndrome de Pendred — Caracterizada por distúrbio metabólico e endocrinológico, esta síndrome caracteriza-se pela associação de deficiência auditiva e disfunção tireoidiana. O quadro audiológico pode mostrar disacusia neuro-sensorial de grau moderado a profundo.

O bócio pode ser notado no nascimento ou pode aparecer por volta dos oito anos de idade (Illum, 1972).

Síndrome de Klippel-Feil — Este conjunto de manifestações, descritas por Klippel-Feil em 1912, apresentando incidência de 1 para cada 42 000 recém-nascidos e com freqüência maior no sexo feminino, caracteriza-se pelas seguintes alterações:

- fusão das vértebras cervicais;
- deficiência auditiva;
- escoliose;
- pescoço curto com mobilidade reduzida.

Outras alterações também encontradas nesta síndrome, mas com menor freqüência, estão enumeradas a seguir:

- fissura de palato;
- pé torto;
- distúrbios neurológicos.

A deficiência auditiva nestes pacientes pode ser condutiva ou neuro-sensorial, variando de grau leve a profundo. Sua etiologia ainda é discutida, parecendo haver uma relação com fatores ambientais, genéticos e malformações maternas.

Síndrome de Jervell-Lange-Nielsen — Esta síndrome foi descrita pelos autores em 1957, os quais estabeleceram uma relação entre defeitos cardíacos e deficiência auditiva. Segundo Friedman *et al.* (1966) e Wahl e Dick (1980), os problemas cardiovasculares afetam 0,3% das pessoas deficientes auditivas congênitas.

Os portadores desta síndrome caracterizam-se por:

- deficiência auditiva neuro-sensorial, bilateral, profunda e congênita;

• anormalidades eletrocardiográficas, que, na infância, podem levar à morte súbita. A morte pode ocorrer entre os 3 e os 14 anos de idade em mais ou menos 50% dos pacientes.

Síndrome da disostose cleido-craniana — Marie e Sainton, em 1897, descreveram pela primeira vez a Síndrome da disostose cleido-craniana. Entretanto, este termo refere-se apenas a uma parte das anomalias do desenvolvimento encontradas nestes indivíduos.

As seguintes manifestações caracterizam os portadores deste quadro:

• crescimento diminuído;

• desenvolvimento tardio ou incompleto dos seios paranasais e das células da mastóide;

• nariz em sela;

• palato em ogiva;

• erupção tardia dos dentes, com anomalias diversas;

• agenesia parcial ou total das clavículas;

• caixa torácica pequena;

• ossificação irregular;

• aumento do espaço entre os olhos (hipertelorismo);

• deficiência auditiva condutiva ou neuro-sensorial progressiva.

Síndrome do bócio (Reteloff, 1967) — Este quadro, caracterizado por distúrbio metabólico e endocrinológico e associado à deficiência auditiva congênita, apresenta as seguintes manifestações:

• hiperatividade da tireóide devido a defeito metabólico congênito;

• deficiência auditiva neuro-sensorial, profunda, congênita;

• face com forma de pássaro;

• peito de pombo;

• omoplatas pontudas em forma de "asa" ou em "posição de asa".

Além dos quadros descritos anteriormente, podemos encontrar inúmeras descrições de síndromes, onde a deficiência auditiva neuro-sensorial congênita aparece como uma das manifestações. Entre elas podemos citar: Síndrome da mão e da audição, onde ocorre uma anomalia dos músculos das mãos associada à deficiência auditiva; Síndrome do albinismo; Síndrome da displasia ectodérmica; Síndrome da onicodistrofia; Síndrome de Hallgren; Síndrome de Laurence-Moon-Biedl-Bardet; Síndrome de Richards Rundel; Trissomia 13-15; Trissomia 18.

III – Deficiência auditiva congênita, de origem não-genética e de manifestação isolada.

Ototoxicose — Este problema é decorrente da ação lesiva de substâncias químicas sobre o ouvido interno. A ingestão de drogas consideradas ototóxicas por uma mulher na fase gestacional pode ocasionar deficiência auditiva no bebê por ela gerado.

O grau de comprometimento do orgão auditivo e a presença de lesões associadas dependem do período gestacional em que a droga foi ingerida. Se isto ocorrer no primeiro trimestre, principalmente entre a sétima e a oitava semana de gravidez, os efeitos sobre o embrião serão mais devastadores.

Dentre as drogas consideradas tóxicas para o ouvido, a kanamicina e a neomicina são as piores. Diversos antibióticos, diuréticos e antimaláricos também podem ser encontrados na lista das substâncias ototóxicas.

Produtos químicos, tais como: monóxido de carbono, mercúrio, ouro, arsênico, álcool também são agentes causadores de deficiência auditiva neuro-sensorial congênita na criança, se ingeridos na fase gestacional.

IV – Deficiência auditiva congênita, de origem não-genética, com manifestação associada.

Infecções por vírus ou bactérias — No período pré-natal podem ser agentes etiológicos de deficiência auditiva. O maior e mais comum exemplo desta situação é a rubéola materna. Salerno *et al.* (1985) mostraram que, em um grupo de 67 crianças deficientes auditivas congênitas, 29,85% eram decorrentes de rubéola materna. Neste mesmo grupo, 85,77% apresentavam grau profundo de deficiência auditiva. Northern e Downs (1991) consideram a rubéola materna a causa mais importante de deficiência auditiva pré-natal.

A Síndrome da rubéola materna pode apresentar uma variedade de defeitos com graus de severidade diversos, dependendo do período gestacional em que a infecção ocorreu.

Bordley (1968) relatou que a deficiência auditiva pode ocorrer em decorrência da rubéola materna em qualquer momento da gravidez.

As manifestações desta síndrome podem ser caracterizadas da seguinte forma:

- baixo peso ao nascer;
- icterícia;
- deficiência auditiva em 50% dos casos;
- problemas cardíacos em 50% dos casos;
- catarata ou glaucoma em 40% dos casos;
- retardo mental ou psicomotor em 40% dos pacientes;
- problemas comportamentais.

A deficiência auditiva é, em geral, do tipo neuro-sensorial, de grau severo a profundo, com curva audiométrica horizontalizada caindo gradativamente nas freqüências altas (Figura II - 8).

Figura II - 8
Audiometria freqüente da Síndrome da rubéola

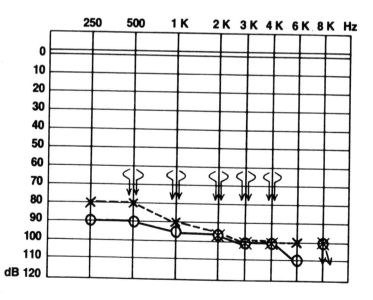

No Estado de São Paulo através da Secretaria de Vigilância Epidemiológica, iniciou-se em 1992 um programa de identificação da Síndrome da rubéola congênita. Este programa visa estudar e acompanhar o desenvolvimento durante o primeiro ano de vida de todas as crianças nascidas de gestantes contaminadas pela rubéola. Neste ano a rubéola passou a ser doença de notificação compulsória, podendo dessa forma ser melhor analisada para futuros programas de prevenção. Sabemos hoje que o vírus da rubéola continua passível de contágio em um bebê durante o primeiro ano de vida, se sua mãe foi contaminada por este vírus durante sua gravidez.

Eristroblastose fetal — Esta condição é decorrente da incompatibilidade do fator Rh do sangue materno (Rh-) com o do feto (Rh+). Segundo Northern e Downs (1984), cerca de 3% das deficiências auditivas profundas nas crianças de uma escola especial são devidas a complicações da incompatibilidade do fator Rh. Salerno *et al.* (1985) encontraram 15,78% num grupo de dez crianças, cuja deficiência auditiva foi diagnosticada como decorrente de eristroblastose fetal.

Os sintomas clínicos deste quadro se desenvolvem no período neonatal imediato e se caracterizam por:

- níveis elevados de bilirrubina no sangue;
- icterícia;
- possível lesão cerebral.

As crianças que passam por este quadro e desenvolvem kernicterus morrem, em geral, na primeira semana de vida; 80% das sobreviventes apresentam deficiência auditiva total ou parcial. Podem também ser encontradas crianças com paralisia cerebral, retardo mental, epilepsia e problemas comportamentais.

Os achados audiométricos mostram disacusia neuro-sensorial bilateral, de grau leve a profundo, com resíduos melhores nas freqüências baixas e altas (Matkin e Carhart, 1966, 1968) (Figura II - 9).

Outros fatores, tais como distúrbios metabólicos, radiação, prematuridade, trauma de parto e anoxia podem, também, ser agentes causadores de deficiência auditiva associada a alterações de desenvolvimento e a distúrbios neurológicos. Em um trabalho realizado no CEAL, em Brasília, Salerno *et al.* (1985) estabeleceram que a anoxia aparecia como causa da deficiência auditiva em 5,27% dos casos de origem neonatal e a prematuridade em 57,9% neste mesmo grupo.

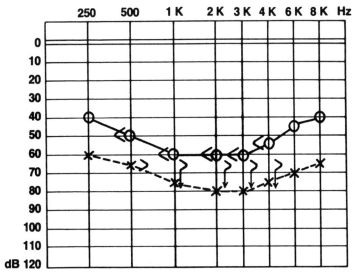

Figura II - 9
Audiometria comum em pacientes portadores de deficiência auditiva por eristroblastose fetal.

V – Deficiência auditiva tardia, de origem genética, com manifestação associada a outras anormalidades.

Esta deficiência é caracterizada por alterações da audição que ocorrem após o período neonatal, que podem ou não ser de origem genética. Estes quadros de deficiência auditiva podem se manifestar de forma isolada ou associados a outras anormalidades.

Como as patologias que "provocam" a deficiência auditiva na sua forma isolada ocorrem, em geral, na faixa etária da pré-adolescência para o adulto, elas serão apenas citadas neste momento. São elas: deficiência auditiva familiar progressiva, a otosclerose e a presbiacusia.

Dentre os quadros de deficiência auditiva de manifestação tardia, de origem genética e que se apresentam associados a outras anormalidades, podemos citar as síndromes de Cockayne, Refsum, da distrofia muscular infantil, Alport, Hunter, Hurler, da osteogênese imperfecta e inúmeras outras.

Síndrome de Cockayne — Descrita em 1946 por Cockayne, esta patologia caracteriza-se pelas seguintes alterações:
- atraso no crescimento;
- deficiência mental;

- fraqueza muscular;

- deficiência auditiva neuro-sensorial progressiva de instalação tardia, em geral, de grau moderado a severo:

- degeneração progressiva da retina;

- atraso no desenvolvimento motor.

Síndrome de Refsum — Esta síndrome caracteriza-se pela associação de distúrbios visuais e deficiência auditiva assimétrica progressiva em 50% dos casos.

Outras alterações que também podem ser encontradas são:

- deficiência visual entre 10 e 20 anos;

- cegueira noturna;

- obesidade;

- ictiose (pele de cobra);

- polineurite;

- ataxia cerebelar.

Síndrome da distrofia muscular infantil — Este quadro pode ser acompanhado de deficiência auditiva neuro-sensorial de grau leve a moderado. O risco de incidência é de 1 para 100 000; é extremamente rara em mulheres.

Síndrome de Alport — Nesta síndrome é encontrada a associação de nefrite hereditária e deficiência auditiva neuro-sensorial. Seus portadores apresentam as seguintes características:

- nefrite progressiva com uremia;

- anormalidades oculares, tais como: catarata em 15% dos casos;

- deficiência auditiva neuro-sensorial progressiva em mais ou menos 40 a 60% dos casos;

- afeta o sexo masculino de forma mais severa.

Síndrome de Hunter e Síndrome de Hurler — Apesar de serem muito parecidas clinicamente, estas duas síndromes parecem diferir em dois aspectos: forma de transmissão — a Síndrome de Hurler parece ser autossômica e recessiva, enquanto a Síndrome de Hunter parece estar ligada ao gen X recessivo; a Síndrome de Hunter é, em geral, menos severa e afeta somente os homens.

Características gerais dos portadores destas síndromes:

- retardo no crescimento;

- retardo mental acentuado, progressivo;
- secreção nasal crônica;
- rigidez articular;
- deficiência auditiva progressiva;
- aspecto facial grosseiro — macrocefalia, lábios grossos.

Síndrome de Van der Hoeve — Osteogênese imperfecta — Esta síndrome caracteriza-se por:

- fragilidade óssea com grande facilidade para fraturas ("ossos de cristal");
- articulações fracas;
- esclerótica azul;
- dentes de cor amarelo/marrom;
- deficiência auditiva condutiva em 60% dos casos;
- deformações ósseas, tais como quifo-escoliose, também podem ser encontradas.

Síndrome de Marshal — Conhecida pela combinação de miopia e nariz em forma de sela, caracteriza-se por:

- transmissão dominante;
- miopia severa;
- nariz em forma de sela;
- catarata congênita e/ou juvenil;
- deficiência auditiva neuro-sensorial progressiva de grau moderado (Northern e Downs 1984).

VI – Deficiência auditiva tardia, de origem não-genética e que ocorre de forma isolada.

Distúrbios inflamatórios — Os distúrbios inflamatórios virais ou bacterianos, que ocorrem após o nascimento, são, em geral, as causas da deficiência auditiva bilateral profunda, que atinge as crianças pequenas. Salerno *et al.* (1985) mostram que, em um grupo de 117 crianças com deficiência auditiva neuro-sensorial, 75,10% eram decorrentes de problemas virais ou bacterianos. As doenças que ocorreram com maior freqüência neste grupo foram: sarampo — 25%, parotidite — 16,7% e meningite com 33,03%. Este estudo, quando comparado ao de autores estrangeiros, mostra que a relação entre problemas inflamatórios e deficiência auditiva é muito grande (Vernon, 1967).

• Meningite — Diversos trabalhos publicados tentaram explicar a relação entre deficiência auditiva e meningite bacteriana (Nadol, 1978; Berlow *et al.*, 1980; Muñoz *et al.*, 1983; Vienny *et al.* 1984; Dodge *et al.*, 1984).

Santos (1992) estudou 105 crianças cujas idades variavam de 3 meses a 11 anos e que apresentaram quadro de meningite bacteriana. Neste estudo Santos (1992) analisou a possível relação que existe entre aspectos clínicos e deficiência auditiva pós-meningite bacteriana. Os resultados mostraram: 28 em 105 crianças (26%) com perda auditiva leve a profunda; idade média do grupo com perda auditiva foi de 2,28 anos; o agente etiológico que se mostrou mais lesivo foi o *Haemophillus influenzae*; o estudo do nível de glicose no liquor à internação mostrou valores médios de 15,71mg/100ml no grupo com perda de audição, enquanto o grupo com audição normal tinha valores médios de 32,56mg/100ml. A autora encontrou diferença significativa (P=0,0244), quando estudou o intervalo de tempo entre a internação, sendo este maior no grupo com perda auditiva mediana de 36,5 horas. A relação entre a presença da surdez e a demora na recuperação da criança também estava presente, havendo maior demora (média de 18,39 dias) nos indivíduos que perderam a audição. Havia também estreita relação entre surdez e complicações pré/peri-internação (P=0,0061).

O conhecimento das implicações que alguns aspectos clínicos podem ter sobre a aquisição da deficiência auditiva como seqüela da meningite bacteriana leva-nos a considerá-los como fatores de risco quando presentes em uma criança com meningite bacteriana: idade da criança; agente etiológico — *Haemophillus influenzae*; nível de glicose abaixo de 20mg/100ml no momento da internação; demora de recuperação superior a 18 dias; presença de complicações pré/peri-internação — convulsões, febre prolongada, artralgias, problemas cardíacos, problemas respiratórios.

Santos (1992), ao analisar a distribuição do grupo segundo o grau de deficiência auditiva apresentado no melhor ouvido, mostrou que o maior número encontrava-se entre os graus normais e leve, mas mostrou também que havia grande concentração no grau moderado (Tabela I).

Tabela I

Distribuição do grupo estudado (n=105) segundo o grau de deficiência auditiva

GRAU DE PERDA	NÚMERO DE CRIANÇAS	%
Normal (N)	77	73,33
Leve (L)	11	10,48
Moderada (M)	8	7,62
Severa (S)	4	3,81
Profunda (P)	5	4,76
TOTAL	105	100,00

A avaliação da relação entre agente etiológico e grau de deficiência auditiva mostrou que apesar do *Haemophillus influenzae* ser o que mais traz a seqüela auditiva, as perdas mais acentuadas são decorrentes do *Neisseria Meningiditis* (Tabela II).

Tabela II

Distribuição dos indivíduos estudados segundo os critérios: agente etiológico e grau de deficiência auditiva (n=105)

GRAU	AGENTE ETIOLÓGICO			
DE PERDA	N	N. Menig.	H. Infl.	S. Pneum.	Indeter.
Normal	77	50	18	4	5
Leve	11	7	3	1	—
Moderada	8	4	4	—	—
Severa	4	3	1	—	—
Profunda	5	2	2	1	—
Total	105	66	28	6	5

O diagnóstico precoce de qualquer uma das complicações da meningite pode levar ao atendimento rápido deste paciente, minimizando os efeitos drásticos destas complicações. Cooper III, Bagwill, Smith (1987), mostraram haver um intervalo médio de 15 meses entre a idade em que ocorreu a instalação da deficiência auditiva e o diagnóstico da mesma. Mello *et al.* (1989), Santos *et al.* (1990), em estudo feito com uma população de deficientes auditivos profundos por meningite bacteriana, observaram que a maior parte dos pacientes contraiu a doença entre 0 e 5 anos de idade, mas o diagnóstico da deficiência auditiva ocorreu, com maior freqüência entre 6 e 10 anos de idade.

Segundo Paparella e Sugiura (1967), o agente infeccioso penetra no ducto coclear através do aqueduto coclear, ao longo dos vasos e nervos do meato acústico interno, levando a uma labirintite ossificante.

Na Figura II-10 podemos visualizar um dos possíveis quadros audiológicos nos portadores de deficiência auditiva pós meningite bacteriana, já que a análise desta configuração tem mostrado que outros audiogramas também são possiveis.

Figura II - 10
Audiograma encontrado em pacientes com deficiência auditiva pós-meningite bacteriana

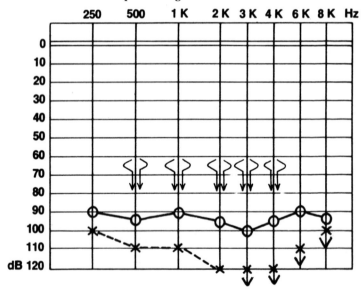

• Sarampo — O sarampo pode ser o causador da deficiência auditiva como resultado de três mecanismos. Em um deles o ouvido interno pode ser invadido através da corrente sangüínea ou através do Sistema Nervoso Central.

O sarampo pode ser também o agente causador da otite média supurativa necrosante e, com a evolução da patologia, provocar uma labirintite purulenta, que destrói todo o ouvido interno.

O quadro audiológico do paciente portador de deficiência auditiva por sarampo pode ser caracterizado por: deficiência auditiva condutiva e/ou neuro-sensorial, de grau moderado a profundo (Figura II - 11).

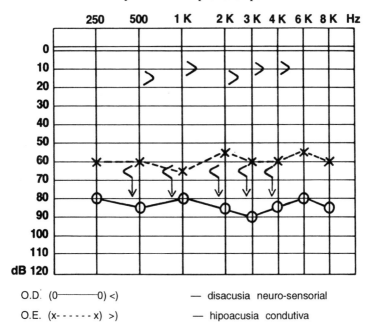

Figura II - 11
Audiogramas possíveis de ser encontrados em pacientes portadores de perda auditiva pós-sarampo

• Parotidite ou caxumba — A caxumba é a causa mais comum da anacusia unilateral. A surdez súbita por caxumba pode preceder a parotidite, já que se acredita que a invasão do ouvido interno ocorre durante ou logo depois da fase virêmica da caxumba. A perda auditiva pode ocorrer em mais ou menos 5% dos casos de caxumba. Os pacientes portadores de deficiência auditiva profunda unilateral por caxumba relatam, com freqüência, ter demorado para perceber esta dificuldade para ouvir. Muitas vezes, devido à pouca idade do paciente na época em que a surdez ocorreu, somente através de uma triagem ou exame pré-admissional é que estas perdas são detectadas.

Segundo Sataloff (1966), a instalação da deficiência auditiva por caxumba se dá de forma indolor e, se ocorre no ouvido direito em indivíduos destros ou em crianças pequenas, pode passar anos até que seja reconhecida.

A curva audiométrica destes pacientes pode mostrar perdas neuro-sensoriais profundas, com audição residual nas freqüências baixas ou anacusia (Figura II-12).

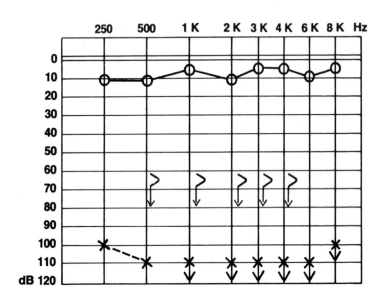

Figura II - 12
Audiograma freqüente na deficiência auditiva por caxumba

Ototoxicose — A ingestão de drogas tóxicas para o ouvido pode levar o indivíduo a apresentar deficiência auditiva neuro-sensorial. Diversos fatores podem intercorrer para que a toxicidade de uma droga atinja o ouvido deste ou daquele sujeito. A suscetibilidade individual, a presença de problemas renais, as condições do ouvido interno no que diz respeito à exposição a ruídos intensos, o efeito cumulativo de doses anteriores podem determinar ou atuar como agentes facilitadores da ototoxicose. Salerno *et al.* (1985) encontraram 22,32% de um grupo de 147 deficientes auditivos neuro-sensoriais pós-natais a ototoxicose como agente etiológico. Cruz (1985) relatou quatro casos de ototoxicidade após o uso tópico de neomicina em pacientes com queimaduras.

Tabith *et al.* (1989) estudaram um grupo de 119 deficientes auditivos de grau severo a profundo e encontraram 5 (4,2%) cuja etiologia foi a ingestão de drogas ototóxicas.

Lesões traumáticas — No quadro das lesões traumáticas os fatores mais importantes a serem citados são os traumatismos crânio-encefálicos e os traumas acústicos, sejam eles por exposição prolongada a ruído ou por exposição súbita.

As fraturas de crânio que envolvem o osso occipital e a porção escamosa do osso temporal podem se entender até a porção petrosa do osso temporal e, dessa forma, atingir a cápsula ótica. Segundo Barber (1969), as perdas auditivas devido a lesões cocleares causadas por fratura são irreversíveis.

As perdas auditivas decorrentes da exposição a ruído intenso podem ser permanentes ou temporárias. O tempo de exposição e o nível de intensidade do som são fatores determinantes nestes casos.

Diversos pesquisadores, Ward e Glorig (1961), Bess e Powell (1972), Hodge e McCommons (1966) e Marshal e Brandt (1974) têm alertado sobre o nível de intensidade sonora dos brinquedos usados pelas crianças. Siervogel *et al.* (1982) realizaram um estudo onde colocavam dosímetros na casa de 127 sujeitos, na faixa etária de 7 a 20 anos; concluíram que o nível médio do ruído doméstico variou de 77 a 84 dB.

Celani *et al.* (1991) fizeram uma análise acústica de 27 brinquedos, dividindo-os em 3 categorias: 1. Brinquedos que produzem som através de um fluxo de ar — neste grupo encontraram intensidades que variavam de 82 a 119 dBA a 50 cm da fonte. Os brinquedos eletrônicos equivalentes apresentaram níveis sonoros que variavam de 104 a 107 dBA quando medidos à mesma distância — 50 cm. 2. Brinquedos de percussão — nesta categoria obtiveram níveis sonoros que variaram de 76 a 108 dBA. 3. Explosivos — nesta categoria analisaram brinquedos tais como — revólver miniatura a espoleta, bombinhas do tipo "traque" (biribinhas), e obtiveram valores entre 127 e 130 dBA. Brinquedos tais como a máquina de risada mostraram valores de até 100 dBa quando analisados a 10 cm da fonte. Se pensarmos quanto tempo uma criança fica com seu brinquedo e quantas horas por dia pode ficar exposta a este ruído, poderemos inferir o quanto seu ouvido é hiper estimulado com níveis sonoros que ultrapassam os permitidos para um trabalhador adulto (85 dBA). O lazer e a brincadeira podem também ser fonte de perdas auditivas temporárias ou permanentes se o nível de ruído dos brinquedos não for adequadamente controlado.

Outro ambiente de alto nível de ruído é a Unidade de Terapia Intensiva e as incubadoras para bebês. Segundo alguns trabalhos publicados por Peltzman *et al.* (1970), Falk e Woods (1973), Readding *et al.* (1977), Lichtig *et al.* (1991), o nível de ruído ambiental de uma UTI varia de 56 para 77 dBA; este ruído é, em geral, de freqüência baixa, persistente e contínuo em todas as horas do dia e da noite. Lichtig *et al.* (1991) relataram que, além dos altos níveis de ruído gerados pelo sistema de ventilação das incubadoras, encontraram comportamentos ruidosos nos profissionais que atuam nestas UTIs — o abrir e fechar das portinholas é feito sem o devido cuidado, levando o bebê a ter sobressaltos freqüentes; o sistema de alerta que permanece tocando vários minutos antes que seja atendido ou desligado; o hábito de colocar pranchetas ou de tamborilar sobre a cobertura acrílica da incubadora são apenas alguns dos ruídos gerados pelos profissionais que atuam com este grupo de crianças.

Bess *et al.* (1979) realizaram um estudo sobre o ruído das incubadoras e das UTIs e observaram que os equipamentos de "suporte para a vida" aumentavam o nível de ruído das incubadoras em 15-20 dB, com predominância para as freqüências altas. O ruído médio interno de uma incubadora não excede, em geral a 60 dBA. Apesar deste som não parecer muito perigoso, é bom lembrar que o bebê que está dentro da incubadora é um bebê de alto risco, com baixo peso, saúde deficiente e que pode estar sendo tratado com ototóxicos.

Distúrbios metabólicos — Alterações metabólicas podem acarretar problemas auditivos para o portador do distúrbio. Estas alterações podem ser resultantes de desequilíbrio hormonal, como ocorre, por exemplo, em pacientes com disfunção tireoidiana.

• Disfunção da tireóide — Pode provocar a deficiência auditiva, o zumbido e a vertigem. Se ocorre desde o nascimento pode estar associada ao cretinismo (Meyerhoff, 1976).

• Diabetes mellitus — Se caracteriza por um distúrbio hormonal crônico. Existem dois tipos de diabetes melittus: a de instalação juvenil e a de instalação adulta. A diabetes mellitus juvenil é a mais severa das duas e aparece subitamente na infância ou na adolescência. Os pacientes diabéticos são mais propensos a infecções. A deficiência auditiva não ocorre sempre, mas, quando ocorre, é do tipo neurosensorial, bilateral, simétrica, de grau leve a moderado.

Diversas são as causas da deficiência auditiva de manifestação tardia e origem não-genética. Quase todas as patologias que atingem o adulto podem atingir a criança e levá-la à perda da audição. Segundo Paparella (1973), somente a presbiacusia e a otosclerose não atingem o ouvido da criança.

Patologias decorrentes de insuficiência vascular, degeneração de estruturas neurológicas, tumores etc. podem causar a deficiência auditiva, muitas vezes de forma isolada, outras vezes associada a diversas alterações orgânicas e/ou funcionais.

Para todos os deficientes auditivos, não importa qual seja o grau de sua dificuldade nem o momento em que a perda ocorreu, o importante é que todo um mundo de informações lhes foi bloqueado, cabendo ao médico, ao fonoaudiólogo, ao educador, à família e à sociedade tentarem, por todos os meios, romper os obstáculos para integrá-los à comunidade e trazê-los para um convívio indiscriminado.

Bibliografia

BARBER, H.O. Head injury: audiological and vestibular findings. *Ann. Otol. Rhinol. Laryngol.* 78:239, 1969.

BERCKMAN, M.D. & FEINGOLD, N. Oculoauriculovertebral dipplasia (Goldenhar's Syndrome) *Oral Surge.* 25:408, 1968.

BERLOW, S.; CALDARELLI, D.; MATZ, G.J.; MEYER, D.H.; HARSCH, G.G. Bacterial meningitis and sensorineural hearing loss: a prospective investigation. *The Laryngoscope*, 90:1445, 1980.

BESS, F.H.; PEEK, B.; CHAPMAN, J. Further observations in noise levels in infants incubators. *Pediatrics*, 63:100, 1979.

BORDLEY, J.E.; BROOKHOUSER, P.E.; HARDY, J. *et al.* Prenatal rubella. *Arch. Otolaryngol.* (Stokchol) 66:1, 1968.

BRACKMAN, D.E.: Electric response audiometry in a clinical practice. *Laryngoscope 87 (Suppl. 5)* 1, 1977.

CELANI, A.C.; COSTA Fº, O.A.; TROISE, S.J. Brinquedos e seus níveis de ruído. *Rev. Distúrbios da Comunicação*, 4(1): 49-58, 1991.

CERRUTI, V.Q. *Otite média em crianças de instituições — creche.* Tese de Mestrado. São Paulo, PUC, 1992.

COOPER III, R.F.; BAGWILL, C.; SMITH, T.B. Hearing Loss in pediatric meningitis. *Am. Famil. Physician*, 35:133, 1987.

CRUZ, O.L.M. *et al.* Ototoxicidade após o uso tópico de neomicina em pacientes com queimaduras. *Rev. Bras. de Otorrinolaringologia*, 51:35, 1985.

DODGE, P.R.; DAVIS, H.; FEIGIN, R.D.; HOLMER, S.J.; KAPLAN, S.L.; JUBELIER, D.P.; STECHENBERG, B.W.; HIRSH, S.K. Prospective evaluation of hearing impairment as a sequelae of acute bacterial meningitis of childhood. *The N. Engl. J. of Med.*, 311:869, 1984.

FALK, S. A. & WOODS, N. F. Hospital noise levels and potential health harzards. *New England J. Med.*, 289:774, 1973.

FRIEDMAN, I.; FRASER, G. R.; FROGGA, H. P. Pathology of the ear in the cardio auditory syndrome of Jervell-Lange-Nielsen. *J. Laryngol. Otol.*, 80:451, 1966.

HODGE, D. C. & McCOMMONS, B. N. Acoustical harzards of children's toys. *J. Acoust Soc. Am.*, 40:911, 1966.

HUNGRIA, H. Otite média serosa-secretora. *A Folha Médica*, 91:369, 1985.

ILLUM, O. C.; KAIER, H. W.; HVIDBERG-HANSEN, J. *et al.* Fifteen cases of Pendred's Syndrome. *Arch. Otolaryngol..*, 96:297, 1972.

JERVELL, A. & LANGE-NIELSEN, F. Congenital deaf mutism, functional heart disease with prolongation of the Q T interval and sudden death. *Am. Heart J.*, 54:59, 1957.

LICHTIG, I. & MAKI, K. Os efeitos nocivos de exposição prolongada a ruídos gerados em unidades de terapia intensiva sobre neonatos de baixo peso. *Comunicações Científicas em Psicologia*, 1, 1991.

LOPES Fº, O. C. (coord.). *Temas de Otorrinolaringologia*. Vol. IV, São Paulo, Manole, 1980.

———. *Temas de Otorrinolaringologia*. Vol. III. São Paulo, Manole, 1980.

LOPES Fº, O. C.; BETTI, R. B.; BETTI, E. T.: Alterações metabólicas e doenças do ouvido interno. *Rev. Bras. de ORL*, 51:7, 1985.

LUBIANCA, N. J. F.; CAMINHA, G. P.; DALL'IGNA, C.: Fatores de risco para a otite média. *Rev. Bras. de Otorrinolaringologia* 59(2): 90-98, 1993.

MANGABEIRA ALBERNAZ, P. L.; FUKUDA, Y; CHAMMAS, R.; GANANÇA, M. The Mondini dysplasia — a clinical study. *Rev. Bras. de ORL.*, 43:131, 1980.

MARSHAL, L. & BRANDT, J. F. Temporary threshold shift from a toy cap gun. *J. Speech Herd Disord.*, 39:163, 1974.

MATKIN, N. D. & CARHART, R. Auditory profiles associated with Rh incompatibility. *Arch. Otolaryngol.*, 84:520, 1966.

———. Hearing acuity and Rh incompatibility eletro-dermal thresholds. *Arch. Otolaryngol.* 87:383, 1968.

MELLO, I.; RACHED, K. A. A.; LIMA, S. A.; SANTOS, T. M. M. Um estudo retrospectivo da deficiência auditiva pós-meningite em crianças de 0 a 5 anos. In: *Anais do Congresso Internacional de Fonoaudiologia*, 1, Fortaleza, CE, 1989.

MEYERHOFF, W. L. The thyroid and audition. *Laryngoscope*, 86:483, 1976.

MUÑOZ, A.; MARTINEZ, M.; BENITEZ-DIAS, L.; GUISCAFRE, H Hearing loss after *Haemophillus influenzae* meningitis. *Ann. Otol. Rhinol. Laryngol.*, 92:272, 1983.

NADOL, J. B. Hearing loss as a sequela of meningitis. *The Laryngoscope*, 88:739, 1978.

NORTHERN, J. L. & DOWNS, M. *Hearing in children*. 3rd ed. Baltimore, Williams and Wilkins Co., 1984.

NORTHERN, J. L. & DOWNS, M. *Hearing in children.* 4th ed. Baltimore, The Williams and Wilkins Co., 1991.

NORTHERN, J. L. (ed.). *Hearing disorders.* Boston, Little Brown Co., 1976.

OLIVEIRA, C. A. & BANDEIRA, F. Surdez neuro-sensorial associada a otite serosa. *Rev. Bras. de ORL*, 49:20, 1983.

OLIVEIRA, T. T. Síndrome da Rubéola Congênita. *Rev. Distúrbios da Comunicação*, 4 (1): 43-47, 1991.

OYIBORHORO, J. Impacted cerumen in a cerebral palsy population. *Audiology Today*, 5(2): 49, 1993.

PANTKE, O. A. & COHEN, N. N. J. The Waardenburg syndrome. *Birth Defects*, 7(7):147, 1951.

PAPARELLA, M. & SHUMRICK, D. *Otolaryngology.* Vol. 2. Phil, WB Saunders, 1973.

PAPARELLA, M. & SUGIURA, S. The pathology of suppurative labyrinthitis. *Ann. Otol.*, 76:554, 1967.

PAPARELLA, M. Middle ear effusions: definitions and therminology. *Ann. Otol. Rhinol. Laryngol., 85 (suppl. 25)*: 8, 1976.

PARADISE, J. Otites media in infants and children. *Pediatrics*, 65:917, 1980.

PAYNE, E. E. & PAPARELLA, M. Otites media. In: NORTHERN, J. L. (ed.). *Hearing Disorders.* Boston, Little Brown Co., 1976.

PELTZMAN, P.; KITTERMAN, J. A.; OSTWALD, P. F., *et al.* Effects of incubator noise on human hearing. *J. and Res.*, 10:335, 1970.

PRESCOD, S. V. *Audiological handbook of hearing disorders.* Londres, Van Nostrand Co., 1968.

READDING, J.; HARGEST, T.; MINSKY, S. How noise is intensive care? *Crit. Care Med.*, 5:275, 1977.

RETELOFF, A.; DE WIND, L. T.; DE GROOT, L. J. Familial syndromes combining deaf mutism stippled epidithis, goiter and abnormally high PB I. *J. Chin. Endocrenol.* 27:279, 1967.

RIBEIRO, F. Q. *Um método prático para a avaliação do comprometimento do aparelho auditivo em crianças.* Tese de Mestrado. Escola Paulista de Medicina, 1987.

————. A incidência da otite média secretora em diferentes faixas etárias. *Rev. Bras. de Otorrinolaringologia*, 59 (2): 99-101, 1993.

RUBEN, J. Aspectos médicos de la sordera. In: FINE, P. *La sordera in la primera y segunda infancia.* Buenos Aires, Ed. Med. Panamericana, 1977.

SALERNO, R.; STABLUN, G.; CECI, M. J.; SILVA, M. A. C. Deficiência auditiva na criança. *Rev. Bras. de ORL*, 51:23, 1985.

SANTOS, T.M.M. *As relações entre os achados clínicos e audiológicos na meningite bacteriana.* Tese de Mestrado, Escola Paulista de Medicina, São Paulo, 1992.

SANTOS, T. M. M.; MELLO, I. S.; RACHED, K. A. A.; LIMA, S.A. Um estudo retrospectivo da deficiência auditiva pós-meningite em crianças de zero a 5 anos de idade. *Lugar em Fonoaudiologia*, 3:54, 1990.

SANTOS, T.M.M. & RUSSO, I.C.P. *A prática da audiologia clínica.* São Paulo, Cortez, 4.ed., 1993.

SATALOFF, J. *Hearing Loss.* Phil., J. B. Lippincott Co., 1966.

SIERVOGEL, R. M.; ROCHE, A. F.; JOHNSON, D. L. *et al.* Longitudinal study of hearing in children: II cross sectional studies of noise exposure as measure by dosimetry. *J. Acoust. Soc. Am.*, 71:372, 1982.

SMITH, D. *Síndromes de malformações congênitas.* São Paulo, Manole, 1985.

SUGAR, H. S. The oculoauriculo vertebral dysplasia — Syndrome of Goldenhar. *Am. J. Ophtalmolog.*, 62:678, 1966.

TABITH Jr., A.; FRANCO, E.; BARBERI, J. Levantamento da etiologia da deficiência auditiva em uma escola especial para deficientes auditivos. *Rev. Distúrbios da Comunicação*, 3(1): 119-123, 1989.

TEELE, D. W.; FLEIN, J. O.; ROSNER, B. A. Epidemiology of otitis media in children. *Ann. Otol. Rhinol. Laryngol.*, 89 (suppl.68):5, 1980.

_____. Epidemiology of otitis media in children. Proceedings of 2nd International Symposium: Recurrent advances in otitis media with effusion. *Ann. Otol. Rhinol. Laryngol.*, (suppl.68), 89 (3) (Part 2):5, 1980.

VERNON, M. Meningitis and deafness: The problem, its physical, audiological and educational manifestation in deaf children. *Laryngoscope*, 77:1956, 1967.

VIENNY, H.; DESPLAND, P. A.; LÜTSCH, J.; DEONNA, T.; DUTOIT-MARCO, M. L.; GANDER, C. Early diagnosis and evolution in childhood bacterial meningitis: a study using brainstem. *Pediatrics*, 73:579, 1984.

WHAL, R. A. & DICK, M. Congenital deafness with cardiac arrythmia: The Jervell, Lange-Nielsen Syndrome. *Am. Ann. Deaf.*, 125:34, 1980.

WHEATON, S. W. In: SMITH, D. *Síndromes de malformações congênitas.* São Paulo, Manole, 1985, p.320-1.

WILLIANS, A.; WILLIAMS, M.; WALKER, C. *et al.*: The Robin anormalad (The Pierre-Robin Syndrome) — follow up study. *Arch. Dis. Child*, 56:663, 1981.

CAPÍTULO III
A avaliação audiológica

O objetivo deste capítulo é descrever os fundamentos ou princípios da avaliação da função auditiva na criança.

Avaliar a audição de uma criança pequena envolve um trabalho especializado que exige tanto o conhecimento do seu desenvolvimento normal como também o das técnicas existentes e mais adequadas para cada faixa etária.

O propósito desta avalição está voltado para três aspectos principais:

a) detectar deficiências auditivas leves, moderadas, severas ou profundas;

b) estabelecer o diagnóstico diferencial entre os diversos quadros patológicos que têm como sintoma o retardo no desenvolvimento da linguagem;

c) avaliar quantitativamente e qualitativamente a deficiência auditiva, o mais precocemente possível, a fim de auxiliar o diagnóstico médico e o processo de habilitação e/ou reabilitação auditivas.

Não se deve esquecer que cada criança age e vive como um ser individual; crianças da mesma idade cronológica não possuem necessariamente o mesmo nível de desenvolvimento cognitivo, motor e de linguagem. Assim sendo, a generalização é perigosa e deve ser evitada em todo o processo de avaliação audiológica. Uma técnica de avaliação pode funcionar muito bem para determinada criança e não para outra, embora ambas tenham a mesma idade.

1. O que é avaliação audiológica?

Segundo Hodgson (1978), a avaliação audiológica é a observação das respostas comportamentais da criança a estímulos acústicos em situação controlada. Para que a avaliação audiológica possa apresentar resultados que realmente representem a audição do sujeito sob teste, é necessário que o examinador atenda alguns quesitos e que conheça os limites e possibilidades da criança que está avaliando.

É fundamental que o examinador seja experiente em: a) realizar avaliação audiológica em adultos; b) observar respostas comportamentais globais e específicas (reflexo cócleo-palpebral, localização de fonte sonora etc.) a estímulos acústicos; c) manipular os instrumentos geradores de estímulos sonoros; d) reconhecer reações negativas e/ou positivas ao estímulo sonoro; e) aplicar as diferentes técnicas de avaliação da audição em bebês e crianças pequenas; f) saber reconhecer o limite de cada criança. O desrespeito ao limite de atuação de cada paciente é um dos fatores que podem prejudicar seriamente o resultado final da avaliação audiológica. Se a criança está com fome, cansada, com sono, com sede, se esperou muito para ser atendida, pode não estar muito disposta a colaborar e o exame pode ficar seriamente comprometido.

Cabe lembrar neste momento que, por mais importante que a audição seja para o desenvolvimento da linguagem, ela não constitui a única determinante deste processo. Fatores como maturação, integridade neurológica e bom desenvolvimento emocional podem influir de modo decisivo nesse processo, defasando-o ou anulando-o. Quando se avalia a audição de uma criança, não se avalia somente o percurso morfofisiológico que o som faz para chegar ao Sistema Nervoso Central, mas se avalia o todo, a criança e a forma de sua audição: a criança e as conseqüências que um problema auditivo traz para ela. A avaliação audiológica não deve estar somente presa à obtenção dos limiares tonais; deve ser um processo mais amplo onde se observa um sujeito, sua audição e seu comportamento frente ao mundo sonoro.

A observação do comportamento da criança durante o processo de avaliação audiológica pode fornecer pistas de informações sobre o desenvolvimento global deste paciente, de modo a auxiliar o diagnóstico de outros distúrbios associados à deficiência auditiva.

A avaliação da criança e de sua audição deve ser baseada no conhecimento das respostas que a criança pode apresentar em cada momento, ao longo do seu desenvolvimento. Conhecer o desenvolvimento da função auditiva da criança normal torna-se fundamental, já que, muitas vezes, um distúrbio pode se manifestar através da alteração deste comportamento. Qualquer comportamento que fuja ao esperado deve ser melhor examinado e investigado — é melhor avaliar de forma mais detalhada a deixar aspectos importantes.

A avaliação audiológica através da observação das respostas comportamentais não é o único instrumento de que dispõe o audiologista para avaliar a criança e sua audição. Diversas são as técnicas elaboradas para a obtenção dos limiares tonais da criança; quanto maior for o conhecimento que o examinador tem sobre os recursos e técnicas existentes, mais preparado ele estará para atuar e conseguir confiabilidade nos resultados de seus exames. A utilização de mais de uma técnica pode garantir a consistência dos achados audiológicos, maior segurança na orientação e aconselhamento dos caminhos a seguir.

As informações obtidas através da observação de respostas comportamentais, associadas aos dados conseguidos através da audiometria lúdica e/ou da audiometria pelo condicionamento do reflexo de orientação, e/ou da imitância acústica são muito mais seguras e precisas do que aquelas obtidas de forma isolada.

Matkin (1977) realizou um estudo no qual comprovou a validade dos resultados obtidos graças ao uso de três técnicas de avaliação auditiva (reforço social, reforço lúdico e reforço operacional) em um grupo de cem crianças pré-escolares. Obteve 30% de validade ao usar somente uma das técnicas. Esta porcentagem se elevou para 76% ao utilizar a combinação de duas delas e atingiu 90% com o emprego das três técnicas. Esses resultados confirmam a necessidade do uso de medidas alternativas e flexíveis quando a tarefa é avaliar a audição de crianças muito pequenas e, ao mesmo tempo, mostram que condições tais como criatividade, paciência e bom senso, por parte do examinador, são aliados indispensáveis para a realização de um bom trabalho.

2. Princípios da avaliação audiológica

A tecnologia moderna tem aumentado o número de opções, todas muito valiosas, para se testar a audição de bebês e crianças pequenas. Atualmente, é possível obter reações comportamentais a estímulos acústicos grosseiros e/ou a estímulos acústicos calibrados e, posteriormente, estudar as respostas neurológicas a estes mesmos estímulos. Mas, apesar de todo esse desenvolvimento tecnológico, de toda a sofisticação dos exames, nada é mais importante que a *experiência*. Um examinador experiente tem mais chances de realizar um bom exame do que qualquer outro; sabe observar, sabe procurar respostas, sabe como e quando apresentar um estímulo acústico e principalmente sabe quando deve terminar uma sessão de avaliação. É importante que, antes de atuar com crianças, tenha tido oportunidade de atuar com adultos, para dominar os conhecimentos básicos de um exame audiológico.

Os princípios básicos que regem a avaliação audiológica dizem respeito a:

• *Simplicidade* — Ou seja, o método mais simples e que obtiver as respostas necessárias é o melhor.

• *Flexibilidade* — O examinador não deve ser o defensor desta ou daquela técnica específica, mas deve ser o defensor da melhor técnica para aquele paciente que está sendo avaliado.

• *Adequação* — Usar o recurso e/ou a técnica adequados ao paciente, em função de sua faixa etária, de seu desenvolvimento intelectual, suas possibilidades motoras e visuais.

Outros princípios que são importantes na avaliação audiológica da criança estão diretamente ligados ao examinador. O conhecimento, a experiência, o domínio das técnicas e do equipamento devem estar estreitamente ligados ao sentimento. É muito importante que o examinador goste verdadeiramente de criança, pois é necessário uma dose extra de paciência e carinho para enfrentar crises de teimosia, negativismo, birra, timidez etc. Ser capaz de aceitar os limites da criança e de si mesmo podem impedir o examinador de forçar situações de exame que podem levar a criança a desenvolver sentimentos de angústia, rejeição, tensão e/ou ansiedade.

O trabalho com a criança, para ter sucesso, precisa ser feito num clima de confiança mútua, de aceitação e de amizade; em um ambiente de cordialidade onde o paciente pediátrico se sinta relaxado e disposto a colaborar, pois só podemos estudar e observar as reações e as atitudes que ele permitir que se manifestem.

Ponto básico, fundamental em qualquer avaliação audiológica, é o estímulo acústico — o *som*. Conhecer os diversos tipos de estímulos sonoros que podem ser usados durante uma avaliação audiológica, os diferentes usos que se pode fazer de cada um deles, as dificuldades e as facilidades de sua produção e controle, as características acústicas de cada um, as reações que podem ou devem despertar, de que forma essas reações aparecem, são aspectos do maior interesse para o examinador. Mais à frente, neste capítulo, estes aspectos serão melhor discutidos.

Durante uma avaliação audiológica vários fatores estão envolvidos, alguns deles já discutidos. Em uma avaliação temos: o examinador, o equipamento, o ambiente, o material lúdico, o estímulo acústico, a criança e a família. Vimos anteriormente alguns aspectos que envolviam a figura do examinador e do estímulo acústico. Cabe agora conhecer os aspectos que dizem respeito à criança.

A partir de agora vamos estudar a criança, conhecer um pouco dos fatores que podem determinar o sucesso ou o fracasso de um exame. Vamos estudar a criança e sua relação com o examinador, com o ambiente do teste, suas possibilidades de responder ao estímulo sonoro. Estas informações são primordiais para que o examinador possa saber de que forma começar seu processo de avaliação auditiva.

Em um processo de avaliação audiológica diversas variáveis que podem interferir na forma e na técnica da realização podem ser levantadas a partir da primeira etapa deste procedimento — a entrevista inicial ou anamnese.

Anamnese — Todo trabalho que é realizado com criança envolve uma fase de coleta de dados junto aos pais, de forma a caracterizar a queixa e as dificuldades que estes sentem em seu filho.

Considerada uma etapa muito importante no processo do diagnóstico, deve conter perguntas objetivas que visem à obtenção de dados que causam, predispõem, agravam ou caracterizam o problema auditivo e o estado atual do paciente.

Nesta fase não poderão faltar informações relativas a:

• identificação do paciente;

• caracterização dos problemas da criança — queixa;

• a história e o estado atual do seu problema auditivo;

• a história médica — desde a gestação até o momento atual, enfatizando-se as doenças infecciosas, medicamentos e antecedentes familiares;

• aspectos socioculturais e individuais;

- desenvolvimento motor, social, mental, emocional e de linguagem:

- história audiológica — com o registro de outros exames, atendimentos e orientações;

- história educacional.

Na PUC-São Paulo, disciplina de Audiologia Clínica, do Curso Fonoaudiologia, temos usado o modelo de anamnese que segue:

Nome:_____ Idade:_____ Sexo:_____
Informante:_____ Encaminhado por:_____
Endereço do paciente:_____
Data da entrevista:_____ Examinador:_____

1. Queixa

- Qual o problema?
- Quando começou e quando foi percebido?
- Como evoluiu?
- Fez exames? Quais? Onde? Resultados:
- Fez tratamentos? Quais? Onde? Resultados:

2. Desenvolvimento geral:

2.1. Aspecto Motor:

- Sentou sem apoio com_____
- Engatinhou com_____
- Andou sem apoio com_____ _____

2.2. Aspecto de Linguagem:

- Balbuciou com_____
- Começou a falar com_____
- Primeiras frases com_____ _____
- Como é a fala atualmente?_____
- Como se comunica? (gestos indicativos e/ou representativos, verbalização)_____
- Como se comunicam com a criança?
- Compreende bem ordens verbais e complexas?
- Sua voz é igual à das outras crianças?

2.3. Aspecto Social:

- Como é seu comportamento? (hiperativo, distraído, assustado, agressivo etc.)
- Brinca bem com outras crianças? Com brinquedos ? (Que tipo de brinquedos)

2.4. Aspecto Auditivo·
- Você acha que seu filho ouve?
- O que você acha que seu filho ouve?

avião	latidos de cachorro
trovão	motor de carro
televisão	buzina de carro
rádio (sensação tátil)	despertador
campainha	voz
telefone	outros
palmas	

- Suas respostas são consistentes?
- Não gosta de barulhos?
- Você acha que as respostas auditivas de seu filho são diferentes de um dia para outro? Quando isto ocorre?
- Você acha que a audição de seu filho era melhor e está pior atualmente? Por quê?

3. Dados indicativos de influências lesionais:

- Gestação (duração, intercorrências — abortos, sangramentos, doenças, medicamentos (aspirina, antibióticos), raio X, erupções de pele, infecções de urina, pressão alta, diabetes, caxumba, toxoplasmose, citomegalovírus, fator Rh, fator ABO, tombos etc.).
- Parto — fórceps, cesária, normal? Por quê?
- Duração do trabalho de parto?
- Anestesia, transfusão de sangue?
- Neonato (até 5 dias): peso:_____ estatura:_____ chorou logo? _____ anoxia:_____ icterícia:_____ fototerapia:_____ incubadora:_____ problemas respiratórios:_____ transfusão de sangue:_____

Havia alguma lesão, cicatriz ou deformidade no bebê ao nascer?_____

4. Informações sobre a saúde:

- Quais as doenças que a criança já teve? (época)

rubéola	sarampo	caxumba	meningite
amidalite	adenóide aumentada		sinusite
desidratação	alergias	otites	convulsões
febres altas	infecções intestinais		hospitalizações
cirurgias	trauma craniano		outros

- Infecções de ouvido? Há quanto tempo?
Qual ouvido?
- Purgações? Há quanto tempo?
Qual ouvido?
- Exposições a ruído? (anterior e atual)
Brinca com brinquedos ruidosos?
Gosta de som forte?
Usa walkman?
Pancadas na cabeça? Desmaios?
- Medicamentos que tomou ou toma? (inclua todos, inclusive aspirina)
- Antecedentes familiares

5. História audiológica

- Testes auditivos anteriores?   Onde?
Quais os resultados e orientações?
- Usou aparelho auditivo?   Quando?
Ainda usa?   Se não, explique por quê
Se usa: Marca:_____Modelo:_____
Controles_____Ouvido:_____
Data da indicação: _____Quem indicou:_____
Data da aquisição:_____
Número de horas que usa por dia:_____
Condições atuais do aparelho:_____
Dificuldades com o aparelho:_____

6. Reabilitação

- Fez ou faz atendimento fonoaudiológico?
Onde?   Com quem?
- Fez ou faz atendimento psicológico?
Onde?   Com quem?
- Fez ou faz tratamento neurológico?
Onde?   Com quem?
- Comentários sobre sua evolução:

7. História educacional:

- Está na escola?   Série/Grau
- Como está seu aproveitamento escolar?
- Classe comum?   Especial?
- Nome da professora:

A etapa da entrevista ou anamnese pode ser também uma fase de aproximação entre o examinador e a criança. Enquanto a mãe e o examinador conversam, a criança pode observar o relacionamento tranqüilo entre os dois, pode explorar o ambiente, o equipamento e as instalações da sala. Este período de exploração e observação serve para descontrair e relaxar a criança, pois dá a ela tempo de analisar a situação a que será exposta e, dessa forma, diminui seu medo e sua ansiedade. A criança pode ver que na sala não há armários de remédios e de injeções, não há cheiros de hospital, o que lhe permite ficar menos tensa em relação ao exame que deverá se submeter em seguida.

Temos observado, na prática clínica que, quando se permite à criança participar da entrevista inicial com os pais, é mais fácil a sua colaboração durante os testes, pois a barreira do desconhecido, da novidade e do medo foram derrubadas.

Durante a anamnese o examinador pode levantar informações que o ajudarão a selecionar o material e o procedimento que melhor se aplica àquela criança em questão. Tais dados poderão facilitar ou dirigir os caminhos escolhidos para o processo de avaliação audiológica do paciente pediátrico:

a) Idade cronológica — o conhecimento deste fator permite ao fonoaudiólogo selecionar os materiais mais adequados e de maior interesse para a faixa etária sob avaliação. Permite também ao examinador estabelecer um fator de comparação entre as respostas apresentadas pela criança sob teste e o padrão de normalidade para sua idade, não só no aspecto auditivo, mas no que se refere ao seu desenvolvimento global.

b) Idade mental — muitas vezes a criança que vem para ser avaliada apresenta desenvolvimento intelectual não compatível com seu desenvolvimento cronológico, nestas situações, o examinador tendo conhecimento desta defasagem poderá selecionar materiais, técnicas e procedimentos mais adequados às possibilidades da criança. A avaliação final também deverá ser feita respeitando-se as dificuldades da criança e não se poderá esperar que esta criança atue como uma criança com desenvolvimento cronológico e mental normal.

c) Estado neurológico — o desenvolvimento motor e perceptual da criança também deve ser observado pelo fonoaudiólogo ao realizar a avaliação audiológica, pois ao propor atividades ou tarefas estas devem ser adequadas às possibilidades e limitações do paciente sob teste.

d) Motivação — é fundamental despertar o interesse da criança em participar da testagem, interagindo satisfatoriamente com o fonoaudiológo e permanecendo tranqüilo no ambiente do teste. Para que isto aconteça é necessário conhecer as experiências anteriores da criança, não só relacionadas com o quadro atual mas com outros problemas que tenha tido em outras ocasiões. O examinador neste momento deve despertar o interesse de seu paciente em participar, através de estórias, dramatizações e explicações relacionadas com o exame.

e) Estado fisiológico — conhecer as condições de saúde, de alimentação, de sono, de necessidade fisiológica da criança no momento do exame. Se a criança não estiver bem em qualquer dos aspectos citados, dificilmente ela se sentirá disposta a colaborar.

f) Estado psicológico — uma criança assustada, pressionada, muito exigida, pouco amada, insegura de suas atitudes, traumatizada por experiências negativas anteriores pode requerer do examinador mais tempo e atenção para conseguir resultados confiáveis. Nestes momentos, a presença da mãe pode servir como ponto de apoio e de proteção para a criança.

No aspecto que diz respeito ao equipamento, ambiente acústico, material lúdico e reforço usados no processo de *avaliação audiológica*, é importante lembrar os seguintes aspectos:

a) Ambiente do teste — a sala deve ser acusticamente tratada, ampla, clara, sem quadros ou estímulos visuais que possam chamar a atenção da criança. As pessoas que estiverem no ambiente devem evitar usar roupa branca, já que para muitas crianças esta cor representa algo doloroso ou traumatizante, devido a internações, cirurgias ou tratamentos clínicos a que foram submetidas. Muitas vezes os pais, na tentativa de controlar o comportamento das crianças, se utilizam do recurso "médico-injeção" para assustá-las — "Se você não ficar quieto, vou levá-lo ao médico para tomar injeção!". Apesar de saberem que desta forma podem prejudicar o desenvolvimento normal da criança, muitos pais persistem na sua utilização, gerando medos infundados e totalmente desnecessários em seus filhos. Por esta razão, sempre que possível, deve-se evitar o uso da cor branca em situação de testagem.

b) Equipamento — para se fazer uma avaliação audiológica é necessário contar com alguns *instrumentos musicais* de timbres baixos, médios e altos e com intensidades fraca, média e forte; audiômetro que permita a apresentação de estímulos sonoros modulados ou intermitentes, ruídos de banda larga e banda estreita, voz, através de caixas acústicas (campo livre), fones e/ou vibrador ósseo; imitanciômetro, com possibilidade de pesquisa do reflexo acústico do músculo estapédio por via contralateral e ipsilateral.

c) Material lúdico — é de suma importância que o material lúdico usado como atividade de reforço para a criança seja de interesse para ela. Este material deve ser resistente, de fácil manipulação, colorido, interessante, mas não demais, para não entreter a criança a ponto de ela se esquecer de responder ao estímulo acústico (Figura III-1).

Figura III - 1
Material lúdico usado para exame com crianças

Estes brinquedos podem ser de vários tipos, variando desde materiais simples como brinquedos de encaixe até brinquedos sofisticados tais como programas de computador.

d) Reforço — todos gostam de ser recompensados de forma positiva quando desempenham bem o seu papel. Nas crianças isto é especialmente verdadeiro quando estão realizando alguma atividade para as quais foram convocadas. Expressões afetivas do tipo: "muito bem", "você está ótimo", "isso mesmo", "puxa como você é esperto", além de sorrisos, gestos afirmativos com a cabeça e/ou com as mãos, batida de palmas etc. ajudam a criança a prosseguir na tarefa.

Por outro lado, expressões negativas, como por exemplo: "não é assim", "agora não", "não faça isto", devem ser substituídas por "espere", "escute", "preste atenção", as quais permitem à criança perceber que se enganou, sem contudo inibirem o seu desempenho.

Ao final da sessão de testagem, pode-se premiar a criança com uma bala, um pirulito ou uma etiqueta adesiva (estrelas, bichinhos), para que ela sinta que realmente trabalhou bem e que todos estão muito satisfeitos com sua atuação.

e) O estímulo acústico — ponto fundamental da avaliação audiológica, precisa ser do domínio do examinador. Conhecer o espectro acústico do estímulo sonoro usado é de grande ajuda, pois permite ao examinador avaliar de forma rápida o campo de audição da criança em função da freqüência (média/baixa/alta) e da intensidade (forte/médio/fraco).

Os estímulos sonoros podem ser classificados em dois grandes grupos: instrumentos geradores de *ruídos*; instrumentos eletrônicos geradores de *sons calibrados*.

O grupo de geradores de *ruídos* é constituído por fontes de sinal sonoro não-calibrado e dos quais se faz uma estimativa do espectro de freqüência e intensidade que os compõem. Neste grupo estão incluídos brinquedos sonoros, instrumentos musicais, sons ambientais, apitos etc. Esse tipo de estímulo acústico, quando usado adequadamente, provê informações valiosas e rápidas sobre o campo da audição da criança, a área da audição mais atingida, e serve como passo inicial para o teste formal.

Além disso, os instrumentos e brinquedos são de grande auxílio no sentido de "quebrar barreiras" quando se tenta estabelecer contato com a criança.

Entretanto, para que possam ser úteis, os instrumentos deverão passar por processo objetivo de medida de suas características acústicas. É importante conhecer o espectro de freqüência e a quantidade de energia que cada um deles é capaz de produzir.

Novaes e Ficker (1979) realizaram um estudo sobre as características acústicas dos sons ambientais mais utilizados na avaliação da audição em crianças e na indicação de aparelhos auditivos. Após analisarem o espectro sonoro de dezesseis fontes, entre sons ambientais e instrumentais, concluíram que o uso do tambor e da batida na porta são importantes na pesquisa de respostas auditivas para freqüências baixas e de grande intensidade; para a área de 1000 a 2000 Hz, podem ser empregados o coco, a sanfona, a batida de palmas ou o apitolino; para as freqüências mais elevadas, são de utilidade instrumentos como xilofone, o triângulo, o chocalho e o sino, dentre os quais é este último um dos mais agudos (Figura III-2).

Além dos sons emitidos por instrumentos musicais, existem outros brinquedos que geram sons de faixas de freqüências diferentes. Um deles, o chocalho de madeira "toc-poc", que é apresentado em versões de três cores diferentes, onde cada cor corresponde a um estímulo sonoro de espectro de freqüência diferente — baixa, média e alta (Figura III-3).

Figura III - 2
Alguns instrumentos usados na testagem audiológica

Figura III - 3
Chocalhos de madeira com espectros acústicos diferentes

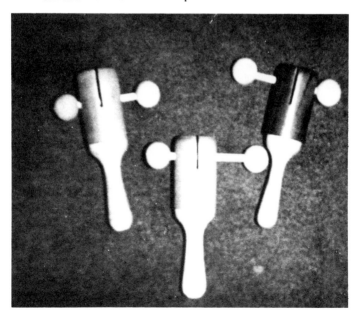

Downs (1991) reuniu um grupo de brinquedos em um *kit* ao qual denominou *Hear Kit*, que tem como principal característica um estudo sobre o espectro sonoro de cada um deles. O *kit* é composto por dois chocalhos, um sino, um brinquedo de assobio e uma corneta, um livreto com as instruções para a aplicação e uso dos brinquedos e que contém o espectro sonoro de cada um deles (Figura III-4). Este material é disponível para a venda através da BAM-World Markets, Inc.TM, P.O. Box 107101 University Park Station, Denver, Colorado USA 80210.

O uso clínico de brinquedos sonoros, instrumentos musicais ou de ruídos ambiente tem grande valor em uma etapa inicial de um processo de avaliação audiológica, porém deve-se tomar cuidado com a força e a distância do instrumento em relação ao ouvido do paciente. Elas devem ser as mesmas usadas ao se fazer o levantamento espectográfico dos instrumentos ou brinquedos. O uso de um decibelímetro pode auxiliar esta tarefa, uma vez que atua como monitor do nível de intensidade gerado pela fonte.

O grupo de instrumentos eletrônicos geradores de *sons calibrados* é constituído por tons puros, *warble tones* (tons modulados que variam sua freqüência em torno de 5% acima e abaixo do tom teste) e ruído de banda estreita. Estes sinais são facilmente controlados e fornecem informações satisfatórias sobre a sensibilidade auditiva em função da freqüência (Hodgson, 1978).

Figura III - 4
Hear Kit

Quadro III - 1

Espectros sonoros de sons ambientais e instrumentais

Instrumentos	Faixa de freqüência de maior intensidade	dB NPS*
Agogô campânula grande	600 a 800 Hz	85 dBNPS
	3000 a 8000 Hz	
campânula pequena	4000 a 10000 Hz	90 dBNPS
Xilofone	4000 a 6000 Hz	80 dBNPS
Triângulo	4000 a 8000 Hz	80 dBNPS
Chocalho	4000 a 8000 Hz	80 dBNPS
Guizo	2000 a 6000 Hz	70 dBNPS
Black-black	2000 a 6000 Hz	80 dBNPS
Sino	4000 a 8000 Hz	90 dBNPS
Castanhola	1600 a 10000 Hz	75 dBNPS
Sanfona	1000 a 2500 Hz	80 dBNPS
Apitolino	1600 a 2000 Hz	80 dBNPS
Coco	600 a 3000 Hz	85 dBNPS
Tambor	250 a 600 Hz	85 dBNPS
Reco-Reco	1000 a 8000 Hz (pico em 1000Hz)	80 dBNPS
Pratos	500 a 20000 Hz (pico em 2000Hz)	80 dBNPS
Batida na porta	200 a 1600 Hz	70 dBNPS
Batida de palmas	1000 a 3000 Hz	80 dBNPS

(Ficker e Novaes, 1979)
* NPS — Nível de Pressão Sonora

A principal crítica feita ao uso do tom puro, na avaliação da audição da criança, é de que este é abstrato e, por isso, desprovido de significado para ela. Cabe ao examinador ensinar a criança a associá-lo com brincadeiras, atribuindo-lhe um significado.

Os *warble tones* e os ruídos são recursos muito valiosos quando a tarefa é avaliar a audição na criança. A grande vantagem do uso do som calibrado é que permite a manutenção de sua intensidade e a sua repetição quantas vezes o examinador julgar necessário, sem que as suas características acústicas sofram qualquer alteração.

Os sons da fala, tais como onomatopéias, vocalizações, palavras isoladas, ordens simples e/ou complexas, emitidos por intermédio do audiômetro, são estímulos obrigatórios e de extrema importância na avaliação audiológica da criança. O emprego dos cinco sons de Ling & Ling (1985) — /a/, /i/, /u/, /s/, /ʃ/ — permitem ao examinador avaliar a audição em função dos sons da fala, já que estes fonemas representam freqüências e intensidades diferentes (Quadro III-2).

Quadro III - 2

Medida de energia sonora e freqüência dos cinco sons de Ling

Fonema	Freqüência Fundamental	Intensidade ANSI 1969
a	1000 Hz	40 dBNA
i	3000 Hz	40 dBNA
u	275 Hz	55 dBNA
ʃ	2500 Hz	50 dBNA
s	6000 Hz	22 dBNA

(Hodgson, 1986)

Que freqüências testar primeiro?

Freqüentemente a criança colabora e participa ativamente na avaliação audiológica, mas algumas vezes o pequeno paciente pode não se mostrar disposto e, então, devemos estabelecer uma escala de prioridades para o teste.

Consideramos primordial obter os níveis mínimos de respostas para as freqüências de 500, 1000 e 2000 Hz em ambos os ouvidos, as quais são denominadas "freqüências da fala", já que a maior parte dos sons da nossa língua está concentrada nesta área (Quadro III-2).

Com crianças muito pequenas, irriquietas ou facilmente fatigáveis utiliza-se, de preferência, o som da fala como estímulo inicial, para depois proceder à pesquisa dos níveis mínimos de audição para tons puros apresentados preferencialmente de forma modulada. Quando a criança não mostra interesse pelo tom puro, é aconselhável usar o ruído de banda estreita, que, por se assemelhar com ruídos do ambiente, pode chamar mais sua atenção.

Em vista desse conjunto de princípios, pode parecer que o examinador necessite de todos os conhecimentos e habilidades de outras especialidades para poder desenvolver seu trabalho com crianças. Na realidade, quanto mais conhecimento e experiência ele tiver, melhor será a qualidade final do seu trabalho. Da sua capacidade de observar e coletar informações sobre a criança virá a seleção do método e/ou técnica mais apropriada para a obtenção dos níveis de audição do paciente. Mas se mesmo com todo esse conhecimento e experiência ele não conseguir estabelecer um bom relacionamento com a criança, não gostar de crianças, poderá encontrar grandes dificuldades no desempenho de sua função.

3. Relatório de avaliação audiológica

O relatório final da avaliação audiológica de uma criança deve ser o espelho do seu comportamento auditivo, de sua atuação na situação de teste, dos procedimentos usados na testagem e do desenvolvimento global da criança.

O audiograma isolado é apenas um dos dados obtidos durante a avaliação, mas não traz informações sobre os outros aspectos envolvidos no processo de avaliação da criança e de sua audição. No relatório devem constar informações sobre possíveis distúrbios motores, de fala, de linguagem, de conduta, de compreensão, além de referências sobre sua capacidade de concentração, de estabelecer relações sociais, de comunicação oral/gestual, de usar leitura labial etc. Dessa forma, o relatório da avaliação audiológica passa a ser uma descrição da criança e de como usa sua audição.

A partir de 1987, a disciplina de Audiologia Clínica da PUC-São Paulo tem usado o modelo de relatório que se segue, visto que este atende melhor aos objetivos acadêmicos do curso e ao mesmo tempo atende às necessidades de informação que um relatório deve cumprir.

Modelo de relatório de avaliação audiológica infantil usado no setor de audiologia clínica da DERDIC — Divisão de educação e reabilitação dos distúrbios da comunicação — PUC-São Paulo

Nome_____ Data de nascimento_____

Idade_____ Audiômetro _____Data de exame_____

Examinador_____ CRFa_____

Usa Aparelho? Não (   ) Sim (   )

       Modelo_____ Marca_____Controles_____Ouvido(s)_____

A testagem foi realizada: sem aparelho (   ) com aparelho (   )

       Modelo_____ Marca_____Controles_____Ouvido(s)_____

1. Instrumentos e sons ambientais

1.1. Tambor (250 a 600 Hz)

Reagiu? sim (   ) não (   )
Quando tocado: forte (   ) médio (   ) baixo (   )
Distância_____
Tipo de reação_____

1.2. Batida na porta — mão fechada (600 a 2000 Hz)

Reagiu? sim (   ) não (   )
Quando tocado: forte (   ) médio (   ) baixo (   )
Distância_____
Tipo de reação_____

1.3. Batida de palmas (1000 a 3000 Hz)

Reagiu? sim (   ) não (   )
Quando tocado: forte (   ) médio (   ) baixo (   )
Distância_____
Tipo de reação_____

1.4. Prato (2000 Hz)

Reagiu? sim (   ) não (   )
Quando tocado: forte (   ) médio (   ) baixo (   )
Distância_____
Tipo de reação_____

1.5. Black-Black (4000 Hz)

Reagiu? sim (   ) não (   )
Quando tocado: forte (   ) médio (   ) baixo (   )
Distância_____
Tipo de reação_____

1.6. Sino (6000 Hz)

Reagiu? sim (   ) não (   )
Quando tocado: forte (   ) médio (   ) baixo (   )
Distância_____
Tipo de reação_____

1.7. Chocalho (4000 a 8000 Hz)

Reagiu? sim (   ) não (   )
Quando tocado: forte (   ) médio (   ) baixo (   )
Distância_____
Tipo de reação_____

1.8. Guizo (8000 Hz)

Reagiu? sim (   ) não (   )

Quando tocado: forte (   ) médio (   ) baixo (   )

Distância_____

Tipo de reação_____

2. Ruídos: em campo (   ) com fones (   )

	O.D.	O.E.
White noise _____dB	WN: _____dB	_____dB
*Pink noise*_____dB	PN: _____dB	_____dB
NB Noise: 500 Hz _____dB	NB: _____dB 500 Hz	_____dB
1K Hz _____dB	_____dB 1K Hz	_____dB
2K Hz _____dB	_____dB 2K Hz	_____dB
4K Hz _____dB	_____dB 4K Hz	_____dB

3. Tom Puro:

Em campo (Técnica audiométrica empregada)

VRA (   ) VERA (   ) lúdica (   )

Freqüência:	250Hz	500 Hz	1K Hz	2K Hz	4K Hz	Voz

4. Com fones

VRA (   ) VERA (   ) lúdica (   )

	250	500	1k	2k	3k	4k	6k	8k	Hz
-10									
0									
10									
20									
30									
40									
50									
60									
70									
80									
90									
100									
110									
120dBNA									

Mascaramento:

V. aérea_____

V. óssea O.D._____

O.E._____

5. Fala

5.1. Limiar de alerta para fala (LAF)

    Campo_____dB
    Fone: O.D._____ dB
          O.E._____ dB

5.2. Limiar de recepção de fala (LRF)

    Campo_____dB
    Fone: O.D._____ dB
          O.E._____ dB

5.3. Índice de reconhecimento de fala (IRF)

    Campo_____dB
    Fone: O.D._____ dB Mono_____% Diss. _____%
          O.E._____ dB Mono_____% Diss. _____%
    Com leitura orofacial: sim (   ) não (   )

5.4. Limiar de desconforto para fala (LDF)

    Campo_____dB
    Fone: O.D._____ dB
          O.E._____ dB

6. Observações sobre o comportamento da criança

- O que faz quando ouve? Como demonstra estar ouvindo?
- Interessa-se pelo som? Como é sua atividade de ouvinte?
- Responde a estímulos táteis? De que forma?
- Utiliza-se de pistas visuais? Faz leitura orofacial?
- Usa gestos? De que tipo? Quando?
- Como é sua atividade motora?
- Como é sua produção vocal?
- Qual a qualidade tonal de suas vocalizações?
- Como é seu vocabulário?

7. Orientações

- Necessita de avaliações de outros profissionais?
- Necessita indicação de aparelho?
- Necessita terapia de fono?
- Necessita de escola especial?

Bibliografia

DOWNS, M. & NORTHERN, J. L. *Hearing in children.* 4th ed. Baltimore, The Williams and Wilkins Co., 1991.

HODGSON, W. R. Testing infants and young children. In: KATZ, J. *Handbook of clinical audiology.* 2nd ed. Baltimore, The Williams and Wilkins Co., 1978.

_____. Testing infants and young children. In: KATZ, J. *Handbook of clinical audiology.* 3rd ed. Baltimore, The Williams and Wilkins Co., 1985.

_____. *Hearing and assessment and audiologic habilitation.* Baltimore., The Williams and Wilkins Co., 1986.

LING, D. & LING, A. *Aural Rehabilitation.* 3rd ed. Washington D.C., The Alexander Graham Bell Association for The Deaf, 1985.

MATKIN, N. D. Assessment of hearing sensitivity during the preschool years. In: BESS, F. H. *Childhood Deafness: causation, assessment and management.* Nova Iorque, Grüne & Stratton Inc., 1977.

NORTHERN, J. L. & DOWNS, M. P. *Hearing in children.* 3rd ed. Baltimore, The Williams and Wilkins Co., 1984.

_____. *Hearing in children.* 4rd ed. Baltimore, The Williams and Wilkins Co., 1991.

NOVAES, B. C. A. & FICKER, L. B. A importância do conhecimento dos espectros dos sons grosseiros utilizados no trabalho com deficientes auditivos e suas aplicações práticas. *Rev. Atualização em Otologia e Foniatria.* Vol.1, 1979.

CAPÍTULO IV
Avaliação do recém-nascido e os programas de detecção precoce da deficiência auditiva

[...] todos se queixam do tempo, mas ninguém faz nada para mudar as coisas. (Mark Twain)

Devido às graves conseqüências para o desenvolvimento da linguagem e à elevada incidência de problemas auditivos na infância, têm sido recomendados e desenvolvidos, principalmente nos Estados Unidos, programas de detecção precoce da deficiência auditiva em berçários. No Brasil, Monteiro, Manceau e Ferreira publicaram, em 1969, os resultados de um estudo sobre pesquisa da audição no recém-nascido, trabalho este pioneiro, a nível nacional, na área da investigação da deficiência auditiva na infância.

Tais programas visam a prevenção, a identificação, o diagnóstico e a habilitação da criança deficiente auditiva, o mais precocemente possível, bastando para isso que alguns critérios sejam obedecidos:

- simplicidade;
- pequeno custo ou investimento no treinamento do pessoal;
- pouco tempo e pouco equipamento;
- devem detectar o maior número de bebês;
- a avaliação deve ser o menos subjetiva possível;
- os padrões de resposta devem estar bem claros (Downs e Sterritt, 1964).

Os pais do bebê devem ser orientados sobre a importância de retornarem ao hospital a fim de que a criança possa ser reavaliada com um mês, três meses, seis meses, nove meses e um ano de idade. Estes retornos são necessários para a confirmação dos achados das avaliações anteriores, a fim de que sejam evitados os dois maiores erros de diagnóstico: diagnosticar o bebê como surdo, quando este apresenta audição normal (falso-positivo); diagnosticá-lo como ouvinte normal, quando este é realmente surdo (falso-negativo). Além disso, a possibilidade de mudanças na audição de uma criança durante o seu primeiro ano de vida por si só já constitui um argumento fortíssimo para justificar os retornos (Downs e Northern, 1978).

Durante o período compreendido entre 1973 e 1984, o Setor de Audiologia Clínica do Departamento de Otorrinolaringologia, juntamente com a Clínica de Pediatria da Santa Casa de São Paulo, realizaram uma pesquisa que visava à detecção precoce da deficiência auditiva em recém-nascidos classificados como de alto risco. Foram testados aproximadamente 60 bebês de ambos os sexos entre dois e sete dias de vida. Após estarem alimentados e limpos, os bebês eram encaminhados para testagem, a qual tinha lugar na própria clínica de ORL e não no berçário, como seria o ideal. Caso o bebê estivesse acordado, esperava-se que ele dormisse e observava-se suas reações frente a estímulos acústicos gerados por instrumentos sonoros, tais como: sino, chocalho, tambor e pratos, além de um tom puro centrado em 3000 Hz, apresentado através do fone aproximado do pavilhão auricular do bebê, numa intensidade de 90 dBNA. As respostas mais freqüentemente encontradas foram: despertar do sono, reflexo de Moro e choro.

Os pais desses bebês receberam orientação para que retornassem ao hospital para a reavaliação da audição da criança nas datas marcadas. Todavia, pouquíssimos pais retornaram quando o bebê estava com um mês de vida e somente dois deles retornaram aos três meses, não mais o fazendo nos retornos subseqüentes.

Este fato impossibilitou a continuidade do estudo, mas a experiência foi valida no sentido de observarmos as nossas falhas, como, por exemplo: testar a criança fora do berçário; a falta de planejamento, principalmente quanto à previsão dos recursos financeiros necessários, uma vez que estávamos lidando com uma população de baixa renda, com consideráveis dificuldades econômicas, não dispondo, portanto, de facilidade de transporte e residindo em bairros muito afastados do local da testagem; o número excessivo de estímulos sonoros apresentados durante a avaliação do bebê etc.

Além disso, embora não tenha sido concluído, o estudo foi uma iniciativa pioneira no sentido de tentar adequar à realidade brasileira um programa de detecção precoce da deficiência auditiva em recém-nascidos de alto risco.

1. Registros de alto risco

Os programas de avaliação auditiva em bebês recém-nascidos se iniciam com o levantamento no berçário das crianças que apresentam alto risco para deficiência auditiva a partir de um critério denominado registro de alto risco. No Brasil, temos usado o critério de alto risco elaborado pelo *Joint Committee on Infant Hearing* que a cada nova reunião tem sido ampliado e que também recebeu adendo nos locais onde é aplicado aqui no Brasil. O *Joint Commitee on Infant Hearing* é formado por representantes da *American Speech-Language-Hearing Association* (ASHA), da Academia Americana de Pediatria (*American Academy of Pediatrics*), da Academia Americana de Otolaringologia e Cirurgia de Cabeça e Pescoço (*American Academy of Otolaryngology-Head and Neck Surgery*), o Conselho sobre a Educação do Surdo (*Council on Education of the Deaf*), e os diretores dos Programas de Fala e Audição das agências de saúde e bem-estar.

Os critérios de alto risco elaborados pela reunião do *Joint Committee on Infant Hearing* em 1990 foram divididos: atualmente existe um registro para neonatos (do nascimento até os 28 dias), e outro para crianças maiores (de 29 dias a 2 anos de idade). O critério de alto risco para neonato — até 28 dias — é o seguinte:

1. História familiar de perda auditiva congênita ou tardia do tipo neuro-sensorial em crianças.

2. Infecção congênita conhecida ou suspeita que possa ser associada com a deficiência auditiva neuro-sensorial — toxoplasmose, sífilis, rubéola, citomegalovírus e herpes.

3. Anomalias craniofacial incluindo anormalidades morfológicas do pavilhão auricular e do canal auditivo, da implantação do cabelo etc.

4. Peso ao nascer menor que 1500 gramas.

5. Hiperbilirrubinemia a um nível que excede a indicação para a exsangüíneo transfusão.

6. Medicações ototóxicas incluindo-se mas não limitando-se aos aminoglicosídeos por mais de 5 dias, e uso combinado de aminoglicosídeo e diurético.

7. Meningite bacteriana.

8. Depressão severa no nascimento que pode incluir crianças com índices de APGAR de 0-3 nos primeiros 5 minutos ou aqueles que falham para iniciar a respiração espontânea por 10 minutos ou aqueles com hipotonia persistente nas 2 primeiras horas de idade.

9. Ventilação mecânica prolongada por período igual ou maior que 10 dias.

10. Sinais ou outros achados associados com uma síndrome conhecida e que inclua a deficiência auditiva neuro-sensorial.

No Brasil, inclui-se também o critério PIG — Pequeno para a Idade Gestacional, como fator de risco para a deficiência auditiva.

Alguns trabalhos publicados na literatura nacional e internacional têm mostrado que somente 50% dos deficientes auditivos atendidos no sistema educacional podem ser encaixados em um dos critérios acima relatados, mostrando que na realidade todos os bebês deveriam passar por programas de triagem auditiva.

A implantação deste registro não é difícil, bastando para isso que nos berçários haja um questionário a ser respondido pela mãe, cujo modelo pode ser encontrado no quadro abaixo:

Quadro IV - 1
Modelo de questionário para berçários

1. Existe algum parente próximo do bebê que tenha deficiência auditiva desde a infância?   pai, mãe, irmão, irmã, avô, tio, tia, primo, outro.　　sim　　não
2. A senhora pensa que contraiu ou foi exposta à rubéola em qualquer época de sua gravidez?　　sim　　não
3. Existe algum problema sangüíneo que exija tratamento médico especial para o seu bebê?　　sim　　não
4. A senhora tem alguma razão para estar preocupada com a audição de seu bebê? 　　sim　　não

(Mencher, 1972)

Outro registro de alto risco vem sendo aplicado em berçários de terapia intensiva nos Estados Unidos por pesquisadores como Hosford-Dunn, Johnson, Simmons, Malachowski e Low (1987), do Centro Médico da Universidade de Stanford, e Swigonski, Shallop, Bull e Lemons (1987) da Escola de Medicina da Universidade de Indiana e do Hospital Para Crianças James Whitcomb Riley, constando dos seguintes critérios:

* peso ao nascer menor que 1500 gramas;
* auxílio respiratório maior que 24 horas;
* idade gestacional menor que 38 semanas;
* tratamento por aminoglicosídeos por mais de seis dias;
* TORCH (Toxoplasmose, Rubéola, Citomegalovírus, Herpes, Infecções virais);
* Anomalias craniofaciais.

Todos os programas de detecção partem do pressuposto de que o bebê recém-nascido adquiriu um nível de maturação que lhe permita responder a uma estimulação acústica. Também devem ser considerados: a natureza do estímulo sonoro a ser utilizado, as respostas a serem esperadas, o estado do bebê, o ambiente do teste, o comportamento, o registro dos observadores e a avaliação das respostas.

Downs e Sterritt (1964) após diversos estudos, concluíram que o *estímulo sonoro* mais eficaz é aquele cujo espectro de freqüências esteja situado em torno de 3000 Hz a 90 dBNPS (Nível de Pressão Sonora), ao nível do pavilhão auricular do bebê, e o teste só deve ser realizado se o ambiente de testagem não exceder a 60 dBNPS de nível de ruído (Downs e Northern, 1978).

A duração do estímulo deve ser de dois segundos, sendo que sua repetição deverá ser feita no máximo oito vezes, com intervalos periódicos.

2. Audiômetros pediátricos

Atualmente já existem à disposição no mercado audiômetros pediátricos, os quais geram tons puros modulados (*warble tones)* e que, por serem pequenos, portáteis, fáceis de operar e terem preço reduzido, em comparação com os audiômetros clínicos, facilitam sobremaneira a aplicação da observação comportamental de bebês no berçário. Dentre eles podemos citar o modelo PA2 da Interacoustics e o modelo Phonak. Fabricados na Dinamarca e na Alemanha, respectivamente, esses modelos possibilitam a testagem de audição de bebês recém-nascidos e de crianças pequenas, em campo livre (Figura IV - 1 e Figura IV-2). No modelo PA2 é possível apresentarmos dois estímulos: um sonoro e um visual. O sonoro consta de tons modulados nas freqüências de 500, 1000, 2000 e 4000 Hz, cujas intensidades variam de 20, 40, 60 e 80 dBNA, quando a distância do pavilhão auricular for de 50 cm, podendo ser acrescidas em 10 dB, caso esta distância seja reduzida para 10 cm.

Figura IV - 1
Audiômetro Interacoustics PA2

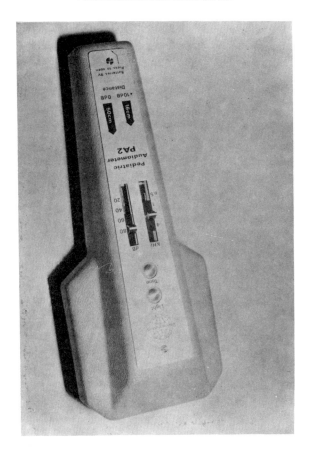

O estímulo visual é composto por três pequenas lâmpadas vermelhas que acendem e apagam a curtos intervalos de tempo.

Ambos os estímulos poderão ser apresentados simultânea ou alternadamente, mediante o controle de dois interruptores que se encontram na parte posterior do equipamento.

No modelo Phonak é possível examinarmos a audição com fones e com caixa acústica e com dois tipos de estímulos — modulado e contínuo, nas freqüências de 500 a 6000 Hz em intensidades que variam de 20 a 60 dBNA.

Diversos outros equipamentos têm sido desenvolvidos, alguns mais sofisticados e com maiores recursos, outros emitindo apenas um sinal acústico — Narrow Band, centrado em 3000 Hz a 80 dBNPS. O que importa é saber utilizar qualquer dos recursos disponíveis. A chave do sucesso de um programa de avaliação auditiva reside na experiência e no conhecimento que o examinador tem.

3. A testagem do bebê recém-nascido

A avaliação da audição de um recém-nascido através da audiometria de observação do comportamento é limitada à elicitação de respostas reflexas a estímulos acústicos conhecidos, em geral intensos, sendo, portanto, mais qualitativa do que quantitativa.

As *respostas* mais freqüentemente observadas são: o reflexo cócleo-palpebral, o reflexo de Moro, a reação de sobressalto (*startle*) e o despertar do sono. Observa-se também movimentos generalizados de procura do estímulo sonoro não com o objetivo de localização, mas de interesse pelo estímulo que foi apresentado. Entretanto, na observação comportamental considera-se resposta qualquer movimentação generalizada, que envolva mais de um membro, acompanhada de algum movimento ocular (Mencher, 1974).

O *estado de sono* ou vigília do bebê é fundamental, tanto no momento da testagem, quanto na avaliação das respostas. O estado de sono ideal é aquele situado entre leve e profundo, isto é, no qual se coloca o dedo sobre a pálpebra do bebê e sente-se a movimentação do globo ocular sem que o bebê desperte.

Wedenberg (1972) testou 20 recém-nascidos de um a dez dias de vida e determinou os níveis de intensidade necessários para despertar os bebês do sono, como sendo aqueles situados entre 70 e 75 dB NPS. O reflexo cócleo-palpebral foi obtido entre 105 e 115 dBNPS para as freqüências de 500, 1000, 2000 e 4000 Hz. Um problema coclear com recrutamento pode ser suspeitado se o bebê apresentar o reflexo cócleo-palpebral entre 105 e 115 dBNPS e despertar com intensidades superiores a 75 dBNPS. Um problema condutivo pode estar presente se o bebê não apresentar o reflexo cócleo-palpebral entre 105 e 115 dBNPS, mas for acordado por sons cujas intensidades forem superiores a 75 dBNPS.

Northern e Downs (1991) estabelecem valores diferentes dos obtidos por Webenberg (1972): apresentam valores de 50-70 dBNPS para brinquedos geradores de ruído, de 75 dBNA para tom modulado (*warble tone*), de 40-60 dBNA para fala para provocar respostas comportamentais do seguinte tipo: arregalar os olhos, fechar os olhos, despertar do sono e susto. Preconizam que com estímulo de fala a 65 dB NA é possível elicitarmos o reflexo de susto. Na nossa vida clínica não temos obtido reações tão intensas para estímulos de intensidade tão moderada. Temos observado que as respostas dos bebês são mais amplas e mais fáceis de serem detectadas quando os estímulos sonoros são mais intensos, aproximando-se dos valores descritos por Wedenberg.

A *Nova Scotia Conference* (Mencher, 1976) recomendou que se usasse como estímulo um ruído de banda larga com filtro passa-alto (30 dB por oitava abaixo de 750Hz), e os estudos comparando as respostas obtidas com este estímulo e outros sons mostraram ser este sinal eficiente para elicitar respostas comportamentais em neonatos. Apesar de não recomendar explicitamente uma ou outra intensidade, os programas de triagem auditiva comportamental desenvolvidos em berçários costumam usar estímulos bastante intensos — em geral acima de 80dBNPS.

É importante lembrar que o recém-nascido deverá estar alimentado, limpo, vestindo pouca roupa ou aquela que lhe permita ampla movimentação, a fim de que os observadores possam avaliar adequadamente suas respostas, excluindo dessa forma as movimentações ao acaso.

A *testagem deve ser realizada no próprio berçário*, para assegurar as condições de temperatura e higiene. O berço deve ser espaçoso para possibilitar a movimentação do bebê, estando, preferencialmente, localizado na área menos ruidosa do berçário (o nível de ruído do ambiente não deve exceder a 60dBNPS) (Figura IV-2).

Figura IV-2
Avaliação audiológica do recém-nascido em berçário

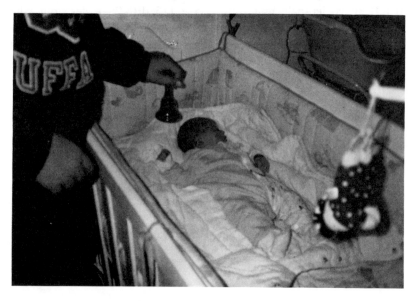

A *avaliação das respostas* aos estímulos acústicos é baseada no registro de observação de dois indivíduos treinados, sendo que um deles não deverá ter conhecimento do momento no qual o estímulo foi apresentado, permanecendo, portanto, fora da sala de testagem. Este observador se localizará em uma sala com visor e registrará as respostas que o bebê apresentou, cronometrando-as (Eisenberg, 1965).

Da comparação entre os *registros dos dois observadores* resultará o número de respostas cumulativas positivas ou negativas que ocorrem durante a aplicação da observação comportamental. Serão considerados normais os bebês que apresentarem respostas cumulativas positivas superiores a 20% das vezes em que o estímulo foi apresentado (Downs & Norhern, 1978).

Um estudo realizado por Lichtig (1978), em Londres, foi delineado para analisar as respostas de quarenta crianças recém-nascidas em quatro níveis etários, variando suas idades de 24 a 119 horas de vida, a diferentes tipos de estímulos acústicos, numa tentativa de prover uma base para produzir um procedimento simples e de pronta aplicação para a triagem auditiva.

O número de movimentos de cabeça e mãos, respostas corporais, faciais e visuais foi registrado por um observador para cada sujeito sob quatro condições: ausência de estímulo, tom puro, sino e fala. Lichtig observou que o número de respostas à condição de ausência de estímulo foi significativamente menor que para outras condições. O estímulo constante, tom puro, provocou significativamente menos respostas que os sinais padronizados (sino e fala). Não foi encontrada diferença significativa entre as respostas para os sons do sino e da fala.

As conclusões deste estudo revelaram que os sinais padronizados provocaram maior número de respostas que os sinais constantes e que o procedimento empregado pode fornecer uma avaliação útil da capacidade auditiva em crianças (Lichtig, 1984).

O *Joint Commitee for Infant Hearing* de 1990 apresentou as recomendações a serem seguidas pelos serviços de Neonatologia ao realizarem triagem auditiva em berçários. "As crianças recém-nascidas que apresentarem um ou mais itens dos critérios de risco devem ser triadas, preferivelmente sob a supervisão de um fonoaudiólogo. Preferencialmente os bebês deveriam ser triados antes de sua alta hospitalar, mas esta avaliação deve acontecer antes dos três meses de idade. A triagem inicial deve incluir a medida das respostas eletrofisiológicas do tronco cerebral. Os testes comportamentais em bebês recém-nascidos não são universalmente recomendados, pois há grande incidência de falsos-positivo e falsos-negativo [...]".

No Brasil, poucos são os hospitais-maternidade que têm em seus berçários o programa de detecção precoce da deficiência auditiva; e mesmo naquele reduzido número, raros são os que dispõem que equipamento de audiometria de tronco cerebral para esse fim. Na sua quase totalidade, as triagens auditivas são feitas a partir da observação comportamental, ou seja, das observações das reações motoras do bebê frente a um estímulo acústico conhecido. O resultado destes trabalhos tem mostrado que, se o observador e/ou examinador for bastante experiente, este método é muito bom.

Mauk e Behrens (1993) relataram que a prevalência da deficiência auditiva em crianças pode variar muito dependendo do valor considerado como mínimo para audição normal e da faixa etária do grupo estudado, podendo-se encontrar valores de 0,9:1000 nascimentos (Barr, 1978; Martin, 1982) a 2,4:1000 (Sehlin *et al.*, 1990). Estes estudos mostram que se usarmos estes valores como parâmetros para calcularmos o número de portadores de deficiência auditiva em nosso país, com perdas auditivas a partir de 30 dBNA, poderemos encontrar uma cifra que gira em torno de 2 milhões de indivíduos. Sabemos também que grande parte deste grupo só vai ter sua surdez diagnosticada por volta dos 18 ou 24 meses de vida, tempo demasiado longo para alguém que precisa estar com todas as suas estruturas orgânicas, psicológicas e sensoriais funcionando muito bem para que a linguagem possa se desenvolver.

Em recente publicação, White, Vohr e Behrens (1993) apresentaram os resultados de um programa de triagem auditiva realizado no *Women and Infants Hearing Hospital of Rhode Island*, utilizando a medida da otoemissão acústica transitória como meio de avaliação auditiva. Relataram que dos 1850 neonatos examinados no berçário normal do hospital, 27% falharam e foram encaminhados para uma segunda triagem e posteriormente para uma avaliação audiológica completa. Ao comparar os resultados obtidos com o uso da otoemissão acústica com os obtidos usando-se ABR (audiometria de tronco cerebral), avaliando-se a especificidade e sensitividade de ambos os métodos, mostraram que a otoemissão acústica mostrou uma sensitividade de 81% e uma especificidade de 70% em relação à ABR.

Um outro dado muito importante, apresentado neste trabalho de Rhode Island, diz respeito à importância do emprego dos métodos de triagem auditiva em todos os neonatos vivos. Os autores relataram que encontraram 11 crianças com perda auditiva neuro-sensorial; deste grupo, 4 não haviam estado na Unidade de Terapia Intensiva e outras 4 não apresentavam nenhum dos critérios de risco estabelecido pelo *Joint Commitee for Infant Hearing*. Acreditam, por isso, que o critério de alto risco não pode servir como ponto divisor na hora de se selecionar quais bebês serão avaliados. Deve, isto sim, servir como um norteador para os programas de prevenção da deficiência auditiva.

Através da otoemissão acústica também puderam identificar 37 bebês com perda auditiva condutiva flutuante. Destes, somente 19 seriam encaminhados quando o critério de falha era a ABR. Neste grupo somente 11 haviam estado na UTI neonatal, e 14 apresentaram algum dos critérios de alto risco do *Joint Commitee*. Se o programa do *Joint Commitee* tivesse sido seguido, ou seja, só avaliar as crianças de alto risco para surdez e usar a ABR como método, apenas 7 das 37 teriam sido identificadas.

Um outro aspecto que deve ser levado em consideração neste trabalho é a relação custo/benefício. Uma análise detalhada deste custo foi realizada e mostrou que o valor final era de U$ 20,00 por criança triada. Este estudo tinha como propósito analisar a efetividade, validade e custo da otoemissão como meio de triagem auditiva de larga escala.

É importante, entretanto, dizer que a ABR não é um método que deva ser abandonado e que a otoemissão seja o seu substituto; os trabalhos de Rhode Island mostraram que a ABR tem sua maior contribuição na avaliação diagnóstica quando usada em conjunto com a audiometria comportamental, de forma a determinar tipo, grau e configuração da perda auditiva. O fato de se usar a otoemissão em todos os bebês recém-nascidos só vai levar a um uso crescente da ABR associada à audiometria comportamental para que o diagnóstico audiológico seja feito o mais cedo possível e para que todo o processo de habilitação, orientação familiar e educacional seja rapidamente disparado.

Outro método utilizado nos EUA para avaliar a audição de neonatos é o CRIB-O-GRAM (COG), descrito por Simmons e Russ (1974). O sistema emprega alguns dispositivos, os quais, ligados a um berço (*crib*) registram a atividade do bebê durante e após a apresentação da estimulação acústica. Consiste basicamente nos seguintes elementos:

- um transdutor moto-sensitivo;
- uma fita para registro dos movimentos;
- um sistema de tempo (*timer*);
- um alto-falante.

O bebê é colocado no berço, deitado sobre o transdutor. O sistema de tempo é, então, acionado para registrar a atividade do bebê por aproximadamente vinte segundos. Em seguida, é apresentado, automaticamente, um estímulo sonoro de 90 dBNPS, através do alto-falante, com duração de oito segundos. A resposta do bebê é gravada na fita magnética e o sistema é desligado automaticamente, até que novo estímulo seja apresentado.

O procedimento deve durar pelo menos 24 horas, sendo necessárias, no mínimo, dezoito apresentações do estímulo sonoro para que as respostas do bebê possam ser analisadas e comparadas.

A vantagem do COG está no fato de o equipamento poder ser operado por berçaristas, o que simplifica e reduz o custo da testagem. Por outro lado, reduz o número de bebês possíveis de serem avaliados no mesmo berçário, levando obrigatoriamente ao uso do registro de alto risco como critério inicial de seleção dos bebês a serem testados. Esta técnica provê os mesmos resultados da observação comportamental, tendo, porém, a vantagem de ser automática.

Esta técnica — COG — foi modificada; atualmente o tempo de monitoração das respostas é de 10 segundos antes da apresentação do estímulo e de 3,5 segundos após o mesmo. Os estímulos não são apresentados se o bebê estiver agitado, e o tempo de testagem foi reduzido para 2 ou 3 horas. A avaliação das respostas do bebê é processada automaticamente.

Com o objetivo de prover uma completa identificação precoce e um programa de treinamento para deficientes auditivos, Hosford-Dunn *et al.* (1987), do Centro Médico da Universidade de Stanford, nos EUA, realizaram um estudo longitudinal, o qual combinou a aplicação de um registro de alto risco, o COG e a observação comportamental em 975 bebês. Deste número somente 820 bebês de alto risco puderam ser acompanhados por um período de um a três anos; 11,8% possuíam algum grau de perda condutiva ou neuro-sensorial coclear em ambos ouvidos, havendo o predomínio da perda coclear.

Os resultados deste estudo revelaram que o COG é um método eficaz, desde que a interpretação de seus achados não se restrinja a uma única aplicação. Entretanto, ao compararem o COG e a avaliação comportamental, os pesquisadores concluíram que a sensibilidade da segunda foi maior do que a do primeiro (72,2% contra 65,9% na identificação de bebês portadores de deficiência auditiva).

Um cuidado que se deve ter ao utilizarmos um programa de triagem auditiva comportamental diz respeito ao fenômeno da habituação. O bebê responde melhor para um estímulo novo; se os estímulos são repetidos muitas vezes, os bebês podem se tornar indiferentes e param de responder. A forma de evitar este problema é aumentar o intervalo interestímulos ou variar a qualidade do estímulo, permitindo assim a manutenção do interesse do bebê pelo som. Recomenda-se (Downs e Northern, 1978; Bridger, 1961) que os intervalos interestímulos sejam maiores que 3 segundos, para que a habituação não aconteça.

Triagem auditiva comportamental e distúrbios da audição central

A porcentagem de bebês com perdas auditivas que também apresentam distúrbios do sistema nervoso central é desconhecida, embora uma grande proporção deste tipo de problema tenha sido relatada em crianças surdas que sofreram depressão respiratória.

Existem três meios — relatados por Mencher (1985) — através dos quais as respostas comportamentais esperadas e não esperadas podem indicar alguma disfunção central: 1. neonatos com algum tipo de comprometimento central não apresentam habituação normal ao som; 2. hiper-responsividade aos sons; 3. os bebês que falham no programa de triagem, mas que têm audição normal (falso-positivo), parecem apresentar mais problemas neurológicos que podem se manifestar de diversas formas.

Respostas reflexas que podem ser encontradas em neonatos

Diversas são as respostas comportamentais que um neonato pode apresentar quando exposto a um estímulo acústico. Estas podem ser observadas ou monitoradas e podem ser avaliadas de forma isolada ou combinada. Em geral, os programas de triagem auditiva que se baseiam na observação comportamental se utilizam da combinação destas reações de forma a ter maior segurança quanto à qualidade desta resposta. Algumas manifestações são melhor percebidas quando o bebê está dormindo pois são autônomas (tal como o batimento cardíaco), outras são mais sensíveis quando o bebê está acordado — atividade geral do corpo.

O que queremos, no momento, é aprender a detectar uma mudança autônoma ou uma atividade motora que ocorra durante poucos segundos após a apresentação de um estímulo sonoro.

Respiração

Os primeiros trabalhos que utilizavam o monitoramento da respiração quando em presença de um estímulo acústico aconteceram em 1913 com Canestrini. Posteriormente vários estudos aconteceram, mostrando que esta relação é bastante confiável. Em 1977 Kankkunen e Lidén (1977) relataram que a audiometria respiratória pode ser muito útil na determinação dos limiares auditivos durante o período pré-natal e primeiros anos de vida. Neste trabalho, os autores descreveram que as respostas mais valiosas acontecem próximo do limiar do bebê, pois este prende a respiração para poder ouvir sons fracos. Bennett e Lawrence (1980) estudaram os diferentes tipos de reações respiratórias que bebês podem apresentar para estímulos de 60 a 90 dB NPS. Segundo estes autores as reações mais freqüentes foram: 1. aumento ou diminuição do ritmo respiratório; 2. segurar a respiração ou apresentar soluços; 3. mudança no ritmo da inspiração. Muitas vezes é impossível detectar tais mudanças respiratórias, pois podem ser muito discretas. Para resolver este problema, diversos equipamentos foram desenvolvidos, porém o resultado final mostrou que seu uso é maior em pesquisas laboratoriais do que em berçários.

Batimento cardíaco

Em 1969, Tanaka e Arayama demonstraram que o batimento cardíaco de um feto de 6 meses se modificava frente a um estímulo sonoro. Esta resposta não é condicionável nos neonatos e parece variar muito. Os estudos feitos com o uso desta técnica mostraram-se muito discrepantes; havia grande variabilidade quando se consideravam os parâmetros idade, estímulo e o estado de atividade do indivíduo. A desaceleração do batimento cardíaco, como parte da resposta de orientação, ocorre quando o bebê está interessado no estímulo, ao passo que a aceleração ocorria quando este apresentava reação de medo para o estímulo. Em vista desta diversidade de respostas e da dificuldade em se obter boas respostas em grande número de bebês, esta técnica não tem ainda um lugar bem definido na audiometria comportamental.

Reflexo cócleo-palpebral ou auro-palpebral

O reflexo cócleo-palpebral tem recebido muita atenção por diversos pesquisadores do comportamento infantil (Wedenberg, 1956; Downs e Sterritt, 1964; Yamada, 1984; Hoffman *et al.*, 1985). A abertura ou fechamento dos olhos é outro componente da resposta de orientação ao som (Wharrad, 1992). A dificuldade está em realizar o registro objetivo deste reflexo. Yamada (1984) conseguiu, através de um pequeno acelerômetro, registrar discretos tremores na pálpebra dos bebês quando estimulados por um som de 1 KHz a 109 dBNA com duração de 10m/seg. Em nossa experiência clínica temos usado um observador para a detecção do reflexo cócleo-palpebral (RCP) enquanto o examinador controla a apresentação do estímulo. Outro recurso que utilizamos é o registro em fita de vídeo, para posterior avaliação. Temos observado, também, que este reflexo só acontece frente a sons muito intensos — maiores que 100 dB NA.

Sucção

As respostas de sucção, mesmo fora do horário da alimentação, têm sido observadas. Foram desenvolvidas mamadeiras com sistemas de eletrodos que registravam o ritmo da sucção do bebê antes, durante e após uma estimulação sonora. Eisele *et al.* (1975) estudaram 105 bebês e encontraram respostas eficientes em 100 deles. Mesmo assim, o reflexo de sucção pode ser alterado por dois fatores: o padrão de sucção pode não ser sempre o mesmo em uma criança, e nos bebês pré-termo o reflexo da sucção pode ser imaturo e por isso o procedimento não pode ser confiável.

Movimentos corporais e de cabeça

As mais recentes pesquisas sobre as respostas auditivas neonatais têm se voltado para o estudo dos movimentos corporais, dos movimentos dos braços e pernas e da cabeça, visto serem estes fáceis de se observar ou monitorar. Em 1980, Lichtig e Wells relataram que observaram estes movimentos quando o estímulo sonoro era bastante intenso, em geral mais fortes do que os usados para elicitar respostas autonômicas. Como conclusão, a maior parte dos estudos tem mostrado que os movimentos ocorrem de maneira uniforme por todo o corpo do bebê.

Todo programa de triagem auditiva só está completo se os encaminhamentos necessários ao bebê identificado como deficiente auditivo forem feitos. O primeiro passo após a detecção é a procura pelo diagnóstico clínico, que deveria ser feito por uma equipe mínima composta de pediatra, otorrinolaringologista, psicólogo e fonoaudiólogo. O passo seguinte é orientar os pais quanto aos caminhos a buscar, as opções a fazer e as dificuldades que poderão encontrar. O principal a ser feito neste momento em que o diagnóstico da surdez foi estabelecido é oferecer a esta família a possibilidade de falar e de ser ouvida, situação não muito comum entre nossos profissionais.

Bibliografia

BENNETT, M. J. & LAWRENCE, R. J. Trials with the auditory response craddle II — The neonatal respiratory response to an auditory stimulus. *British Journal of Audiology*, 14:1-6, 1980.

BESS, F.H. *Childhood Deafness* — Causation, Assessment and Management. Nova Iorque, Grüne & Stratton Inc., 1977.

CANESTRINI, S. Uber das Sinnesleben des Neugeborenen. *Momographs in Neurology and Psychiatry*, (Berlin)5, 1918.

DOWNS, M. P. & NORTHERN, J. L. *Hearing in children*. Baltimore, The Williams and Wilkins Co., 1978.

DOWNS, M. P. & STERRITT, G. M. Identification Audiometry for neonates: a preliminary report. *J. Aud. Res.*, 4:69-80, 1964.

EISELE, W. A.; BERRY, R. C.; SHINNER, T. A. Infant sucking response patterns as a conjugate function of changes in the sound pressure level of auditory stimuli. *Journal of speech and hearing research*, 18:296-307, 1975.

EISENBERG, R. B. *Auditory behavior in the human neonate*. Paper presented at the meeting of the American Speech and Hearing Association. Washington DC, 1965.

HOSFORD-DUNN, H; JOHNSON, S.; SIMMONS, F.B.; MALACHOWSKI, N.; LOW, K. Infant hearing screening program implementation and validation. *Ear Hear*, 8(1):12-20, 1987.

KANKKUNEN, A. & LIDÉN, E. Respiration audiometry. *Scandinavian Audiology*, 6:81-86, 1977.

LICHTIG, I. *The neonate's response to different kinds of auditory stimuli*. Tese de Mestrado. Universidade de Londres, 1978.

_____. *As respostas de neonatos a diferentes tipos de estímulos auditivos*. Cadernos Distúrbios da Comunicação. Série Audiologia Educacional, 1984.

LICHTIG, I. & WELLS, P. A. Behavioural assessment of neonates responses to auditory stimuli. *British Journal of Audiology*, 14:61-68, 1980.

MAUK, G. A. & BEHRENS, T.r. Hitorical, political and technologial context associated with early identification of hearing loss. *Seminars in Hearing*, 14(1): 1-17,1993.

MENCHER, G.T. Screening infants for auditory deficits. University of Nebraska Neonatal Hearing Project. *Audiology — J. Aud. Comm.* (suppl.):11-69, 1972.

_____. A program neonatal hearing screening. *Audiology*, 13:495-500, 1974.

_____. *Early identification of Hearing Loss*. Basel, Karger, 1976.

_____. Hearing screening programs and identification of central auditory disorders. *Human Communication* (Canadá), 9:45-49, 1985.

MONTEIRO, A.; MANCEAU, J.; FERREIRA, A. Audição no recém-nascido. *O Hospital*, 1970.

NORTHERN, J.L. & DOWNS, M.P. A guide to newborns and infant hearing screening programs. *Arch. Otolaryngol.*, 85:15-22, 1967.

_____. *Hearing in Children*. 2nd ed. Baltimore, The Williams and Wilkins Co. 1978.

_____. *Hearing in Children*. 4th ed. Baltimore, The Williams and Wilkins Co., 1991.

SIMMONS, F.B. & RUSS, F. N. Crib-O-Gram. *Arch. Otolaryngol.*, 100:1-7, 1974.

SWIGONSKI, N.; SHALLOP, J.; BULL, M.J.; LEMONS, J.A. Hearing screening of high risk newborns. *Ear Hear.*, 8(1):26-20, 1987.

TANAKA, Y. & ARAYAMA, T. Fetal responses to acoustic stimuli. *Practical Otorhinolaryngology*, 31:269-273, 1969.

WEDENBERG, E. Auditory tests of newborn infants. In: CUNNINGHAM, G. *Conference on newborn hearing screening*. Washington, A.G. Bell Association, 1956.

WHARRAD, H. Neonatal hearing screening tests. In: McCORMICK, B. *Paediatric Audiology*. Londres, Whurr publishers Ltd., 1992.

WHITE, K. R.: VOHR, B.R.: BEHRENS, T.R. Universal newborn hearing screening using transient evoked otoacoustic emissions: results of the Rhode Island Hearing Assessment Project. *Seminars in Hearing*, 14(1): 18-29, 1993.

YAMADA, A. Blink Reflex elicited by auditoy stimulation: Clinical study in newborn infants. *Brain and Development*, 6:45-53, 1984.

CAPÍTULO V
A avaliação audiológica
da criança de 0 a 2 anos de idade

Existe atualmente uma infinidade de recursos e técnicas para avaliar a audição da criança; estes recursos variam de técnicas de observação de comportamento à avaliação objetiva da função auditiva através de sistemas computadorizados que analisam a atividade neurológica do sistema nervoso central e do sistema nervoso periférico, quando o estímulo disparador é o som.

Nenhuma das técnicas ou dos recursos existentes e utilizáveis é considerado melhor que o outro. Na realidade, a chave do sucesso nestes processos de avaliação parece continuar sendo a experiência do examinador (Downs & Northern, 1985). O uso de vários métodos parece ser ainda a melhor forma de avaliar. A avaliação realizada em campo livre e posteriormente com fones, a utilização dos diversos estímulos acústicos — tom puro, tom modulado (*warble tone*), ruído de banda estreita e fala podem mostrar a consistência das respostas auditivas de uma criança. Para as crianças "difíceis", pode-se ainda adicionar à bateria a imitanciometria e a medida dos potenciais evocados no nível do tronco cerebral.

Segundo Downs e Northern (1985) "[...] muitos observadores clínicos são feitos, não nascem assim", e a simples leitura de livros especializados não traz ao examinador a experiência que a observação de centenas de crianças traz. Não existe substituto para a experiência de se testar crianças; é fundamental que o examinador tenha sempre em mente que só com a observação repetida das diferentes técnicas, nas diferentes crianças, é que esta experiência é adquirida.

À medida que se dominam as técnicas e que se tem experiência com crianças, fica fácil aceitar a premissa de que "não existem crianças que respondem mal". Na realidade, o que existem são examinadores mal preparados. É necessário apresentar o estímulo correto, na situação apropriadamente estruturada, para se obter a resposta certa. Mas o que é resposta certa? O que se espera que a criança apresente neste ou naquele momento, para este ou aquele estímulo? Downs e Northern (1985) apresentam em seu livro *Hearing in Children* um "Índice de Comportamento Auditivo" que usam desde 1966. Neste índice, mostram quais as respostas esperadas para os diferentes níveis de intensidade do estímulo acústico na faixa etária de 0 a 24 meses (Quadro V-1).

Infelizmente não temos em nosso país nenhum trabalho publicado que possa apresentar as respostas esperadas quando a avaliação é feita com crianças brasileiras.

Além deste quadro, é também importante conhecer algumas regras gerais à avaliação audiológica de todas as crianças:

a) Estabelecer um relacionamento cordial e tranqüilo com a mãe, permitindo à criança observar esta relação. Manter a mãe próxima à criança, a fim de que ela fique relaxada e segura.

b) Não perguntar à criança se ela quer participar, simplesmente dizer-lhe o que ela deverá fazer e o que acontecerá com ela durante o exame. As crianças tendem a não querer participar se são questionadas, mas podem colaborar quando orientadas adequadamente.

c) Acreditar na resposta da criança — acreditar profundamente que ela reagirá ao estímulo sonoro de acordo com o seu nível de função mental. A despeito de sua capacidade auditiva estar ou não dentro dos padrões de normalidade, ela "funciona" como qualquer criança normal.

Quadro V-1

Índice das respostas comportamentais em bebê: estímulo e nível de resposta*

Idade	Instrumentos ruídos re:dBNA	Tom Puro re:dBNA	Fala re: dB A	Resposta esperada	Susto Fala re: dBNA
0-6 sem.	50-70 dB	78 dB	40-60	Abrir os olhos. Piscar os olhos, espreguiçar, acordar do sono, susto.	65 dB
6 sem. a 4 m.	50-60 dB	70 dB	47 dB	Abrir os olhos, mexer os olhos, piscar os olhos, ficar quieto, iniciar atividade.	65 dB
4-7 m.	40-50 dB	51 dB	21 dB	Virar a cabeça no plano lateral, atitude de ouvir.	65 dB
7-9 m.	30-40 dB	45 dB	15 dB	Localização direta dos sons no plano lateral, localização indireta abaixo do nível do ouvido.	65 dB
9-13 m.	25-35 dB	38 dB	8 dB	Localização direta dos sons no plano lateral, localização direta abaixo do nível da orelha, localização indireta acima do nível da orelha.	65 dB
13-16 m.	25-30 dB	32 dB	5 dB	Localização direta dos sons no plano lateral, acima e abaixo.	65 dB
16-21 m.	25 dB	25 dB	5 dB	Localização direta dos sons no plano lateral, acima e abaixo.	65 dB
21-24 m.	25 dB	26 dB	3 dB	Localização direta dos sons no plano lateral, acima e abaixo.	65 dB

(Downs e Northern, 1985)

* Testes feitos em sala acústica

Neste mesmo item cabe lembrar que mesmo as crianças com problemas de conduta, de comportamento, as chamadas crianças "difíceis", merecem ser recebidas e avaliadas com carinho e amor. Todas elas precisam de amor e de orientação para poderem encontrar ou reencontrar o caminho da vida normal.

A avaliação audiológica do bebê e da criança pequena muitas vezes é o primeiro momento em que os pais se deparam com a possibilidade de seu filho apresentar deficiência auditiva; outras vezes é a seqüência de um programa de detecção de deficiência auditiva que começou ainda no berçário. No Brasil, não temos programas oficiais de detecção de deficiência auditiva que ocorram seja no berçário, seja nos centros de saúde. Trabalhos e propostas isoladas são conhecidos através de relatos pessoais, de serviços particulares, mas seus resultados não se encontram publicados. Temos conhecimento, por exemplo, do trabalho iniciado por Costa (1987), onde o autor e sua equipe estão tentando organizar um sistema de avaliação auditiva, baseados no questionário de alto risco e na aplicação do teste BOEL. Este programa seria desenvolvido nos centros de saúde, o que permitiria o seguimento das avaliações.

O programa desenvolvido por Costa (1987) utiliza-se do questionário de alto risco aplicado no berçário com instruções para o aplicador.

As crianças selecionadas através do questionário eram submetidas a um teste auditivo no próprio berçário. O teste era aplicado após 24 horas de vida, de uma a duas horas após a amamentação. Estes bebês eram expostos a um estímulo sonoro de uma gaita plástica de largo espectro acústico, a uma distância de 30 cm do ouvido da criança, e era repetido por três a cinco vezes. Observavam-se respostas de movimentação da criança. Era considerado resposta a presença do reflexo cócleo-palpebral. Foram examinadas 2 510 crianças, com a detecção de 89 delas com suspeita de deficiência auditiva. Os testes foram repetidos com o bebê na idade de um a três meses, onde houve a manutenção da suspeita em dez bebês.

As dificuldades encontradas por Costa (1987) dizem respeito a:

• relutância das mães em retornarem para os exames;

• desinteresse do pessoal do serviço público envolvido;

• o caráter voluntário do pessoal envolvido no programa;

• melhorar a divulgação do programa para que outros profissionais possam utilizá-lo.

Lewis (1987) apresentou um programa de detecção precoce de deficiência auditiva a ser realizado em centros de saúde do Estado de São Paulo e creches estaduais, onde, através do treinamento do pessoal de cada uma das unidades, aplicou uma bateria de testes em bebês de cinco meses a dois anos de idade.

a) Registro de alto risco para a deficiência auditiva, onde um questionário é aplicado à mãe, ou dados a respeito da vida do bebê são levantados no prontuário da criança.

b) Aplicação do teste de orientação para o som, pesquisando-se a localização da fonte sonora para os seguintes estímulos: voz — tsi-tsi-tsi; u-u-u; bater uma colher de metal suavemente em um copo de vidro; balançar suavemente um molho de chaves.

c) Pesquisar o reflexo cócleo-palpebral para batida de palmas.

d) Conhecimento do desenvolvimento auditivo do bebê nesta faixa etária.

Os resultados encontrados por Lewis (1987) mostram que este procedimento é simples e rápido, podendo ser aplicado por profissionais devidamente treinados. Mostram também que o programa proposto é eficiente na identificação de crianças que são prováveis portadoras de deficiência auditiva severa ou profunda, e que apresentam atraso no desenvolvimento da função auditiva.

Tell, Feinmesser e Levi (1977) apresentaram um programa de detecção que é desenvolvido em clínicas para bebês, na área de Jerusalém. Nestas clínicas pediátricas, os serviços de saúde são prestados gratuitamente para as mães no período gestacional e para os bebês durante o período de zero a três anos de idade. No que diz respeito à área audiológica, os bebês passam por programas de triagem auditiva e de comunicação verbal nos períodos de: a) 7-12 meses, b) 18-24 meses e c) 3 anos de idade. Os bebês que eventualmente falham duas vezes no período de um mês, nesta testagem, são encaminhados para o Centro Audiológico do Hospital Hadassah, para permitir a confirmação ou não destes achados. Durante o período de cinco anos, aproximadamente 18 000 crianças passaram por este programa. Deste total, 28 crianças foram identificadas como deficientes auditivas; deste grupo, 14 foram identificadas no primeiro ano de vida. A incidência de perdas auditivas severas ou profundas foi maior, e também ocorreu maior incidência de deficiência auditiva no grupo considerado de alto risco.

A importância do trabalho de Tell, Feinmesser e Levi (1977) está no fato de usar estímulos acústicos gerados por fontes de ruído, mas não por equipamentos eletrônicos de alto custo e manutenção, o que muitas vezes torna difícil, se não impossível sua aplicação em larga escala. Utilizando-se de estímulos sonoros do tipo chocalho, sino, amassar papel, bater a colher na xícara e voz humana, os autores demonstraram que este é um meio de detecção de deficientes auditivos severos e profundos, quando aplicado na faixa etária de sete meses a um ano, mas que apresenta limitações na detecção de crianças com perdas moderadas.

O conhecimento dos níveis de intensidade do estímulo sonoro e das respostas que podem ser esperadas de um bebê, cujo comportamento auditivo está dentro dos padrões de normalidade, pode nos permitir selecionar algumas fontes sonoras que poderiam ser usadas em um programa de detecção a ser montado e executado nas creches e centros de saúde de todo o país. Estes programas devem estar sempre acompanhados do questionário de alto risco, proposto por Downs e Northern (1985) e já discutidos no Capítulo IV.

Os programas de detecção somente podem ter sucesso se as crianças forem avaliadas mais de uma vez durante o primeiro ano de vida. Exames feitos com três, seis e nove meses de vida podem permitir a detecção de perdas auditivas progressivas, alterações de desenvolvimento global e alterações da maturação da função auditiva.

Diversas são as técnicas para a avaliação da audição nas crianças de zero a dois anos de idade. Entre elas podemos citar:

• pesquisa das respostas comportamentais ao estímulo auditivo;

• teste BOEL;

• audiometria através do condicionamento do reflexo de orientação — COR (Suzuki e Ogiba, 1961);

• audiometria do reforço visual (VRA).

As técnicas baseadas na pesquisa das respostas comportamentais e do teste BOEL podem ser usadas em ambientes silenciosos ou não, levando-se em consideração o nível ruído do ambiente, a intensidade e a distância na apresentação do estímulo.

Princípios para a audiometria em campo livre

Jerger (1993), em editorial apresentado na revista *Journal of the American Academy of Audiology* de março de 1993, discute os achados e os princípios da audiometria de campo livre, ressaltando a falta de padronização e de critérios no seu emprego. Rochlin (1993) relatou os achados de um estudo que fez entre os audiologistas americanos pesquisando o *status quo* da audiometria de campo livre. A autora ressaltou alguns princípios que deveriam ser comuns aos examinadores que se utilizam do campo livre:

1. Os estímulos usados para obter limiares tonais devem ser ou o tom modulado ou o ruído de banda estreita, mas não os tons puros.

2. A calibração do estímulo em campo livre deve incluir medidas eletroacústicas.

3. As medidas eletroacústicas devem ser comparadas com aquelas da literatura, que estabelecem valores normativos.

4. A calibração deve ser feita pelo menos quatro vezes por ano.

Segundo Rochlin (1993), um em cada cinco audiologistas da amostra estudada não sabe como um sistema de campo livre é calibrado; 60% não sabem quais são os valores normativos. Este estudo também mostrou que há falta de padronização entre as salas de teste, grande variedade nos estímulos usados para os testes e uma inconsistência nos métodos de calibração.

Embora os resultados dos testes de campo livre sejam usados de forma rotineira para se tomar decisões sobre a magnitude da perda auditiva e medir as expectativas auditivas, assim como para determinar os benefícios de um aparelho auditivo, as normas para a calibração de audiômetros (ANSI 3.6 — 1989) não incluem recomendações para a calibração dos estímulos usados nos testes de campo livre. A complexidade de se estabelecer um padrão onde existe tanta variabilidade entre os ambientes de campo livre torna a padronização difícil. Nestas normas (ANSI 3.6 — 1989), a calibração do campo livre é apresentada como um Apêndice, não uma norma oficial. São apresentadas sugestões relativas a:

• características da sala;

• localização dos alto-falantes;

• o nível de referência apropriado para um sinal de fala em campo livre;

• a resposta de freqüência em campo livre.

Não existe relato de nenhum método para a calibração de tom modulado ou de ruído de banda estreita, sons estes muito usados durante as medidas de campo livre.

Em 1991, a ASHA — American Speech-Language-Hearing Association publicou uma orientação sobre as medidas em campo livre onde discute alguns dos aspectos encontrados nas medidas de campo livre, oferecendo também sugestões para reduzir ou eliminar os problemas.

Baseada nas sugestões da ASHA (1991), Rochlin (1993) recomenda o seguinte para os testes em campo livre:

1. Usar tons modulados, ou, em segundo lugar, ruídos de banda estreita; não usar tons puros não modulados.

2. Os tons modulados devem incluir ondas sinusoidais ou triangulares, pequenos desvios da freqüência-teste e grandes velocidades de modulação.

3. A posição do ouvinte na sala de campo livre deve ser cuidadosamente estabelecida e mantida, com a cadeira do paciente sempre a igual distância do alto-falante, de tal forma que o nível de pressão sonora do sinal-teste ao nível da orelha do paciente seja constante e conhecido. O ângulo entre o alto-falante e o ouvido do paciente deve ser mantido em um dos seguintes ângulos: 0° 45° ou 90°.

4. A calibração dos tons modulados deve ser feita regularmente através de medidas eletroacústicas, com os valores observados comparados àqueles publicados como valores normativos.

O apêndice da ANSI S3.6-1989 recomenda um nível sonoro de 13 dB para audição binaural para estímulos de fala apresentados a 40 ou 60° azimute.

Na prática clínica, o que fazemos é medir o nível de pressão sonora para ruído de banda estreita nas diferentes freqüências, no lugar onde o paciente estaria sentado. De preferência, a medida deve ser feita no lugar onde ficaria a cabeça do paciente. Conhecendo estes valores, o fonoaudiólogo teria uma avaliação mais ou menos precisa das intensidades ouvidas pelo paciente para os diferentes estímulos. Wilber (1985) sugeriu que para se medir a pressão sonora para estímulos de fala pode-se usar o ruído de banda larga como estímulo base, já que é muito difícil medir esta intensidade em um estímulo tão inconstante quanto a fala.

Teoricamente, os resultados obtidos na audiometria de campo livre devem estar correlacionados com os da audiometria tonal sob fones. As pesquisas têm mostrado que a posição dos alto-falantes, as características dos estímulos usados no teste e a calibração dos sinais na sala de campo livre afetam os resultados obtidos. Apesar de todas estas considerações, a validade da audiometria de campo livre não deve ser esquecida; se acompanhada por uma cuidadosa observação do desenvolvimento auditivo e de linguagem da criança, é ainda um instrumento muito importante na coleta de informações sobre a capacidade auditiva das crianças.

Programas de triagem auditiva em crianças

Tal como nos programas de avaliação audiológica em recémnascidos, o registro de alto risco também é usado como critério de identificação, porém com algumas modificações. O *Joint Commitee for Infant Hearing* de 1990 propõe critérios de risco diferentes para o grupo de crianças com idades entre 29 dias e 2 anos de vida. Os critérios são os seguintes:

1. Preocupação dos pais ou responsáveis em relação ao atraso no desenvolvimento da audição, fala e linguagem.

2. Meningite bacteriana.

3. Fatores de risco neonatais que podem estar associados a deficiência auditiva neuro-sensorial progressiva (por exemplo citomegalovírus, ventilação mecânica prolongada e doenças hereditárias).

4. Trauma craniano, principalmente se ocorreu fratura transversal ou longitudinal do osso temporal.

5. Sinais ou outros achados que possam estar associados a síndromes que são conhecidas por apresentar deficiência auditiva (por ex., Síndrome de Waardenburg ou Síndrome de Usher).

6. Medicações ototóxicas incluindo, mas não se limitando a aminoglicosídeos usados por mais de 5 dias (por ex., gentamicina, tobramicina, kanamicina, estreptomicina) e diuréticos usados em combinação com aminoglicosídeos.

7. Crianças com distúrbios neurodegenerativos tais como a neurofibromatose, a epilepsia mioclônica, a ataxia de Friedreich, a coréia de Huntington, o distúrbio de Werdnig-Hoffmann, a doença de Tay-Sach, a doença infantil de Gaucher, a doença de Niemann-Pick, a doença de Charcot-Marie-Tooth, qualquer leucodistrofia metacromática ou qualquer neuropatia desmielinizante.

8. Doenças infecciosas infantis conhecidas por estarem associadas com a deficiência auditiva neuro-sensorial (por ex., caxumba, sarampo).

O programa de triagem auditiva recomendado pelo *Joint Commitee* para crianças com mais de 29 dias apresenta as seguintes considerações:

• todas as crianças que apresentarem um ou mais itens dos critérios de risco devem ser encaminhadas para a triagem o mais rápido possível, mas sem demorar mais que três meses de sua identificação.

• para as crianças com menos de 6 meses a ABR é recomendada.

• para as crianças com mais de 6 meses, as técnicas de audiometria comportamental ou de ABR são recomendadas.

• as crianças que falharem deverão ser encaminhadas para diagnóstico audiológico. Esta avaliação deve incluir a audiometria comportamental, a ABR e as medidas da imitância acústica.

Tal como ocorre nos programas de detecção de deficiência auditiva em neonatos, é fundamental que após a identificação a criança e a família possam encontrar o respaldo necessário para a adequada busca de soluções educacionais e de reabilitação que o bebê necessita.

Audiometria de observação do comportamento

A avaliação da audição da criança nos primeiros meses de vida é baseada primordialmente na observação das respostas comportamentais ao estímulo sonoro. As respostas reflexas mais comuns são: reflexo cócleo-palpebral (RCP), reflexo de susto e de acordar. Os reflexos de susto e cócleo-palpebral tendem a desaparecer à medida que se repete o estímulo sonoro.

Segundo Wedenberg (1963), o reflexo cócleo-palpebral em um bebê de até seis meses de idade pode ser provocado pela apresentação de um estímulo de 105 a 115dBNPS para freqüências de 500, 1000, 1500, 2000 e 4000Hz e deve acordar para estímulos de 70 a 75 dB NPS ou menos. Dessa forma, se um bebê não acorda para um estímulo de 70 a 75 dBNPS, mas apresenta RCP para 105 a 115 dB NPS, pode-se suspeitar que esta criança apresenta recrutamento. Por outro lado, se a criança acorda com 70 a 75 dBNPS, mas não apresenta RCP, podemos suspeitar de problema condutivo ou retrococlear. O Quadro V-1 nos mostra a correlação existente entre as respostas reflexas esperadas e o nível de intensidade necessário para elicitar as reações em uma criança ouvinte normal.

Em torno dos quatro meses de idade, o bebê já começa a apresentar respostas de localização da fonte sonora. Dessa forma é possível avaliar sua audição a partir da pesquisa deste nível de resposta reflexa. Neste momento é possível usarmos a *técnica da distração* (Hodgson, 1985) (Figura V-1), onde um examinador distrai a criança com algum objeto do seu interesse, enquanto outro examinador, posicionado de forma a não oferecer pistas visuais para a criança, apresenta estímulo acústico — instrumentos musicais, chocalho de madeira, audiômetro pediátrico, palmas etc. É importante salientar que o examinador que está brincando com a criança o faz antes da apresentação do som e observa as reações de localização durante sua apresentação.

Figura V-1
Técnica de distração

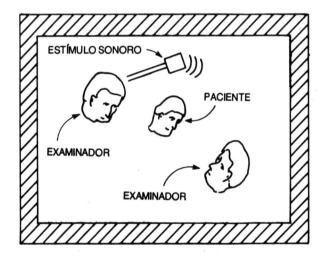

Um bebê pode mostrar que ouviu, modificando seu comportamento quando o estímulo sonoro foi apresentado. Pode reagir mudando seu nível de atividade, em geral diminuindo-o; aumentando seu ritmo respiratório; parando ou aumentando seu ritmo de sucção. É muito importante lembrar que a avaliação audiológica em bebês de até seis meses de idade é muito mais qualitativa que quantitativa; e que é muito mais fácil identificar bebês cuja audição é normal. Mas se o bebê não for responsivo, ou seja, se, por outros problemas, não apresentar respostas reflexas, será muito difícil diferenciá-lo de um bebê deficiente auditivo severo ou profundo.

Esperamos que esta última anotação não sirva de desestímulo ou de motivo para não se usar estes recursos na avaliação da audição em bebês, pois um bebê que não responde nesta fase deve ser melhor investigado através de retornos periódicos, para acompanhamento de seu desenvolvimento. A triagem auditiva é a primeira etapa do diagnóstico da deficiência auditiva; a complementação deve ser feita através da audiometria de respostas comportamentais, da ABR e da medida da imitância acústica.

A pesquisa das respostas comportamentais ao estímulo sonoro em bebês de zero a dois anos de idade pode, ao mesmo tempo, fornecer informações sobre a normalidade da audição da criança e sobre seu estágio de maturação da função auditiva. O desenvolvimento da função auditiva deve ser tema conhecido do examinador e já foi por nós apresentado no Capítulo I.

Uma criança de 12 meses, que apenas movimenta a cabeça lateralmente na tentativa de localizar a fonte sonora, está se comportando como um bebê de três a seis meses de idade. Isto mostra que o processo de desenvolvimento da sua função auditiva está de alguma forma defasado.

É muito grande a responsabilidade do examinador brasileiro, pois ele desempenha o papel de avaliador, observador e orientador de crianças, baseado em parâmetros americanos e europeus. Não sabemos se a criança brasileira tem o mesmo desenvolvimento auditivo que a criança americana e européia. Faz-se necessário conhecer os nossos padrões de normalidade para então podermos atender com segurança os bebês brasileiros. Não temos sequer estatísticas estaduais, regionais ou nacionais de incidência de deficiência auditiva na infância no nosso país.

Segundo Downs e Northern (1978), ao se testar um bebê de quatro meses é importante obedecer algumas regras: sala acusticamente tratada, bebê fisiologicamente satisfeito e sons de espectro conhecido. Se o bebê estiver dormindo, atuar da mesma forma que se atua com o bebê recém-nascido. Aconselha-se a seguinte prática ao se proceder a avaliação auditiva de um bebê de quatro meses:

a) Selecionar brinquedos de espectro sonoro diferente não só quanto à freqüência mas também quanto à intensidade, por ex., o *Hear Kit.*

b) Fazer o levantamento do espectro acústico dos brinquedos ou instrumentos selecionados.

c) Sentar ou recostar o bebê no colo da mãe.

d) Distrair sua atenção com um brinquedo colorido, bem próximo à cabeça do examinador, de forma que o bebê não precise movimentar a cabeça para ver o brinquedo.

e) Com a outra mão, aproximar a fonte sonora a mais ou menos 20 cm de um dos ouvidos, de forma a não permitir pista visual periférica para o bebê. Mantê-lo ali até ter certeza de que o bebê não o percebeu.

f) Acione a fonte geradora do som por mais ou menos dois segundos.

g) Observe as respostas imediatas: abrir mais os olhos — elevação das pálpebras e o olho pode se voltar para o examinador; cessação de atividade; piscar de olhos rápido; tentativa de localizar a fonte sonora.

Repetir o teste com a fonte geradora de ruído no outro lado, finalizando com o estímulo mais intenso de forma a provocar um reflexo de susto.

h) Enquanto estiver observando o bebê, que deve estar ainda no colo da mãe, e esta sentada entre dois alto-falantes localizados a 70°, na posição lateral e frontal, repita "bu-bu" no microfone, em técnica ascendente muito lenta. Temos observado na prática clínica que as nossas crianças não reagem favoravelmente ao "bu-bu", reagem melhor e de forma mais ampla quando usamos "pa-pa", "pi-pi" ou onomatopéias do tipo "au-au", "miau-miau". Mantenha a sala de instrumentos escura, para que a criança não possa ver o examinador. Os estímulos de fala deverão ser apresentados com intervalos de 20 a 30 segundos entre uma intensidade e outra. Observe a primeira resposta de atenção, de alerta ou de que tenha percebido a presença do som (abrir mais os olhos, cessação de atividade, mexer os olhos ou começar a virar a cabeça). Anote este resultado. Não repita o teste; se o fizer, faça-o como último procedimento da avaliação.

i) Apresente o mesmo sinal de fala a 65 dB para produzir uma resposta de susto. A experiência clínica tem nos mostrado que os nossos bebês não se assustam para este estímulo, é necessário mais intensidade para que isto ocorra; em geral, em torno de 90 dB. Avise a mãe para não se assustar. Uma resposta de susto confirma suas observações prévias de que o bebê tem audição normal; se não reagir, provavelmente tem perda auditiva severa; se reage mas não se assusta, sua perda auditiva pode ser moderada.

Este procedimento proposto por Downs e Northern (1978) é de fácil aplicação e tem sido usado com sucesso mesmo com crianças maiores.

Além de observar as respostas comportamentais para os estímulos sonoros apresentados por via aérea — campo livre —, os autores aconselham a realizar a mesma medida com o vibrador ósseo, colocado na linha média do topo da cabeça, mantido em posição pela mãe. Deverá estar calibrado para a fala, de tal modo que o limiar 0 dB represente 35-40 dB no dial. A pesquisa do reflexo de consciência da presença do som deverá ser feita; a avaliação das respostas dependerá do olhar da criança: se olhar para a frente, significa que apresenta audição normal bilateral ou perdas auditivas simétricas; se olhar para um dos lados, significa que pode apresentar uma perda condutiva neste ouvido ou uma perda neuro-sensorial menos acentuada no lado que olhou.

A reação de susto para fala a 65 dB também é de grande significado. Se a criança tem uma reação discreta para fala a 65 dB por via aérea e uma reação de susto para o mesmo estímulo por via óssea, pode-se suspeitar de perda condutiva.

É aconselhável checar este tipo de informação com os dados obtidos na medida da imitância acústica (Capítulo VIII).

O mesmo procedimento deverá ser usado para crianças entre quatro e sete meses, podendo ser acrescentadas algumas emissões orais ao teste de alerta à presença de fala, frases do tipo "Tchau, tchau", "Cadê a mamãe?", "Cadê o pé do nenê?", "Oi, Pedrinho" podem ser introduzidas, e a pesquisa deverá ser feita através das caixas acústicas de forma alternada e rápida, utilizando-se novamente da técnica ascendente.

À medida que a criança cresce, sua coordenação motora melhora e pode começar a estranhar as pessoas novas para ela (Quadro V-2). Com as crianças de sete a nove meses, Downs e Northern (1978) propõem que se mantenha o mesmo procedimento, mas que o examinador se torne mais atento para apresentar o estímulo no momento em que a criança estiver "ligada"; é necessário que o examinador observe este momento para que não ocorra uma repetição desnecessária dos estímulos. Ao mesmo tempo, o examinador deve apresentar os estímulos de forma variada e rápida, pois os bebês nesta faixa etária não ficam quietos no colo da mãe ou na cadeira por muito tempo, logo tentando se livrar das amarras que os braços da mãe representam. É aconselhável, nesse momento, que se trabalhe com uma assistente, pois esta pode, através de um brinquedo, manter a criança distraída e calma nos intervalos entre um estímulo e outro.

Temos observado que nesta fase a criança costuma apresentar vocalizações do tipo "ahn", quando ouve o estímulo, como se estivesse solicitando nova apresentação. Mesmo crianças com perda auditiva podem apresentar esta reação, sempre que a intensidade do estímulo atinge seu limiar auditivo.

Até a idade de 24 meses o procedimento de testagem será mantido, alterando-se sempre os estímulos usados para a pesquisa de atenção aos sons da fala, pois à medida que a criança cresce, expressões de linguagem comuns à sua faixa etária podem e devem ser usadas. É também importante lembrar que a criança com audição normal deverá apresentar respostas a níveis de intensidade cada vez menores à medida que cresce, mostrando que seu sistema nervoso é capaz agora de captar pequenas variações no seu ambiente.

Quadro V - 2

Quadro do desenvolvimento motor e mental da criança de zero a 12 meses

Idade meses	Motor	Movimentos Finos	Desenvolvimento	
			Mental	Reflexo
0 - 1	Comportamento reflexo com aumento do tônus e dos movimentos automáticos	Não tem	Começa a fixar	Moro, sucção, caretas, reflexos de andar positivos
1 - 2	Inicia controle da cabeça e da coordenação com os movimentos dos olhos	Não tem	Começa a sorrir	Reflexo tônico do pescoço é positivo, reflexos neonatais
2 - 3	Bom balanço de cabeça quando em posição de pé	Não tem	Contato de olho e de sorriso com a mãe	Os reflexos neonatais desaparecem
3 - 4	Apóia-se nos braços quando em posição ventral; vira sua cabeça na direção do som	Movimentos de agarrar forte que consegue relaxar	Começa a balbuciar; a olhar para suas mãos	

(Hagberg, 1964)

4 - 5	Coordenação motora inicial dos braços e da cabeça	Tenta pegar os objetos deliberadamente	Vira sua cabeça para o som; quer companhia	Reflexos neonatais residuais podem ser suspeitos
5 - 6	Rola, arrasta-se, tenta sentar-se com apoio	Transfere objetos de uma mão para outra	Reconhece a mãe, responde aos sons	Reflexos neonatais presentes são claramente patológicos
6 - 7	Anda de quatro, arrasta, movimentos alternados de pernas	Boa posição de mão; mas os movimentos de dedos são ruins	Balbucia	Início dos reflexos de proteção
7 - 8	Engatinha de joelhos, senta-se sem apoio	Preensão de oposição, com o polegar oposto ao resto da mão	Tem medo de rostos estranhos; reações grandes ao som	Reflexos de proteção com os braços, para os lados
8 - 9	Senta-se sozinho	Preensão de oposição com o polegar oposto aos dedos radiais	Emite *baba, dada* etc; é capaz de bater palmas	Aparece o reflexo de proteção para cair
9 -10	Levanta-se, anda segurando nos móveis, tem dificuldade para se sentar	Começo do movimento de pinça	Entende palavras simples; brinca de "achou"	Reflexo de proteção, com os braços, mesmo para tombos para trás
10-12	Anda com apoio, consegue se sentar	Movimento de pinça; pega pedacinhos, empilha latas	Emite palavras isoladas com significado	A ausência do reflexo de proteção é suspeita

Teste BOEL

Elaborado por Karin Stensland Junker (1978), em Estocolmo, o teste BOEL, cuja sigla significa "o olhar guiado pelo som", consiste em um equipamento para ser utilizado não somente para testar superficialmente a audição de bebês de sete a dez meses de idade, como também serve para avaliar o desenvolvimento perceptual, motor, visual e o contato da criança com o examinador.

O teste BOEL é um teste de triagem da capacidade de atenção do bebê, ou de seu reflexo de orientação — capacidade de escolher e focalizar sua atenção de modo sistemático e significativo de um estímulo para outro (Kylén, 1970 in Junker, 1978).

Após estudo-piloto com diversos estímulos visuais e diferentes estímulos auditivos, Junker estabeleceu como padrão para o teste BOEL (Figura V - 2):

• um bastão vermelho de madeira;

• quatro pequenas fontes sonoras, representadas por dois sinos e dois guizos de prata, presos em anéis cujos espectros sonoros são conhecidos;

• um móbile de prata.

Figura V - 2
Material usado para o teste BOEL

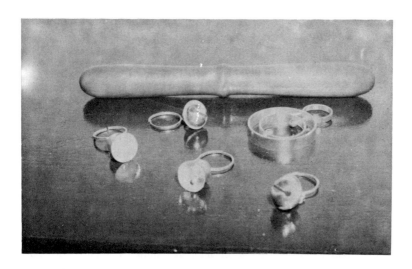

O pequeno sino de prata ao ser percutido apresenta um estímulo sonoro de 45-55 dB NPS a 20 cm de distância; o pequeno guizo produz de 35 a 45 dB NPS à mesma distância.

Procedimentos de avaliação:

1. Anamnese: informações gerais e específicas sobre o bebê devem ser obtidas com a mãe ou com os responsáveis pela criança; os aspectos relativos ao desenvolvimento da função visual e auditiva deverão ser questionados de forma dirigida, com o objetivo de podermos conhecer melhor o bebê que será avaliado.

2. O exame: o teste só deverá ser começado depois que um firme contato de olho foi estabelecido. O examinador deve observar as seguintes funções:

a) a capacidade do bebê para fixar e manter o contato de olho — o examinador deve movimentar o bastão de madeira vermelho para frente e para trás, depois horizontalmente e verticalmente. Mesmo nos bebês pequenos, esta atividade de atenção visual poderá estar acompanhada de movimentos de mão em direção do bastão, como se quisesse agarrá-lo.

b) a capacidade de orientar-se para a fonte sonora — enquanto o bebê estiver atento e interessado no estímulo visual, o examinador deve apresentar um dos estímulos sonoros; isto deverá ser feito da forma mais discreta possível e a 20-30 cm atrás da orelha da criança. O movimento de virar a cabeça deve ser bastante claro para que possa ser considerado positivo. As respostas deverão ser anotadas para cada som isoladamente e também para cada lado.

Deve-se tomar cuidado para que o contato visual não seja perdido, reforçando-o periodicamente. Se o contato visual não é mantido, corre-se o risco da criança ficar vigiando os movimentos do examinador e isto vai dificultar muito a realização do teste. As fontes sonoras escolhidas devem ser bem pequenas para que caibam na mão do examinador e possam permanecer escondidas do olhar da criança.

3. Avaliação: As respostas positivas apresentadas a cada som isolado deverão ser anotadas. O critério para que o julgamento final seja considerado positivo é: a criança deve virar a cabeça para 4 dos 5 sons apresentados. Se a criança responde a menos do que 4 estimulações, ou se não responde à estimulação, a avaliação será negativa.

As fontes sonoras devem ser avaliadas segundo suas possibilidades e devem combinar as seguintes qualidades:

a) ser interessante e atraente à criança;

b) ser de manipulação fácil e prática pelo examinador;

c) ser inaudível para crianças que apresentem deficiência auditiva que possa impedir o desenvolvimento espontâneo de sua fala.

O levantamento do espectro acústico das fontes sonoras mostrou que o sino, quando apresentado em número de dois de cada vez, varia de 4000 a 12500Hz com intensidade de 45dB a 20cm da fonte.

Os quatro pequenos sinos de prata ou os guizos de prata, que representam freqüências acima da área dos sons da fala, devem ser colocados dois em cada mão. Para ser mais facilmente movimentados e produzirem os sons sem serem vistos pelo canto dos olhos da criança, estas pequenas fontes sonoras são presas através de pequenos círculos a finos anéis de prata. Estes anéis devem ser colocados nos dedos da mão: os guizos, um em cada dedo indicador e os sinos, um em cada dedo anular, todos voltados para a face da palma da mão de forma a esconder completamente as fontes. O guizo é facilmente colocado em funcionamento por um leve movimento do indicador ajudado pelo dedo polegar; o sino será colocado em funcionamento com a ajuda do dedo mindinho.

Marckmann (1978) apresentou os resultados obtidos com os encaminhamentos feitos a partir de 30 crianças que falharam no teste BOEL. Estas crianças foram submetidas ao programa de uma semana de estudo que é desenvolvido na Children's Clinic de Kopenhagen, Dinamarca. Neste programa as crianças foram avaliadas por diversos profissionais (médicos, psicólogos, audiologistas, terapeutas da fala etc.) e os resultados mostraram: 9 com perda auditiva condutiva; 2 com perda auditiva neuro-sensorial; 11 eram imaturas, mal estimuladas; 3 apresentavam perda auditiva hereditária; 1 tinha atresia, 1 era normal e 3 não compareceram. Do ponto de vista da eficácia do teste pode-se notar que somente 1 criança havia sido encaminhada sem que isto fosse necessário.

No Brasil, Costa (1987) usou o teste BOEL em um programa de triagem auditiva em centros de saúde da Rede Municipal de Mogi-Mirim. Avaliaram 243 crianças e encontraram 51 com suspeita de deficiência auditiva. Deste grupo, 14 passaram no reexame, 19 não retornaram para o reexame e 18 confirmaram a presença de alterações auditivas. A análise destas 18 crianças mostrou que 14 apresentavam otite média secretora e 4 foram encaminhadas para avaliação eletrofisiológica da audição.

A Audiometria do condicionamento do reflexo de orientação — (COR), Técnica de Suzuki e Ogiba

Com o objetivo de facilitar a tarefa de avaliar a audição da criança pequena, dois pesquisadores japoneses, Suzuki e Ogiba (1961), elaboraram a técnica de Condicionamento do Reflexo de Orientação (COR — Conditioned Orientation Reflex).

Esta técnica baseia-se no princípio de que, quando é apresentado um estímulo visual estranho à criança, esta tende a procurar a fonte ou a origem do estímulo. Este é um reflexo não-condicionado. Quando tal reflexo for associado a um tom puro, a criança irá procurar a fonte sonora, independentemente da estimulação visual apresentada.

Procedimentos para a realização da COR (Suzuki e Ogiba, 1961):

a) Equipamento (Figuras V-3 e V-4):

• duas caixas acústicas;

• duas bonecas de vinil iluminadas ou qualquer estímulo visual iluminado;

- um dispositivo que controle tanto a saída do som quanto a luz do boneco;
- um audiômetro convencional com possibilidade de saída para a caixa acústica.

b) A criança deve ficar sentada no colo da mãe, a uma distância aproximada de 50 cm do equipamento de teste;

c) O estímulo sonoro deve ser um tom de freqüência média ou grave (500 ou 1000 Hz) a 30 ou 40 dB NS; isto pressupõe a aplicação da avaliação instrumental;

d) O tom é apresentado durante cinco segundos, seguido de intervalo de um segundo, quando então é apresentado o estímulo visual;

e) Ambos os estímulos sonoro e visual devem ser apresentados, ora de um lado, ora de outro, alternadamente, até que a criança procure a fonte sonora, antes mesmo que o boneco se ilumine.

Figura V - 3
Sala de exame para audiometria pelo condicionamento do reflexo de orientação

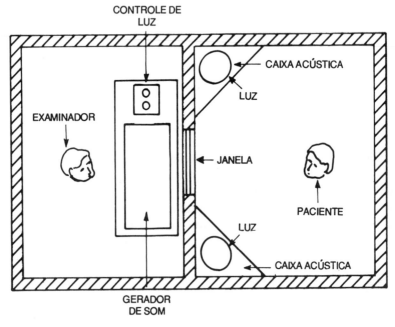

(Katz, 1985)

Figura V - 4
Modelo de caixa acústica e boneco iluminado usados para a audiometria pelo condicionamento do reflexo de orientação

f) O estímulo visual é então retirado e inicia-se a pesquisa do nível mínimo de audição para esta freqüência, o qual é repetido para as demais. A cada quatro ou cinco estímulos ou a cada nova freqüência, a combinação luz-tom deve ser reapresentada, a fim de reforçar o comportamento da criança.

É considerada resposta verdadeira quando ocorre um movimento de cabeça da criança na direção da fonte de estimulação, a um período de latência de 0,5 a 1,5 segundo.

A vantagem desta técnica é a de permitir a obtenção do nível mínimo de resposta a tom puro, em campo livre, o que representa pelo menos a audição do ouvido melhor.

Outros estímulos sonoros podem ser usados na técnica de Suzuki e Ogiba. Temos observado que as respostas são mais rápidas e o condicionamento mais efetivo quando usamos estímulos de fala e ruído de banda estreita. Temos observado também que se colocarmos fones na criança e mantivermos a relação tom-luz, com apresentação alternada, é possível determinarmos o nível mínimo de resposta para cada ouvido separadamente.

Para que esta técnica tenha sucesso é fundamental que o examinador respeite o tempo de atenção e concentração da criança e que seja capaz de estimulá-la a continuar com a "brincadeira", apresentando novidades de tempos em tempos — alterando o tipo de estímulo sonoro, por exemplo.

A Audiometria com Reforço Visual — (VRA)

Baseados na técnica de condicionamento do reflexo de orientação de Suzuki e Ogiba (1961), Lidén e Kankkunen (1961) elaboraram a audiometria com reforço visual (VRA). Neste procedimento, tal como na técnica de Suzuki e Ogiba, ocorre a apresentação de estímulo sonoro, cuja resposta é seguida da apresentação do estímulo visual.

O objetivo do teste é reforçar qualquer resposta apresentada pela criança, o que pode ser: cessar a atividade, mostrar que percebeu o estímulo sonoro, orientar-se para a fonte sonora, piscar os olhos ou sorrir (Figura V-5).

Matkin (1973) relata que obteve sucesso na avaliação da audição dos bebês, baseando-se no reforço de qualquer resposta apresentada pela criança. Mostra também que é possível obter-se os níveis mínimos de resposta com fone, mantendo-se o reforço visual. A experiência das autoras mostra que o uso dos fones e do reforço visual é de grande utilidade na obtenção das respostas auditivas para cada ouvido. As autoras observaram que as respostas mais eficientes e abertas ocorrem quando o estímulo sonoro é do tipo modulado (*warble tone*), ruído de banda estreita (*narrow band noise*) ou fala. Sentimos que à medida que o bebê cresce, o estímulo acústico do tipo do tom puro modulado se torna mais interessante para a criança, mas no bebê entre 6 e 12 meses, com deficiência auditiva moderada, o estímulo sonoro mais eficiente é o ruído de banda estreita.

Figura V - 5
Sala de exame para audiometria com reforço visual

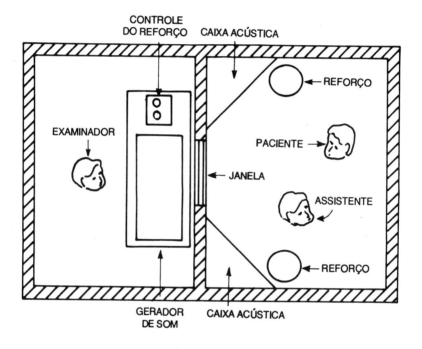

As crianças com perda auditiva severa têm grande dificuldade para localizar a fonte sonora, pois, segundo Hodgson (1978), não aprenderam a localizar o estímulo; por isso sugere que o teste seja feito com uma só caixa acústica, usando-se a luz do outro lado como meio para distrair a atenção do bebê.

Em um trabalho realizado por Moore *et al.* (1977), foi mostrada a efetividade de diferentes técnicas em produzir respostas de localização. Em seu estudo utilizaram-se de quatro situações: um brinquedo animado, uma luz, reforço social, sem reforço, obtendo a seguinte classificação de efetividade (Figura V-6).

Figura V - 6
Curvas de respostas para audiometria de respostas condicionadas com reforço

A △-△ sem reforço
B ■-■ reforço social
C ○-○ reforço visual simples
D ✗--✗ reforço visual complexo

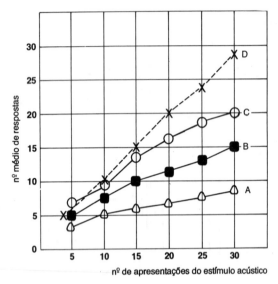

Cuidados a serem tomados ao se realizar a avaliação audiológica em bebês com reforço visual

Temos observado que a avaliação dos bebês deve sempre ser iniciada por uma avaliação comportamental, ou seja, deve sempre partir da identificação preliminar da faixa de audição da criança, através do estudo de suas respostas para estímulos não-calibrados, tais como: instrumentos musicais, ruídos ambientais etc. Após este levantamento é que seria indicado o início do processo de condicionamento com reforço visual ou qualquer outro tipo de reforço.

Antes de se iniciar a testagem de um bebê, o ambiente onde o teste será realizado deve ser organizado. A disposição das cadeiras, das caixas acústicas, do reforço visual, o posicionamento dos pais, da criança e do assistente devem ser cuidadosamente observados para que o examinador não perca nenhum dos movimentos da criança. Os brinquedos devem ficar fora do campo de visão do bebê e devem ser introduzidos um a um sob controle do assistente.

A cadeira dos pais deve ficar a um ângulo de 90° do reforço visual. A criança deve estar segura no colo do pai, ou sentada, de tal modo que tenha que virar a cabeça para procurar o reforço visual. O teste deve ser iniciado quando a atividade exploradora da criança tiver diminuído e sua atenção puder ser controlada. Os estímulos auditivos e visuais, no início, devem ser apresentados de forma lenta, com um relativo intervalo entre uma apresentação e outra.

O assistente ou auxiliar tem como tarefa:

• orientar os pais no sentido de não interferirem ou dirigirem as respostas do bebê;

• manter o bebê em estado de alerta para o som;

• distraí-lo quando ficar impaciente;

• observar suas reações durante e após a apresentação do estímulo.

Os brinquedos selecionados para distrair a criança durante os intervalos do exame não devem ser muito absorventes, de forma que a atenção dela não fique muito concentrada neles. Brinquedos muito atraentes, barulhentos ou que se movimentam não são aconselháveis neste momento. Novamente é importante lembrar que os brinquedos devem estar fora da visão da criança, devem ser apresentados um de cada vez, e aquele que não está sendo mais usado deve ser guardado ou escondido.

Em nossa experiência profissional temos sentido que a atuação do assistente é fundamental na agilização do processo de testagem, pois ele age como controlador do ambiente, facilitando a aplicação dos testes. Quanto aos brinquedos, sentimos que o procedimento descrito — apresentar um brinquedo de cada vez, esconder o que já foi usado ou que ainda vai ser — deve ser adotado para crianças de todas as faixas etárias.

Bibliografia

ASHA, 1991. In: DOWNS, M. & NORTHERN, J. L. *Hearing in Children.* 4th ed. Baltimore, The Williams and Wilkins Co., 1991.

COSTA, E. A. Comunicação pessoal. 1987.

DOWNS, M. & NORTHERN, J. *Hearing in Children.* 2nd ed., Baltimore, The Williams and Wilkins Co., 1978.

_____. *Hearing in Children.* 3rd ed., Baltimore, The Willians and Wilkins Co., 1985.

DOWNS, M. & NORTHERN, J. *Hearing in Children*. 4th ed. Baltimore, The Williams and Wilkins Co., 1991.

HAGBERG, B. Neurologisk diagnostick nyföddhetsperioden. *Läkartidningen*, 61:2322-2339, 1964.

HODGSON, W.R. Testing infants and young children. In: KATZ, J. *Handbook of clinical audiology*. 3rd ed. Baltimore, The Williams and Wilkins Co., 1985. Cap.3.

JERGER, J. Audiometry in the sound field. *Editorial J. Amer. Acad. of Audiol.*, 4(2), 1993.

JOINT COMMITTEE FOR INFANT HEARING 1990, In: DOWNS, M. & NORTHERN, J.L. *Hearing in Children*. 4th ed. Baltimore, The Williams and Wilkins Co., 1991.

JUNKER, K.S.; BARR, B.; MALINIEMI, S.; WASZ-HOCKERT, O.; BOEL. Screening a program for the early detection of communicative disorders. *Audiology*, 17:51, 1978.

KATZ, J. (ed.). *Handbook of clinical audiology*. 3rd ed. Baltimore, The Williams and Williams Co., 1985.

LEWIS, D.R. *A criança e a audição*. Tese de mestrado. PUC-SP, 1987.

LIDÉN, D.R. & KANKKUNEN, A. A Visual Reinforcement Audiometry. *Acta Otolaryngol.*, Estocolmo, 67:281, 1961.

MARCKMANN, L. *Children's Clinic: For communication Disorders Observation and Guidance*. Copenhagen, Dinamarca, 1978.

MATKIN, N.D. *Some essential features of a pediatric audiological evaluation*. Talk presented to the Eighth Danavox Symposium, Copenhagen, jun. 1973.

MOORE, J.M.; WILSON, W.R.; THOMPSON, G. Visual reinforcement of head turn responses in infants under twelve months of age. *J. Speech Hear. Disord.*, 42:328, 1977.

ROCHLIN, G.D. Status of Sound Field Audiometry among Audiologists in the United States. *Journal of the American Academy of Audiology*, 4:59, 1993.

SUZUKI, T. & OGIBA, Y. Conditioned orientation audiometry. *Arch. Otolaryngol.*, 74:192, 1961.

TELL, L.; FEINMESSER, M.; LEVI, C. Screening of infants for deafness in baby clinics. In: BESS, F. *Childhood Deafness: Causation, assessment and management*. Nova Iorque, Grüne & Stratton Inc., 1977.

WEDENBERG, E. Objective audiometry tests on nom-cooperative children. *Acta Otolaryngol.*, Estocolmo, Suppl. 175, 1963.

WILBER, L.A. Calibration: pure tone, speech and noise signals. In: KATZ, J. *Handbook of clinical audiology*. 3rd ed. Baltimore, The Williams and Wilkins Co., 1985.

CAPÍTULO VI
A avaliação audiológica
da criança de 2 a 6 anos de idade

Este capítulo tem como principal objetivo a discussão de técnicas para obter informações detalhadas sobre a sensitividade auditiva da criança. É importante frisar que o diagnóstico da deficiência auditiva de uma criança é somente o primeiro passo de uma avaliação pediátrica. Em outras palavras, uma vez que a perda auditiva tenha sido descrita quanto ao grau, configuração e tipo, torna-se essencial o desvio da atenção da perda auditiva para o aproveitamento da audição residual. Programas clínicos e terapêuticos serão planejados com base nos audiogramas, apesar de ser do conhecimento de todo profissional que pacientes com audiogramas idênticos funcionam de forma diferente quanto os aspectos de processamento auditivo, aprendizagem e comunicação.

Se o audiologista deve maximizar a probabilidade de sucesso, obtendo informações valiosas e detalhadas, é extremamente importante que o tipo de abordagem audiológica selecionada esteja de acordo com o desenvolvimento da criança sob avaliação. A entrevista com os pais e professores, acrescida das informações obtidas antes da aplicação formal do teste, permitem ao examinador ganhar tempo e poupar esforços para determinar o nível de desenvolvimento aproximado da criança. Esta avaliação primária permite a seleção das técnicas de condicionamento que vão exigir da criança respostas comportamentais dentro de suas possibilidades.

Um pré-requisito para o sucesso na detecção e atuação junto à deficiência auditiva em pré-escolares é a aceitação por parte do examinador de uma bateria de testes audiológicos pediátricos em vez de fixar-se em uma só técnica. Tal bateria deve incluir técnicas de condicionamento apropriadas para serem aplicadas em pré-escolares de diferentes níveis de desenvolvimento. Parece que muitos examinadores continuam a acreditar que a audiometria condicionada lúdica é a única e melhor técnica para avaliar a audição de crianças pequenas, esquecendo-se da enorme variação que existe nas habilidades cognitivas, motoras e de linguagem que ocorre nos anos pré-escolares. Portanto não se deve generalizar, antecipando um grande sucesso com a aplicação de qualquer técnica de condicionamento audiológico existente.

Aspectos a serem observados ao se iniciar uma avaliação da audição:

a) Apresentar o estímulo sonoro através do campo livre em vez de iniciar diretamente com a colocação dos fones. Isto permite à criança conhecer o estímulo sonoro e aprender a responder a este quando presente, além de possibilitar ao examinador um rápido levantamento da extensão da perda auditiva da criança.

b) Tornar os pais observadores silenciosos durante a avaliação em campo livre, para que não interfiram nem dirijam as respostas da criança e possam sentir as reais dificuldades de audição que seu filho apresenta, tornando mais fácil a tarefa de orientação.

c) Escolher o estímulo acústico que se mostre mais significativo para a criança, procurando situá-lo em contexto para ela. Temos observado que estímulos sonoros, tais como: ruído de banda estreita, tom modulado, sons ambientais filtrados são bastante eficazes na elicitação de respostas auditivas.

Criar uma pequena história para inserir o estímulo sonoro dentro de um contexto lúdico tem sido um recurso de grande auxílio no procedimento de condicionamento usado na avaliação audiológica. Ao usarmos o tom modulado, costumamos pedir à criança que preste atenção ao "canto do passarinho pedindo comida"; para o ruído de banda estreita, pedimos que nos avise quando "começar a chover para que possamos fechar a janela da casa". Estas são pequenas e simples estratégias que farão com que a criança fique mais atenta e colaboradora durante a realização do teste.

A presença dos pais associada à significação do estímulo acústico pode ser um fator determinante para a obtenção de um bom resultado, quando o paciente é uma criança em idade pré-escolar.

d) Conhecer e respeitar a criança, seus interesses, medos, ansiedades e dificuldades; saber o que se pode esperar de um paciente de dois, três, quatro ou cinco anos de idade; o que é considerado normal para estas crianças torna-se fator decisivo para o sucesso ou insucesso de uma avaliação audiológica.

e) Conquistar sua confiança e derrubar a barreira dos seus medos, estabelecendo uma relação de cordialidade entre a criança e o examinador. Em geral, esta etapa tem início na entrevista que o examinador realiza com os pais do paciente, na presença deste, abordando-o indireta e gentilmente, em situação lúdica semi-estruturada, possibilitando a observação de suas respostas e a futura seleção do procedimento de teste mais adequado.

f) Ter em mente que a chave do sucesso de qualquer procedimento está na observação das respostas comportamentais da criança e da atuação adequada do examinador no momento da avaliação audiológica.

g) Agir rapidamente em momentos de conflito, como no caso de haver rejeição da criança à colocação dos fones. Não transformá-los numa batalha. Temos observado que quando o relacionamento examinador-paciente estabelecido durante a testagem em campo livre é cordial, as dificuldades para a aceitação e colocação dos fones diminuem. Não devemos superestimar o momento de colocação dos fones; continuemos a brincar com a criança explicando-lhe: "Você ouviu o passarinho cantar na caixa e agora ele vai cantar só para você, dentro desta casinha ou capacete. É um segredo só seu, ninguém mais vai ouvir. Preste bastante atenção quando ele cantar!"

Outro aspecto a ser considerado quando a criança está usando os fones é o de que não se deve demorar demais na apresentação dos estímulos sonoros; é preciso mantê-la ocupada, para que não se dê conta de qualquer desconforto que os fones poderão ocasionar.

h) Trabalhar de modo rápido, mas com cuidado, a fim de impedir respostas falsas e pesquisar as informações mais importantes em primeiro lugar, são princípios que devem ser obedecidos. Algumas crianças pequenas não conseguem permanecer concentradas por muito tempo na mesma atividade; por esta razão o exame não deve ser feito de forma muito lenta. É importante que o auxiliar ou assistente do examinador mantenha a criança ocupada, entretida na atividade proposta e atenta ao estímulo sonoro.

É imprescindível que o examinador domine o funcionamento do equipamento de exame e a situação de teste, pois sua atenção deverá estar sempre voltada para as respostas da criança e não para a manipulação do equipamento.

Se a criança parece ser do tipo que se cansa rapidamente, mesmo quando o examinador trabalha depressa, é aconselhável pesquisar-se em primeiro lugar o limiar de recepção de fala e, em seguida, determinar os limiares para as freqüências médias (500, 1000 e 2000Hz). Nestes casos, é também aconselhável variar a atividade, selecionando um novo brinquedo e chamando a atenção da criança para o estímulo sonoro.

i) Crianças portadoras de perda auditiva acentuada apresentam maior dificuldade para estabelecer a relação entre o som e o brinquedo, pois sua experiência com o mundo sonoro é limitada ou inexistente. Neste caso, as instruções devem ser feitas através de gestos ou mímicas, sendo o teste iniciado com a utilização de estímulo sonoro que seja audível pela criança. Aconselhamos o uso de um estímulo intenso em 500Hz, já que mesmo crianças com perdas auditivas profundas costumam ter resíduos auditivos nesta freqüência.

Outro procedimento sugerido por Thorne (1962) é a associação do estímulo sonoro apresentado em campo livre com a apresentação deste estímulo através do vibrador ósseo colocado na mão da criança, estabelecendo a relação entre as sensações auditiva e tátil (Figura VI-1).

Lowell *et al.* (1956) sugeriram a associação entre o estímulo auditivo e o visual, com o uso de um tambor. Nesta situação a criança vê a batida do tambor, ouve o som gerado por ele e lhe é ensinado que cada vez que "vir e ouvir", deve realizar determinada atividade como, por exemplo, encaixar um pino em uma prancha de madeira. À medida que a criança faz a associação, o apoio visual é retirado, mantendo-se somente o estímulo auditivo. Neste momento é possível a substituição do tambor por ruído e tom puro gerado pelo audiômetro em campo livre, iniciando-se a testagem com o ruído de banda estreita centralizado na freqüência de 250Hz, seguido de tons puros de 250Hz, 500Hz, 1000Hz, 2000Hz, 4000Hz e 8000Hz, se possível.

Crianças com menos de três anos de idade apresentam maior dificuldade para se submeter à audiometria condicionada, mas isto não significa que não seja possível a sua aplicação nesta faixa etária. Algumas crianças de dois anos de idade atuam muito bem, às vezes melhor do que uma de três, quatro ou cinco anos. Quando uma criança mais velha não responde bem ao exame, isto pode ser sugestivo da presença de outros problemas associados à perda auditiva.

O relato minucioso e detalhado da atuação da criança durante a sessão ou sessões de avaliação audiológica pode ser de grande auxílio no diagnóstico diferencial das diversas patologias que podem determinar o retardo na aquisição da linguagem. A observação da criança antes e durante a testagem, o registro de suas reações e de seu nível de desenvolvimento mental, social, motor e de linguagem são muito importantes.

Myklebust (1954) apresentou uma descrição do comportamento auditivo presente em quatro quadros de patologias que têm em comum o atraso no desenvolvimento da linguagem. No capítulo IX apresentaremos um resumo deste trabalho, que muito pode auxiliar no atendimento da criança, servindo como guia para se efetuar o relatório, pois aborda diversos aspectos comportamentais que devem ser observados durante o processo de avaliação audiológica.

1. Técnicas de avaliação da audição em crianças de 2 a 6 anos de idade

Algumas considerações devem ser feitas antes de discutirmos as técnicas propriamente ditas. Diversos aspectos já foram relatados neste capítulo, todos relacionados à criança, ao examinador e aos cuidados e às formas de se trabalhar com a criança. Neste momento, falta descrevermos como deve ser o material de trabalho e a sala de exame.

O material de trabalho a ser utilizado com crianças nesta faixa de idade deve ser resistente, colorido, simples e atraente para a criança. Jogos de encaixe, pinos coloridos, blocos de madeira para empilhar, brinquedos que representem objetos ou animais, tais como: avião, carros, bolo, cavalo, cachorro e que façam parte do vocabulário da criança. Nas figuras VI-2 e VI-3 podem ser vistos alguns brinquedos usados durante as testagens com crianças.

A sala de teste deve ser tratada acusticamente, espaçosa, clara, sem estímulos supérfluos, como quadros e gravuras, com uma janela que permita a observação do paciente, preferencialmente um espelho-espião. Os brinquedos devem ficar fora do alcance visual da criança e devem ser apresentados um a um. Depois de usados, cada brinquedo deve ser guardado, pois é fundamental que se mantenha a atenção da criança no jogo que foi proposto.

Figura VI - 1
Associação do estímulo tátil com o estímulo auditivo

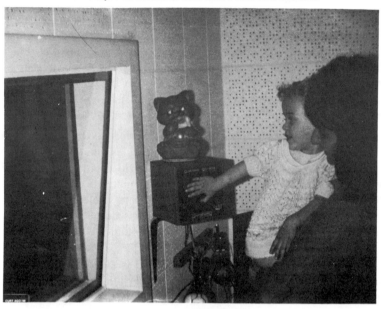

Figura VI - 2
Alguns brinquedos de encaixe que são usados na audiometria lúdica

Figura VI - 3
Sugestões de brinquedos para a audiometria lúdica

Audiometria lúdica — Segundo Hodgson (1985), entende-se por audiometria lúdica "qualquer teste em que se ensina a criança a apresentar uma resposta lúdica a um estímulo". Este tipo de audiometria foi introduzido por diversos autores, entre eles, Guilder (1935), Bloomer (1942), Ewing e Ewing (1944) e Dix e Hallpike (1947). Estes métodos têm a vantagem de atrair a atenção das crianças de forma mais efetiva, com pequeno custo e permitem a avaliação da audição de forma unilateral.

1. Técnica do peep-show

O primeiro método foi elaborado por Dix e Hallpike (1947) e baseava-se no princípio do condicionamento de Pavlov, segundo o qual se um estímulo neutro for pareado um certo número de vezes a um estímulo eliciador ou ativo, este estímulo, inicialmente neutro, irá evocar a mesma espécie de resposta (Keller, 1970). Dix e Hallpike (1947) associaram estímulos visuais e auditivos a fim de obter a resposta desejada do seguinte modo:

- estímulo neutro — luz
- estímulo elicitador ou ativo — som
- reforço — brinquedo que aparecia na janela de uma casinha

O reforço foi posteriormente substituído por brinquedos elétricos, tais como: autorama, ferrorama, bonecos animados, projetor de *slides* ou filmes, todos sob o controle do examinador que, por meio de um dispositivo, libera ou não a passagem da corrente elétrica (Figuras VI-4 e VI-5).

Nesta técnica, a criança é ensinada a pressionar um botão, a fim de movimentar um brinquedo toda vez que o som e a luz forem apresentados. O examinador controla a apresentação dos estímulos visual e acústico e do reforço, através da liberação da corrente elétrica que faz movimentar o brinquedo. No momento em que a associação som x luz x brinquedo for estabelecida pela criança, elimina-se o estímulo neutro (luz), mantendo-se somente o estímulo sonoro. Em seguida, pesquisa-se o nível mínimo de resposta auditiva em campo livre e/ou com fones para as principais freqüências (500, 1000, 2000 e 4000Hz) e para estímulos de fala: pá-pá-pá e os cinco sons de Ling & Ling (1978)- /aaa/, /iii/, /uuu/, /ʃ/ e /sss/.

Figura VI-4
Autorama usado como reforço na audiometria baseada na técnica do *peep-show*

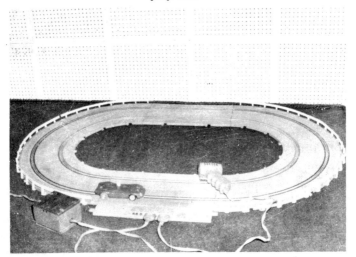

(Lasmar, 1972)

Figura VI-5
Criança realizando a audiometria do *peep-show* com autorama

O equipamento necessário para o teste, conforme a Figura VI-6, é o seguinte:
- gerador de som, ruído e fala
- brinquedo elétrico
- fonte de luz
- controle do estímulo visual
- controle da energia elétrica

Em nossa experiência temos observado que esta técnica apresenta bons resultados, especialmente com crianças portadoras de deficiência auditiva severa, ou mesmo com deficientes mentais. Para crianças com audição normal, com perda auditiva leve a moderada ou com problemas de comunicação, esta técnica de condicionamento mostra-se muito eficaz, mesmo sem a utilização do estímulo neutro.

Em geral, ao utilizarmos o autorama como atividade-reforço para crianças com outros problemas que não a deficiência auditiva, temos apresentado o brinquedo inserido em uma situação real. Por exemplo: "Você agora é o motorista do carro, mas você só pode fazer o carro

Figura VI-6
Criança com síndrome de Down, fazendo audiometria lúdica com encaixe

andar quando ouvir o guarda apitar. Para você fazer o carro andar, aperte este botão (o do acelerador do autorama). Vamos ver se você já pode obter a carteira de bom motorista". Iniciamos o condicionamento em campo livre tão logo a criança estabeleça a relação entre o som e a atividade, passamos à colocação dos fones, que pode ser feita da seguinte maneira: "O guarda me disse que você está indo muito bem; por isso ele vai emprestar o capacete dele, para saber se você consegue ouvir o apito, mesmo quando ele está bem longe de você. Preste atenção". O resultado desta pequena estória tem sido muito bom, pois a criança procura fazer o melhor que pode para agradar o guarda e receber sua carteira de motorista (o resultado do exame audiométrico).

2. Brinquedos de encaixe

Sendo a audiometria lúdica uma técnica que visa manter a criança atenta e motivada a responder ao estímulo sonoro, o uso de brinquedos de encaixe pode facilitar esta tarefa. Os brinquedos devem ser coloridos, resistentes, preferencialmente de madeira, constituídos de muitas peças e despertar o interesse da criança. Aconselha-se o uso de brinquedos de encaixe, de pinos ou blocos coloridos (Figura VI-2). Havendo muitas peças, a criança permanece mais tempo realizando a tarefa, sem a necessidade de mudarmos a atividade para concluir o exame (Lasmar, 1972).

Temos observado que a criança "brinca" melhor durante o exame se a atividade proposta estiver inserida em uma estória ou pequena dramatização. Podemos brincar de:

a) "construir uma casa", onde sugerimos à criança colocar um bloco sobre o outro até construir uma casa (Figura VI-2);

b) "dar comida ao passarinho", onde sugerimos à criança que quando ouvir o passarinho cantar (tom modulado ou *warble tone*) é porque ele está pedindo comida. A criança, então, deve colocar um pino de madeira em um pequeno recipiente (bacia plástica). Explicamos que quando o passarinho vai ficando com a "barriga" cheia, passa a cantar mais fraco mas, apesar disto, ainda precisa ser alimentado (Figura VI-2);

c) "pula-pirata", onde um "pirata" é colocado dentro de uma barrica, onde são espetadas pequenas espadas, até que uma delas faça com que o pirata pule para fora (Figura VI-3).

Quando a atividade é apresentada desta forma, percebemos que a criança mantém sua atenção por mais tempo, pois é motivada a continuar brincando.

No mercado de brinquedos existem muitos jogos e atividades que podem ser aproveitados para realizar o exame da criança. A seleção dos brinquedos deve se basear em critérios, tais como: simplicidade, interesse, facilidade de manipulação, resistência, adequação à idade e ao desenvolvimento da criança.

3. *Brincar de artista*

Muitas vezes a criança não se interessa pelo brinquedo ou pelo jogo proposto por se considerar crescida para estas "bobagens" ou por ter sido avaliada várias vezes desta forma. Podemos então "brincar de artista", "brincar de piloto de avião", "brincar de qual é a música?". Nestas atividades, sugerimos à criança que, tal como na televisão, no rádio ou no avião, ela ouvirá uma informação (apito) no capacete e deverá informar ao comando, através do microfone, se a ouviu ou não, pois assim novas informações poderão ser passadas pelo comando.

Este tipo de jogo mostra-se muito eficiente quando a criança é falante, sociável e extrovertida. Com crianças tímidas, inibidas ou introvertidas é preferível tentar uma outra técnica.

4. TROCA - Audiometria de Condicionamento Operante com Reforço Real (Tangible Reinforcement Operant Conditioned Audiometry)

Esta técnica foi elaborada por Lloyd *et al.* (1968), baseados na teoria do condicionamento operante. Refere-se a um sistema onde um reforço real (doce, bala, comida, cereal) é dado à criança toda vez que apresente uma resposta específica ao estímulo acústico. Quando não há resposta o reforço é suprimido.

A criança é treinada a apertar o botão de uma caixa contendo comida, quando ouve o som. Alguns autores apresentam o reforço real toda vez que a criança responde; outros só o apresentam em momentos específicos e pré-fixados (Bricker & Bricker, 1969).

Esta técnica fornece bons resultados quando aplicada em crianças de 9 a 25 meses (Fulton, 1975), crianças deficientes mentais e crianças difíceis de testar em todas as idades. Segundo Hodgson (1985), "a audiometria por condicionamento operante só é útil se obtiver respostas mais rápidas, mais precisas e economicamente mais baratas. Todas as precauções necessárias devem ser tomadas para se realizar uma audiometria confiável".

5. Mascaramento

Muitas vezes é necessário introduzir o ruído mascarante no ouvido melhor para permitir a avaliação do ouvido pior. Neste caso, o ruído deve ser apresentado nos mesmos níveis e com a mesma técnica de efetividade que é usada com adultos. Temos utilizado a técnica de Hood para obtenção dos limiares para a via aérea e para a via óssea, com resultados consistentes.

A forma de apresentação do ruído depende da idade da criança e de seu desempenho durante a avaliação. Se a criança está brincando com o autorama, costumamos dizer: "Você agora vai ouvir o guarda apitar na chuva; vamos ver se você vai escutar o seu apito". Se a atividade é "dar comida para o passarinho" dizemos: "Agora você vai ouvir o passarinho cantar na chuva; não ligue para ela. Continue a dar comida toda vez que ele cantar".

Com crianças maiores utilizamos a mesma forma empregada com adultos, produzindo resultados consistentes sobre os limiares auditivos de cada ouvido.

2. A triagem audiométrica na criança de 2 a 6 anos de idade

Segundo Northern & Downs (1984), triagem é "o processo de aplicar em um grande número de indivíduos certas medidas rápidas e simples que identificarão aqueles indivíduos com alta probabilidade de alterações de uma função testada". Um programa de triagem ou de identificação não pode ser entendido ou pretender ser um instrumento de diagnóstico. A aplicação de um programa de identificação tem por finalidade detectar os indivíduos de que se desconfia serem portadores de determinado problema. Neste caso, busca-se a identificação de indivíduos portadores de problemas auditivos a fim de que possam ser encaminhados para avaliação audiológica completa e tratamento.

Nos Estados Unidos, os procedimentos de triagem audiométrica em escolas são realizados desde 1927 e necessitam de algumas condições para que possam ser aplicados:

a) O objeto da pesquisa (doença, distúrbio) deve ser razoavelmente freqüente ou, quando raro, trazer sérias conseqüências, se não detectado.

b) Deve-se poder oferecer algum tipo de tratamento para o portador do quadro detectado, com perspectiva de resolução ou melhora do problema.

c) O diagnóstico e tratamento deve ser acessível ao portador da patologia detectada, estando o centro médico reabilitativo próximo do indivíduo, além de ser economicamente viável para este.

d) O custo da aplicação do programa não seja elevado. Se o programa necessitar de equipamentos dispendiosos e de profissionais altamente especializados, inviabilizará a premissa básica da triagem, ou seja, eficiência x baixo custo operacional.

e) O procedimento de triagem deve ser eficiente, permitindo a identificação consistente do indivíduo portador do problema, separando-o do não-portador.

f) É necessário que o método selecionado ou considerado como mais adequado seja aceito no meio profissional e legal, para a instituição de programas públicos de educação e orientação. Somente através da ampla conscientização da população é que um programa de identificação pode ser bem-sucedido.

Diversos programas de triagem vêm sendo propostos por Downs e Sterritt (1964), Downs e Hemenway (1969), Mencher (1974), Goldstein e Tait (1971) e Ling e Ling (1978), visando detectar perdas auditivas em bebês. Para crianças em idade pré-escolar, os procedimentos elaborados têm como principal objetivo a detecção da otite média, já que tal doença pode levar a lesões permanentes do ouvido médio e conseqüente deficiência auditiva. Além da detecção das patologias de ouvido médio, a triagem auditiva nesta faixa etária visa detectar perdas auditivas neuro-sensoriais.

Segundo Melnick *et al.* (1964) a triagem auditiva destas crianças deve incluir as medidas da imitância acústica além da apresentação do tom puro. Em seu método, a criança deve ser condicionada a realizar uma atividade lúdica toda vez que ouvir o tom puro apresentado na freqüência de 1000 Hz a 50 dB NA, duas a três vezes, o suficiente para que ela entenda a atividade proposta. Em seguida, o tom é apresentado a 25 dB NA, nas freqüências de 1000, 2000 e 4000 Hz, sempre com reforço ao bom desempenho da criança.

No Brasil, em estudo realizado na cidade de Assis (SP), Lima (1987) pesquisou a audição de 208 escolares, em função do nível sócio-econômico das crianças submetidas à otoscopia e triagem audiométrica. Como o exame era realizado no ambiente escolar e havia o risco de interferência do ruído ambiental, a autora examinou a audição destas crianças dentro de um veículo estacionado nas escolas em local adequado. A medida do nível de ruído foi previamente realizada revelando-se em torno de 30 dB NPS.

Os escolares estudados tiveram sua audição avaliada para as freqüências de 1000, 2000 e 4000 Hz, em intensidades de 20, 20 e 25 dB NA, respectivamente. A autora constatou que as crianças de nível sócio-econômico mais baixo apresentaram um número maior de falhas (9,02%), enquanto as crianças de nível sócio-econômico mais alto mostraram apenas 5,3%.

Diversos estudos realizados no exterior têm evidenciado uma estreita relação entre problemas de linguagem e/ou escolaridade e perdas auditivas causadas por patologias de ouvido médio, principalmente quando seus episódios ocorrem nos dois primeiros anos de vida. Kaplan *et al.* (1973) estudaram um grupo de 489 crianças esquimós, acompanhando o seu desenvolvimento desde o nascimento até os 7 anos e 10 meses de idade. De 76% com história de otite média, 78% haviam tido o seu primeiro episódio antes do segundo aniversário e 22% após os dois anos. Todas as crianças foram avaliadas pela escala Wisc (Wechsler Intelligence Scale for Children) pelo teste Bender-Gestalt e pelo teste "Desenho da figura humana".

As crianças que apresentaram problemas de ouvido médio antes dos dois anos de idade com limiares auditivos iguais ou superiores a 26 dB mostraram alteração significante de sua habilidade verbal e se mostraram atrasadas no seu desenvolvimento escolar e verbal.

Teele *et al.* (1980) estudaram 218 crianças de 3 anos de idade de meios sociais diferentes, com história de desenvolvimento normal em relação à duração da secreção no ouvido médio. Submetidas a testes padronizados de linguagem e fala, os autores observaram que as crianças de nível sócio-econômico mais alto e com menor duração do período de secreção no ouvido médio (menos que 30 dias), apresentaram desempenho significativamente melhor que as crianças de mesmo nível que tiveram secreção no ouvido médio por um período superior a 130 dias. Constataram, também, que no nível sócio-econômico mais baixo esta diferença quase não existia (Quadro VI-1).

Quadro VI-1

Efeitos da duração da secreção no ouvido médio sobre o desenvolvimento da fala e da linguagem

Teste*	Grupo I**		Grupo II	
	> 130 dias	até 30 dias	> 130 dias	até 30 dias
PPVT	103	113	92	94
PSLS-AC	121	135	116	115
PSLS-VA	113	130	115	112

(Teele et al., 1980)

* PPVT — Peabody Picture Test
 PSLS-AC — Preschool Language Scale Auditory Comprehension
 PSLS-VA — Preschool Language Scale Verbal Ability

** Grupo I — nível sócio-econômico melhor

A preocupação em reduzir os efeitos que um problema persistente de ouvido médio causa tem levado pesquisadores estrangeiros a desenvolver programas de trabalho junto às famílias e às clínicas que atendem crianças, principalmente aquelas abaixo de 4 anos de idade, a exemplo do da Academia Americana de Pediatria que se segue:

Programa de recomendação aos pediatras, desenvolvido em 1984 pela Academia Americana de Pediatria através do *Commitee on Early Childhood Adoption and Development Care*:

ACADEMIA AMERICANA DE PEDIATRIA

DOENÇAS DE OUVIDO MÉDIO E DESENVOLVIMENTO DE LINGUAGEM

Existe uma evidência crescente demonstrando a correlação entre doenças de ouvido médio com perdas de audição e retardos no desenvolvimento da fala, linguagem e habilidades cognitivas. Os pais ou qualquer outra pessoa que cuide de crianças podem ser os primeiros a detectar os sintomas iniciais, tais como irritabilidade, diminuição de respostas e distúrbios de sono. Doenças de ouvido médio podem ser tão sutis que uma completa avaliação desta condição deve combinar otoscopia pneumática e possivelmente timpanometria com um exame direto da membrana timpânica. Este parecer não tem intenção de ser uma recomendação para um método específico de tratamento. *Quando a criança tem, freqüentemente, otite média aguda e/ou secreção de ouvido médio persistente por mais de 3 meses, a audição deverá ser avaliada e o desenvolvimento de habilidades de comunicação deve ser acompanhado.*

O comitê sente que é importante o médico informar aos pais que a criança com uma doença de ouvido médio pode não ouvir normalmente. Embora a criança possa se isolar socialmente e diminuir a sua experiência em comunicação verbal, os pais devem ser encorajados a continuar a comunicação pelo toque e buscando o contato visual com a criança, usando voz alta e clara quando conversando com ela. Tais medidas, junto com a pronta restauração da audição, tão rápido quanto possível, poderão ajudar a diminuir a probabilidade que a criança com uma doença de ouvido médio terá de desenvolver um distúrbio de comunicação. Doenças de ouvido médio podem ocorrer na presença de uma perda neuro-sensorial de audição. Qualquer criança cujos pais expressem preocupação sobre se a criança escuta deverá ser encaminhada para audiometria comportamental sem demora.

Committee on Early Childhood, Adoption and Development Care

Referências:
Hanson, D.G.; Ulvestad R.F. (eds.). "Otitis media and child development, speech, language and education". *Ann. Otol. Rinol. Laryngol.* 1979:88 (suppl 60): nº 5, part 2.
Bluestone, C.D.; Klein, Jo; Paradise, J.L. *et al.* Workshop on effects of otitis media on the child. *Pediatrics* 71:4, 639-52, 1983.

Data de aprovação pelo Conselho Executivo: Julho de 1984.
Referência: Acad. Ped., *News and Comment* 35:9,9, 1984.

Esta mesma preocupação levou Matkin (1980) a apresentar um roteiro de sugestões para pais de crianças com problemas de ouvido médio, a fim de reduzir ou minimizar suas conseqüências sobre o desenvolvimento de fala e linguagem da criança. Este roteiro apresentaremos a seguir:

SUGESTÕES PARA PAIS DE CRIANÇAS COM PROBLEMAS DE OUVIDO MÉDIO

A IMPORTÂNCIA DE FALAR

Falar com a criança é necessário para que seu desenvolvimento de linguagem ocorra. Uma vez que crianças normalmente imitam o que escutam, o quanto você fala com seu filho, o que você diz e como, irão afetar o quanto e quão bem ele falará.

OLHE

Olhe diretamente para a face do seu filho e espere até que você tenha a atenção dele, antes de começar a falar.

CONTROLE A DISTÂNCIA

Esteja certo de que você está próximo da criança quando falar (não mais do que 5 pés). Quanto menor a criança, mais importante a proximidade.

ALTURA

Fale ligeiramente mais alto do que normalmente o faz. Desligue o rádio, a TV etc. para remover os ruídos ambientais de fundo.

SEJA UM BOM MODELO DE FALA

- Descreva para a criança como as atividades diárias acontecem.
- Aumente o que seu filho diz. Por exemplo, se seu filho aponta e diz "carro", você diz "Oh, você quer o carro".
- Adicione nova informação. Você pode acrescentar. "Aquele carro é pequeno".
- Estruture o vocabulário. Faça do ensino de novas palavras e conceitos uma parte natural das atividades de todo dia. Use novas palavras enquanto faz compras, lava louça, passeia etc.
- Repita as palavras da criança usando pronúncia de adulto.

> **BRINQUE E FALE**
>
> Reserve algum tempo a cada dia, para que você e seu filho tenham a "hora de brincar". Brincar pode ser ver livros, explorar brinquedos, cantar músicas, colorir etc. Fale com o seu filho durante essas atividades, mantendo a conversação no nível da criança.

> **LEIA**
>
> Comece lendo para o seu filho desde muito cedo (abaixo dos 12 meses). Informe-se sobre livros que são adequados à idade de seu filho. A leitura pode ser uma atividade relaxante que promove intimidade entre você e seu filho. A leitura fornece uma outra oportunidade de ensinar e rever palavras e idéias. Algumas crianças se divertem em olhar figuras em revistas e catálogos.

> **NÃO ESPERE**
>
> Seu filho deverá apresentar as seguintes habilidades de acordo com sua idade:
> 18 meses: vocabulário de 3 palavras.
> 2 anos: vocabulário de 25-30 palavras com várias sentenças de 2 palavras.
> 2 1/2 anos: finalmente o vocabulário com 50 palavras e sentenças de 2 palavras consistentemente.
> SE SEU FILHO NÃO APRESENTAR ESSAS HABILIDADES, CONSULTE SEU MÉDICO. Uma consulta a um fonoaudiólogo deverá ser indicada. Testes de audição e de linguagem devem ser realizados para melhor compreensão do desenvolvimento de linguagem.

Adaptado de *Suggestions for Parents...*, Noel Matkin, Ph.D., Professor of Audiology, University of Arizona, 1980.

Screening Children for Communication Disorders
Um projeto de Robert Wood Johnson Foundation and University of Colorado Health Sciences Center.
4200 East Ninth Avenue * Container B-210 * Denver, Colorado 80262.

A mudança do foco de atenção, que há pouco tempo concentrava-se na deficiência auditiva neuro-sensorial, para os problemas condutivos, revela uma preocupação quanto aos efeitos nocivos que as afecções de ouvido médio podem causar, principalmente em crianças pré-escolares e escolares. É, portanto, nosso papel e nossa responsabilidade alertar todos os profissionais envolvidos com crianças sobre as conseqüências de uma otite média recorrente para a vida emocional, social e educacional de uma criança. No capítulo VIII voltaremos a abordar este assunto, uma vez que a triagem imitanciométrica deve estar associada à audiométrica para garantir a identificação precoce das alterações de ouvido médio em crianças.

Bibliografia

BRICKER, D. & BRICKER, W. A programmed approach to operant audiometry for low functioning children. J. *Speech Hear. Disord.*, 34: 312-320, 1969.

DIX, M. & HALLPIKE, C. The peep show: a new techique for pure tone audiometry in young children. *Br. Med. Journal*, 2:719, 1947.

DOWNS, M.P. & STERRITT, G. M. Identification audiometry for neonates: A preliminary report. *J. Aud. Res.*, 4:69, 1964.

DOWNS, M. P. & HEMENWAY, W. G. Report on the hearing screening of 17 000 neonates. *Int. Audiol.*, 8:72, 1969.

EWING, I. & EWING, A. The ascertnaiment of deafness in infancy and early childhood. *J. Laryngol.*, 59:309, 1944.

FULTON, R., GORZUCKI, P. & HULL, W. Hearing assessment with young children. *J. Speech Hear. Disord.*, 40:397, 1975.

GOLDSTEIN, R. & TAIT, C. Critique of neonatal hearing evaluation. *J. Speech Hear. Disord.*, 36:3, 1971.

GUILDER, R. P. & HOPKINS, L.A. Program for the testing and training of auditory function in the small deaf child during preschool years. *Volta Rev.*, 37:(5), 79, 1935.

HODGSON, W. Testing infants and young children. In: KATZ, J. *Handbook of clinical audiology.* 3ʳᵈ ed. Baltimore, The Williams and Wilkins Co., 1985.

HOOD, J. The principles and practices of bone conduction audiometry. *Laryngoscope*, 70:1211, 1960.

KAPLAN, G. K.; FLESHMAN, J. K.; BENDER, T. R. *et al.* Long-term effects of otitis media: a 10 year cohort study of Alaska eskimo children. *Pediatrics*, 52:577, 1973.

KATZ, J. *Handbook of clinical audiology.* 3ʳᵈ ed. Baltimore, The Williams and Wilkins Co., 1985.

KELLER, F.S. *Aprendizagem e teoria do reforço.* São Paulo, Heider, 1970.

LASMAR, A. Audiometria infantil (com bom humor). *Arquivo do Centro de Estudos da Clínica Professor* José Kós, 4:71-93, 1972.

LIMA, O.M.C. *Estudo da triagem auditiva em escolares no interior do Estado de São Paulo.* Aspectos relacionados à prevenção de alterações auditivas e desempenho escolar. Tese de mestrado, PUC-SP, 1987.

LING, A. & LING, D. *Aural rehabilitation.* 3ʳᵈ ed. Washington, Alexander Graham Bell Assoc., 1978.

LING, D.; LING, A.H.; DOEHRING, D.G. Stimulus response and observer variables in the auditory screening of newborn infats. *J. Speech Hear. Res.*, 13:9, 1970.

LLOYD, L; SPRADLIN; J.; REID, M. An operant audiometric procedure for difficult to test patients. *J. Speech Hear. Dis.*, 33:236, 1968.

LOWELL, E.; RUSHFORD, G.; HOVERSTEN, G.; STONER, M. Evaluation of pure tone audiometry with preschool age children. *J. Speech Hear. Disord.*, 21:292, 1956.

MELNICK, W.; EAGLES, E.L.; LEVINE, H.S. Evaluation of a recommended program of identification audiometry with school-age children. *J. Speech Hear. Disord.*, 29:3, 1964.

MYKLEBUST, H. *Auditory disorders in children.* Nova Iorque, Grüne and Stratton Inc., 1954.

NORTHERN, J. L. & DOWNS, M. *Hearing in children.* 3rd ed. Baltimore, The Williams and Wilkins Co., 1984.

SUZUKI, T. & OGIBA, Y. Conditioned orientation audiometry. *Arch. Otolaryngol.*, 74:192, 1961.

TEELE, D.W.; KLEIN, J.O.; ROSNER, B.A. Epidemiology of otitis media in children. *Arch. Otol. Rhinol. Laryngol.*, 89 (suppl. 68):5, 1980.

THORNE, B. Conditioning children for pure tone testing. *J. Speech Hear. Disord.*, 27:84, 1962.

CAPÍTULO VII
Logoaudiometria na criança

Uma das principais funções do sistema auditivo é a habilidade para detectar, receber, reconhecer e compreender a mensagem falada. Parece, portanto, natural usar a fala como estímulo quando se está testando pessoas com problemas auditivos (Hagerman, 1984).

A logoaudiometria preocupa-se em estudar diversos aspectos da função auditiva, utilizando-se de diferentes estímulos de fala. Pode ser usada de vários modos na audiometria, permitindo a diferenciação de lesões cocleares de problemas condutivos ou entre lesões cocleares e retrococleares (Jerger & Jerger, 1967); avaliando o grau de dificuldade que um paciente apresenta em virtude do seu problema, com ou sem o aparelho de amplificação sonora.

Entretanto, deve ser sempre lembrado que o valor de um teste logoaudiométrico isolado não é absoluto, mas relativo, pois existem materiais de fala, falantes e modos diferentes de se medir a inteligibilidade da fala (Sjögren, 1973). Desta forma, cada material registrado é único e constitui sua própria referência.

Segundo Carhart (1951), a logoaudiometria é uma técnica na qual amostras padronizadas de linguagem oral são apresentadas através de um sistema calibrado para medir algum aspecto da capacidade auditiva, estabelecendo-se uma porcentagem de palavras entendidas corretamente em função da intensidade, para que sejam medidas e expressas em dB NA relativos. Ela provê uma medida direta e global da audição para a fala, propiciando um conjunto de informações importantes.

Se no adulto a medida da acuidade auditiva para a palavra falada se reveste de grande importância, por avaliar a mais destacada função da audição, isto é, o desenvolvimento e o uso da comunicação verbal, imagine-se na criança em fase de aquisição deste processo tão complexo.

É por intermédio dos sons da fala que a comunicação verbal é expressada e tais sons são os mais próximos e de maior significado para a criança. Sendo assim, devem constituir o estímulo acústico de maior relevância para uma completa avaliação audiológica.

A logoaudiometria na criança visa confirmar os resultados obtidos na audiometria tonal, fornecendo medidas diretas da audição para a fala. Além disso, mede o nível de intensidade mais confortável, que permite à criança entender os sons de fala, associá-los com pessoas, objetos, idéias, figuras e repeti-los corretamente.

Por meio dos testes logoaudiométricos é possível verificar o grau de clareza com que uma criança ouve a fala, o uso que faz de sua audição para responder e compreender os estímulos de fala que recebe do ambiente em que vive. É através da audição que a criança percebe o padrão de entonação usado por sua mãe e seu estado emocional ao falar, demonstrando estar alegre ou irritada, bem disposta ou fatigada, levando-a a perceber a intenção do falante e, conseqüentemente, como deve agir, fator decisivo em seu processo educacional.

Em março de 1988, a *American Speech-Hearing-Language Association* (ASHA) publicou um roteiro para a determinação dos limiares logoaudiométricos, alterando o nome do antigo limiar de discriminação vocal para reconhecimento de fala (SR — *Speech Recognition*). Entretanto, somente em 1991 tivemos conhecimento do fato, através da aprovação desta nomenclatura pela *American Academy of Audiology (AAA)* da qual fazemos parte. Deste modo, passaremos a adotar a nova nomenclatura, denominando-o de Índice de Reconhecimento de Fala (IRF), recomendando que o novo nome seja efetivamente utilizado, uma vez que concordamos com o fato de que o uso do termo discriminação não estava aplicado corretamente ao teste onde se pede ao paciente que repita uma só palavra, ou seja, reconheça-a. A discriminação auditiva pressupõe a existência de dois ou mais estímulos sonoros a fim de que se possa verificar no que eles diferem ou se assemelham. O termo discriminação, todavia, pode ser mantido para o teste igual/diferente, a ser abordado no decorrer deste capítulo.

De acordo com a faixa etária e o estágio de desenvolvimento de linguagem em que a criança se encontra, podem ser pesquisados os seguintes limiares logoaudiométricos: *limiar de detectabilidade de fala (SDT)* e *limiar de recepção de fala (SRT)* além do *Índice de Reconhecimento de Fala (IRF).*

Os limiares de detectabilidade e de recepção de fala são considerados fundamentais no processo de avaliação auditiva da criança (Katz, 1985). Em alguns casos, tais limiares podem ser obtidos quando não foi possível determinar os limiares da criança para tons puros. Se as limitações de linguagem verbal impedem a pesquisa do SRT, o SDT pode ser realizado através da utilização de procedimento similar àquele usado na audiometria tonal lúdica. Nesse caso, a criança pode ser condicionada a executar uma tarefa lúdica, como, por exemplo, encaixar um pino de madeira, colocar um bloco na torre, cada vez que ouvir o sinal de fala, geralmente após a repetição das sílabas "pá-pá-pá" ou "bá-bá-bá" pelo examinador. O uso da emissão dos cinco sons propostos por Ling e Ling (1978), ou seja, /a/i/u/s/∫/ é um método simples e útil, pois permite avaliar de modo grosseiro a percepção auditiva da criança para tais sons em função da freqüência fundamental e intensidade média de cada um deles (Ling e Ling, 1978) (Quadro VII-1).

Quadro VII-1

Relação dos cinco sons de Ling com o espectro de freqüência e respectivas intensidades mínimas em dB NA a 1,5 m de distância

Fonema	Hz Fundamental	dB NA
a	1 000	40
i	3 000	40
u	275	55
∫	2 500	50
s	6 000	22

Em recente trabalho realizado por Russo e Behlau (1993), os valores acústicos médios de freqüência e intensidade dos sons do português brasileiro falado em São Paulo, foram dispostos no registro gráfico do audiograma (Figura VII-1). O espectro dos sons da fala dispostos no audiograma provê informação visual aproximada de como podemos percebê-los auditivamente, mostrando as regiões de freqüência e intensidade da zona de maior concentração de energia, isto é, *formantes* dos fonemas isolados. Neste gráfico, as autoras optaram pela colocação do primeiro formante para as vogais orais e a freqüência média da zona de maior intensidade ou setas indicativas da faixa de freqüência de maior intensidade para as várias consoantes do português brasileiro.

As vogais são mais intensas do que as consoantes, concentrando-se as primeiras na faixa de freqüências baixas (400-500 Hz) ao contrário das consoantes, cuja distribuição de energia alcança freqüências superiores a 2000 Hz, sendo cerca de 20 a 35 dB mais fracas em intensidade do que as primeiras. Entretanto, a inteligibilidade da mensagem falada depende muito pouco (5%) da contribuição das vogais, sendo mais dependente das consoantes, que contribuem com 60% (Fletcher, 1953).

Naturalmente, a percepção da fala e sua compreensão são facilitadas pela *redundância* da mensagem, isto é, uma quantidade de pistas acústicas, das quais um ouvinte vai se valer de acordo com o contexto da comunicação. Se, para um adulto portador de uma perda auditiva leve em freqüências altas, a não detecção de alguns fonemas isolados não necessariamente compromete a compreensão da mensagem falada, o mesmo não ocorre com uma criança em fase de aquisição e desenvolvimento de linguagem, que poderá apresentar dificuldades perceptuais que poderão implicar em problemas de emissão oral, tais como: trocas, distorções ou omissões de fonemas.

Figura VII-1
Valores acústicos médios de freqüência e intensidade dos sons da fala do português brasileiro, dispostos no registro gráfico do audiograma

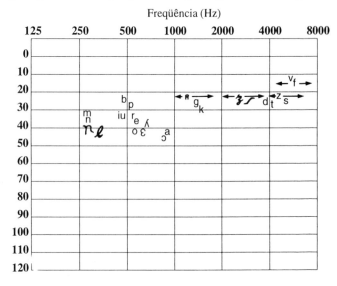

(Russo e Behlau, 1993)

Segundo Skinner (1978), crianças com perda auditiva leve podem apresentar as seguintes dificuldades no que diz respeito ao aprendizado da linguagem:

a) Perda da constância na captação de pistas auditivas à medida que a informação acústica flutua.

b) Confusão dos parâmetros acústicos na fala rápida, à medida que os falantes apresentam diferentes padrões acústicos em função da idade, sexo e personalidade.

c) Confusão na segmentação e na prosódia. Tais aspectos variam muito em função da acentuação, entonação e duração de determinados fonemas.

d) São mais afetadas pelo mascaramento exercido pelo ruído ambiental, o qual interfere na captação do estímulo acústico da fala.

e) Perda precoce da habilidade para perceber os traços distintivos dos sons da fala.

f) Perda precoce da percepção dos significados em função do contexto lingüístico global. Muitas vezes a compreensão de uma mensagem acontece porque o ouvinte normal é capaz de "descobrir" uma ou outra palavra que não percebeu claramente. Se não consegue fazê-lo, a compreensão das palavras fica muito prejudicada.

g) Abstração falha das regras gramaticais, já que não conseguem ouvir pequenas palavras que, em geral, são menos intensas.

Ao se aplicar a logoaudiometria na criança devem ser observados alguns fatores relativos tanto ao material quanto à sua forma de apresentação, ou seja:

• os vocábulos deverão ser de igual dificuldade, além de altamente inteligíveis;

• os vocábulos deverão fazer parte do contexto semântico da criança;

• quanto mais nova for a criança, mais concretas deverão ser as idéias utilizadas no material de fala;

• se a criança não fala, é muito inibida ou apresenta problemas de comunicação oral, os vocábulos podem ser apresentados em forma de figuras ou objetos que os representem;

• quando usar figuras ou objetos, apresentar de quatro a seis de cada vez, para não confundir a criança;

• as figuras, objetos ou vocábulos não devem ser parecidos no aspecto acústico, pois o objetivo não é avaliar a discriminação dos traços distintivos dos fonemas;

• não se deve dar pistas visuais que auxiliem a criança a identificar as figuras, objetos ou palavras;

• os testes logoaudiométricos podem ser feitos tanto com o uso de fones, caso a criança o permita, quanto em campo livre, com o uso de alto-falantes.

A logoaudiometria na criança, a exemplo do que ocorre na audiometria tonal lúdica, pressupõe a utilização do reforço, o qual pode ser o mesmo do condicionamento anterior, ou seja, autorama, encaixe, reforço visual e, principalmente, reforço social.

A pré-seleção da competência de vocabulário da criança é outro fator decisivo, principalmente na pesquisa do SRT, onde lhe são apresentados objetos ou figuras e solicitamos que ela os aponte à medida que vamos diminuindo a intensidade de nossa voz. Antes de iniciar o exame, é conveniente perguntar se a criança conhece o objeto e que nome atribui a ele, a fim de usá-lo para avaliar adequadamente sua recepção de fala. Segundo Olsen e Matkin (1984), o reforço e o uso de vocabulário conhecido são fatores que afetam a validade das medidas logoaudiométricas na população infantil.

É indispensável manter o interesse da criança pelo estímulo acústico durante todo o processo de avaliação audiológica. Além disso, segundo Jerger & Jerger (1983), é importante levar em consideração o efeito da cognição na *performance* da criança, havendo necessidade de se controlar a influência da habilidade receptiva para a linguagem em sua atuação durante a realização do teste.

Apesar de não existirem técnicas padronizadas para serem utilizadas com crianças no teste de reconhecimento de fala, Erber (1980) desenvolveu um teste auditivo simples para determinar se a criança é capaz de perceber todo o espectro dos sons de fala ou somente os padrões acústicos grosseiros temporais destes. O teste foi denominado ANT — Auditory Numbers Test ou Teste dos Números Auditivos e consta do seguinte procedimento:

a) A criança precisa saber contar de um a cinco e ser capaz de aplicar estes numerais a cartões, cada um deles contendo conjuntos de objetos variáveis de um a cinco;

b) Os cartões são codificados segundo a cor e a criança deverá apontar aquele cujo número de objetos corresponder ao número pedido pelo examinador;

c) O teste é apresentado a viva voz.

O ANT é recomendado para crianças pequenas (4 anos) portadoras de perdas auditivas severas a profundas, a fim de avaliar rapidamente sua percepção da fala, além de auxiliar no planejamento do processo de reabilitação auditiva destas.

Finitzo-Hieber *et al.* (1980) descreveram o teste de reconhecimento do efeito sonoro (TRES), onde utilizam a gravação de sons ambientais familiares e figuras que representam as respectivas fontes sonoras. Neste teste, a criança ouve o efeito sonoro e deve apontar a figura que corresponde a ele. Cada figura contém a representação de um som ambiental, num total de dez, tais como: latido de cachorro, bebê chorando, barulho de automóvel etc. O teste compreende a apresentação de três figuras simultaneamente. Os autores do TRES alertam que o teste não foi elaborado com o intuito de substituir os testes de discriminação auditiva tradicionais, mas sim de complementá-los, principalmente no caso de crianças cujas habilidades verbais são limitadas.

No Brasil existem materiais didáticos que visam a discriminação de diferentes estímulos sonoros através da associação destes com figuras que os representem e acreditamos que tais materiais poderiam ser facilmente adaptáveis para aplicação do TRES (Figura VII-2).

Jerger *et al.* (1981) desenvolveram um teste de fala para ser aplicado em população pediátrica na faixa etária de três a seis anos. O teste consiste de vinte palavras monossilábicas e dois grupos de

Figura VII-2
Material para treino de discriminação auditiva que pode ser utilizado para o teste do reconhecimento do efeito sonoro

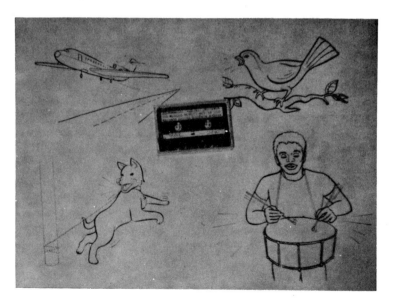

dez sentenças apresentadas em cartões contendo figuras representativas do vocabulário da criança nesta faixa etária. A lista de palavras monossilábicas é constituída de vocábulos simples, tais como: "pé", "mão", "trem", sendo os grupos de sentenças elaborados em dois níveis de dificuldade: o grupo I, mais simples e elementar, com sentenças do tipo: "O gato dorme"; o grupo II, mais complexo, com sentenças como: "O nenê está comendo banana". A diferença nos níveis de dificuldade das sentenças leva em conta a variação no desenvolvimento de linguagem das crianças de três a seis anos de idade. A apresentação das figuras e da mensagem falada é feita sob duas condições: com e sem ruído competitivo.

No Brasil, Pupo (1981) realizou um estudo cujo propósito era organizar dois procedimentos para avaliar a habilidade de crianças em idade pré-escolar de discriminar os sons da fala, levando em conta as pistas acústicas e semânticas que interferem nesse processo.

O primeiro procedimento constou de duas listas de palavras para serem repetidas, cujos critérios de elaboração foram: familiaridade (todos os vocábulos foram testados previamente), distribuição homogênea dos fonemas consonantais (cada um aparecendo de quatro a cinco vezes, formando sílabas em cada lista), extensão vocabular (dissílabos) e tonicidade.

O segundo procedimento denominado "Prova de Identificação de Gravuras" constou de 48 pares de vocábulos opostos por traços acústicos, representados em gravuras, as quais deveriam ser apontadas ao serem associadas com o vocábulo ouvido pelo sujeito. A escolha dos vocábulos baseou-se no critério de familiaridade do ponto de vista semântico e no sistema dos traços distintivos proposto por Jakobson, Faut e Halle (1963).

Os dois procedimentos foram aplicados em 59 sujeitos pré-escolares, de classes comuns da Rede Municipal de São Paulo. A conclusão de Pupo mostrou não haver diferenças significantes entre teste e reteste, demonstrando a fidedignidade das listas de palavras empregadas. Quanto ao segundo procedimento ela observou que os vocábulos que se opõem apenas pelo traço distintivo ofereceram maior dificuldade do que os demais vocábulos opostos por maior número de traços. Os resultados mostraram que crianças desta faixa etária são capazes de identificar 88% dos itens do teste. As provas apresentadas por Pupo (1981) têm como finalidade contribuir para o diagnóstico diferencial das patologias auditivas e distúrbios de comunicação em geral. As listas de palavras propostas pela autora são apresentadas nos Quadros VII-2 e VII-3.

Quadro VII - 2
Folha de resposta — prova de discriminação auditiva através de repetição de palavras — lista de palavras

Nome: _____ Idade: _____

Escola: _____ Aplicadora: _____ Data: _____

Lista A (O. _____); (_____ dB)

Prática: a) mala _____
b) avião _____
c) papai _____

Lista B (O. _____); (_____ dB)

Prática: a) boca _____
b) sapo _____
c) porta _____

Teste

1. bola _____
2. sono _____
3. balão _____
4. asa _____
5. nuvem _____
6. prisão _____
7. carro _____
8. jornal _____
9. fogão _____
10. doce _____
11. braço _____
12. pastel _____
13. rodar _____
14. rabo _____
15. café _____
16. água _____
17. queijo _____
18. limão _____
19. chapéu _____
20. deixar _____
21. plantar _____
22. faca _____
23. vaso _____
24. varrer _____
25. pires _____
26. sujo _____
27. alho _____
28. tomar _____
29. linha _____
30. nariz _____
31. pêra _____
32. mulher _____
33. chuva _____
34. zebra _____
35. galho _____
36. anel _____
37. flores _____
38. sofá _____
39. unha _____
40. velho _____
41. cama _____
42. ganhar _____
43. dedo _____
44. loja _____
45. bicho _____
46. manhã _____
47. telha _____
48. roupa _____
49. jogo _____
50. bife _____

Teste

1. vaca _____
2. nenê _____
3. beijo _____
4. alho _____
5. maçã _____
6. plantar _____
7. dormir _____
8. ladrão _____
9. banho _____
10. sabão _____
11. jarra _____
12. papel _____
13. folha _____
14. banhar _____
15. casa _____
16. dia _____
17. nenhum _____
18. cores _____
19. chave _____
20. cera _____
21. chorar _____
22. colher _____
23. jardim _____
24. varal _____
25. linha _____
26. roda _____
27. tremer _____
28. titio _____
29. sino _____
30. gema _____
31. pêlo _____
32. fogo _____
33. calça _____
34. pedra _____
35. festa _____
36. gostar _____
37. rezar _____
38. garfo _____
39. rua _____
40. lixo _____
41. milho _____
42. degrau _____
43. lobo _____
44. blusa _____
45. chover _____
46. achar _____
47. uva _____
48. zíper _____
49. galho _____
50. feijão _____

(Pupo, 1981)

Quadro VII-3
Folha de resposta — prova de discriminação auditiva através de identificação de gravuras

Nome:_____ DN:_____

Escola:_____Data:_____

Aplicadora:_____

Lista A	Lista B	Lista C
Prática: a) árvore _____	Prática: a) cadeira _____	Prática: a) árvore _____
b) mesa _____	b) carro _____	b) mesa _____
c) avião _____	c) avião _____	c) casa _____
1. bomba _____	1. bomba _____	1. pomba _____
2. dia _____	2. dia _____	2. dia _____
3. corda _____	3. corda _____	3. corda _____
4. vaca _____	4. vaca _____	4. vaca _____
5. gola _____	5. gola _____	5. gola _____
6. galo _____	6. calo _____	6. galo _____
7. casar _____	7. casar _____	7. casar _____
8. queijo _____	8. queijo _____	8. queijo _____
9. mola _____	9. mola _____	9. mola _____
10. cabelo _____	10. cabelo _____	10. cabelo _____
11. mar _____	11. mar _____	11. mar _____
12. mala _____	12. mala _____	12. bala _____
13. dado _____	13. nado _____	13. nado _____
14. não _____	14. não _____	14. não _____
15. cama _____	15. cana _____	15. cama _____
16. tomada _____	16. pomada _____	16. tomada _____
17. pia _____	17. pia _____	17. tia _____
18. torta _____	18. torta _____	18. torta _____
19. bar _____	19. bar _____	19. bar _____
20. fala _____	20. sala _____	20. sala _____
21. fanta _____	21. santa _____	21. santa _____
22. cavar _____	22. cavar _____	22. casar _____
23. sino _____	23. sino _____	23. fino _____
24. pão _____	24. pão _____	24. cão _____
25. quente _____	25. pente _____	25. pente _____
26. corta _____	26. porta _____	26. porta _____
27. porca _____	27. porca _____	27. porca _____
28. bola _____	28. bola _____	28. bola _____
29. prato _____	29. pato _____	29. mato _____
30. mia _____	30. pia _____	30. pia _____
31. mão _____	31. pão _____	31. pão _____
32. banho _____	32. banco _____	32. banco _____
33. rato _____	33. rabo _____	33. rabo _____
34. brinco _____	34. trinco _____	34. trinco _____
35. trilho _____	35. trilho _____	35. trilho _____
36. dente _____	36. dente _____	36. pente _____
37. dia _____	37. pia _____	37. dia _____
38. ventar _____	38. ventar _____	38. sentar _____
39. cola _____	39. cola _____	39. cola _____
40. pato _____	40. pato _____	40. pato _____
41. selo _____	41. gelo _____	41. selo _____
42. dia _____	42. mia _____	42. dia _____
43. malinha _____	43. galinha _____	43. malinha _____
44. mola _____	44. mola _____	44. gola _____
45. foca _____	45. choca _____	45. choca _____
46. jarro _____	46. jarro _____	46. jarro _____
47. corta _____	47. corta _____	47. corta _____
48. capa _____	48. capa _____	48. capa _____

(Pupo, 1981)

Machado (1988), em seu estudo logoaudiométrico, utilizou uma lista de expressões espondaicas (espondeu = nome dado ao pé de verso grego ou latino, formado por duas sílabas longas — *Dicionário Aurélio*). Uma vez que as palavras puramente espondaicas são raras na língua portuguesa, diferentemente do inglês, a autora observou a linguagem do cotidiano de um grupo de pessoas que, habitualmente, se utilizam de frases econômicas, contendo dois monossílabos com as mesmas características do espondeu, isto é, duas sílabas longas. Em vista disso, elaborou uma lista de expressões espondaicas para a língua portuguesa que poderá ser de bastante utilidade, principalmente na determinação do SRT.

As expressões espondaicas são, na opinião de Machado, "[...] um material acústico e semântico fácil e ideal para os testes que necessitam de estímulos simples, indo ao encontro da tendência de todos os testes para a avaliação da audição central [...]".

No Quadro VII-4 é apresentada a lista de expressões espondaicas empregadas por Machado (1988).

Tendo em vista o fato da logoaudiometria ser realizada em condições ideais, em cabine acústica, e não ser esta exatamente a situação que uma criança se encontra quando em sala de aula, ou seja, constantemente exposta a ruídos competitivos, começaram a surgir em nossa realidade estudos logoaudiométricos que se preocupam em avaliar a percepção de fala de crianças escolares em presença de ruídos competitivos.

Com o objetivo de estudar o efeito do ruído na percepção de fala, 104 escolares de 7 a 10 anos de idade, sem passado otológico, de níveis sócio-econômicos médio e médio-alto foram submetidos por Bohlsen (1992) a testes de reconhecimento de uma lista gravada, contendo expressões espondaicas, na ausência e presença de ruído de fala ipsilateral. A relação sinal-ruído foi mantida em 0 dB e o nível de apresentação das palavras foi de 60 dBNA.

Os resultados revelaram diferenças estatisticamente significantes entre as condições sem e com ruído, mostrando que este atua como agente minimizador da redundância da fala. A lista de expressões espondaicas utilizada por Bohlsen (1992) em seu estudo baseou-se na elaborada por Machado (1988), tendo sido selecionadas 20 expressões diferentes para cada ouvido, apresentadas em ordem distinta, conforme o Quadro VII-5.

Quadro VII-4
Lista de espondaicos

já já	'tá' qui	por quem	não não	bem aqui
já vai	'tá não	por mim	não quer	bem mais
já viu	'tá aí	por aí	não mais	bem que
já sei	sei sei	que bom	não que	bem quem
jamais	sei não	que sei	não vem	bem aí
já vou	sei lá	que não	não vou	tal qual
já tem	sei bem	que quer	não dá	tal que
já vem	lá vai	que mais	não foi	tal é
já foi	lá sei	que é	só vai	tal tal
vai já	lá'trás	que tal	só viu	tal foi
vai lá	lá meu	que tem	só sei	quem vai
vai que	lá vem	que nem	só só	quem tá
vai não	lá tem	que foi	só não	quem viu
vai-e-vem	lá vou	mais já	só quer	quem quer
vai meu	lá foi	mais que	só que	quem é
vai bem	pra já	mais não	só lá	quem dá
vai ver	pr'ocê	mais é	só foi	quem tem
vai dar	pra lá	mais aí	só é	quem vem
'cê vai	pra trás	mais nem	só meu	quem foi
'cê viu	pra qual	qual é	só tem	meu bem
'cê aqui	pra mais	qualquer	só vou	vem já
'cê é	pra quê	qual mais	só dá	vem lá
'cê não	pra cá	qual o quê	é já	vem cá
'cê quer	pra tal	quer já	é mais	vem mais
'cê vem	pra quem	qual foi	é que	vem aqui
'cê tem	pra ver	qual dá	é lá	vem não
'cê dá	pra mim	quer mais	é bom	vem ver
'cê aí	pra dar	quer não	é não	'té já
viu lá	cá está	quer ver	é só	'té lá
'cê foi	cá atrás	quer dar	é aqui	'té que
viu só	por lá	não já	é meu	'té mais
viu não	por cá	não vai	aqui vai	'té aqui
viu bem	por bem	não viu	aqui não	'té dá
vi meu	por trás	não tá	aqui meu	'té tem
'tá bom	por qual	não sei	aqui dá	'té meu
'tá meu	por mais	não é	bem bom	'té aí
'tá bem	por quê	não só	bem sei	'té foi
tem não	dá lá	nem que	aí foi	já era
tem mais	dá cá	nem cá	aí meu	como é
tem que	dá'qui	nem lá	foi bom	zás-trás
tem lá	dá bem	nem meu	foi lá	meu Deus
tem meu	dá não	nem vem	foi só	oh Deus
tem aí	dá mais	nem tem	foi não	oh lá
vê lá	dá aí	nem vou	foi que	oh meu
vê bem	e daí	nem dá	foi bem	ah não
vou já	daí meu	nem aí	de vez	ah sei
vou lá	isso aí	nem foi	de bem	à toa
vou não	nem vai	nenhum	de mal	na tua
vou bem	nem viu	aí não	de quê	na minha
vou meu	nem tá	aí vai	em vez	só um
vou ver	nem sei	aí dá	talvez	não tem
'tou bem	nem quer	aí vem	tão bem	deu mal
'tou mal	nem mais	aí tem	tão bom	pois bem
'tou aqui	sem mais	aí meu	'tá maus	

(Machado, 1988)

Quadro VII-5
Lista de expressões espondaicas

O.D.	O.E.
1. vem cá	me diz
2. não é	é bom
3. 'tá qui	já era
4. não dá	qualquer
5. meu bem	'té mais
6. prá que	é só
7. tá lá	talvez
8. vai ver	lá vem
9. já vai	qual foi
10. por mim	só tem
11. ai, meu	e daí
12. não sei	que bom
13. lá vai	não tem
14. vem já	prá mim
15. qual é	aí vai
16. por aí	fui eu
17. 'tá bom	'tou bem
18. viu só	vai, meu
19 'té já	me dá
20. prá cá	por lá

(Bohlsen, 1992)

Um estudo recente realizado por Crandell (1993) nos EUA revelou que crianças portadoras de perdas auditivas mínimas (15 a 30 dB NA) apresentam redução significante nos índices de reconhecimento de mensagens faladas em presença de ruído competitivo quando comparados àqueles obtidos no silêncio. Vinte e uma listas de sentenças sintática e semanticamente equivalentes foram gravadas e mescladas ao ruído gerado pela fala de seis adultos e apresentadas monoauralmente nas relações fala x ruído mais representativas das situações acústicas encontradas nas salas de aula: +6 dB, +3 dB, -3 dB e -6 dB. As conclusões do estudo revelaram diferenças significantes para as quatro relações fala/ruído empregadas e sugerem que as classes devem ser colocadas longe de fontes externas de ruído de tráfego, construção civil, fonte de ar condicionado e refeitórios. Devem, ainda, ser submetidas a tratamento acústico para reduzir a reverberação para no máximo 0,4 seg. (ideal) e atenuar tanto os ruídos externos quanto os gerados no interior da própria classe. Além disso, os alunos que apresentarem qualquer dificuldade auditiva deverão sentar-se em local mais próximo ao professor e distantes das prováveis fontes geradoras de ruídos.

1. A aplicação da logoaudiometria na criança de 0 a 2 anos de idade

Os testes de fala, quando aplicados no bebê, devem ser diferenciados por faixas etárias que correspondem a alguns meses, visto que o processo de desenvolvimento de linguagem está em acelerada atividade neste período.

Para os bebês de zero a quatro meses recomenda-se a apresentação do estímulo de fala, caracterizado pela repetição de sílabas, tais como: "bá-bá-bá", "pá-pá-pá" ou "bu-bu-bu", a fim de pesquisarmos em que nível de intensidade ocorre a reação de alerta, susto ou a presença do reflexo cócleo-palpebral no bebê.

Com crianças na faixa de quatro a sete meses, repete-se o procedimento anterior, observando-se a ocorrência de gorjeios, vocalizações, balbucios, sorrisos e movimentos de olhos ou cabeça na tentativa de localizar a fonte sonora. Nesta fase, o bebê reage satisfatoriamente quando seu nome é emitido, principalmente por volta dos sete meses de idade. Tende a explorar tudo com a boca, senta-se sozinho, o que o torna mais independente. O estímulo de fala pode ser usado para pesquisar a localização da fonte sonora no plano lateral, uma vez que espera-se localização direta neste plano e indireta para baixo. Os estímulos de fala poderão constituir-se de sentenças curtas do tipo: "Oi Pedrinho"; "Cadê o nenê?"; "Cadê a mamãe?" etc.

Muitas vezes, após ouvir o sinal de fala, o bebê pode começar a vocalizar como se tentasse imitar o que ouviu; outras vezes, pode emitir algo que pode significar "Quero mais". A observação do comportamento global do bebê é de vital importância para a adequada orientação do caso.

No período de nove a treze meses, o bebê já conhece o seu nome, dá adeus com a mão e mostra-se reticente à aproximação de estranhos. O procedimento de teste a ser empregado é o mesmo, isto é, pesquisa-se o nível de intensidade do estímulo de fala, capaz de produzir reação de alerta, reflexo de susto e localização lateral de fonte sonora, se possível, abaixo do nível dos olhos da criança. Em geral, nesta fase, o bebê já responde a estímulos de fala como: "Não, não", "Parabéns a você", "Palminha, palminha" etc.

Dos treze aos vinte e quatro meses a criança continua o seu desenvolvimento acelerado; cada dia é uma nova descoberta, uma nova conquista. Sua fala desenvolve-se rapidamente, muitas vezes difícil de ser compreendida, mas revela intenção significativa, entonação e ritmo semelhantes ao padrão do adulto. Já é capaz de apontar partes do seu corpo; pessoas lhe são familiares, assim como objetos e brinquedos já fazem parte do seu dia-a-dia.

Os sinais de fala para crianças nesta faixa etária devem pesquisar o reconhecimento auditivo de figuras ou objetos familiares. Podemos pedir-lhe que: "Aponte o nariz"; "Onde está a barriga do nenê?"; "Mostre o carro para a mamãe"; "Onde está o gato?" etc. A pesquisa do nível mínimo de recepção para a fala deve preceder a do nível de intensidade capaz de provocar o reflexo de susto, a fim de evitar que a criança fique com medo e se recuse a continuar o exame.

2. A aplicação da logoaudiometria na criança de 2 a 5 anos de idade

A criança nesta faixa etária já apresenta níveis de compreensão e emissão razoáveis, sendo melhores à medida que ela se aproxima dos seis anos de idade. O desenvolvimento fonológico deverá estar praticamente concluído aos cinco anos e já são raros os "erros de fala".

Temos observado que a criança colabora e participa ativamente do exame se explicarmos o que ela deverá fazer. Com crianças de dois a quatro anos de idade devemos inserir o procedimento no contexto de uma estória ou de uma atividade lúdica, pois, do contrário, a criança se cansará facilmente, recusando-se a continuar o exame. Podemos brincar de "artista de TV", quando pedimos que a criança aponte a figura correspondente ao som de fala que ouviu ou, então, de "piloto de avião e torre de comando", ou, ainda, de "papagaio", pedindo à criança que repita tudo o que o examinador falar. Tais procedimentos podem ser aplicados com a utilização de fones e alto-falantes. É fundamental, contudo, que seja pesquisado o limiar de recepção de fala (SRT), pois iniciaremos a pesquisa dos limiares tonais usando uma intensidade 30dB acima deste.

O mascaramento será necessário nas perdas auditivas assimétricas que apresentarem diferenças de 40 a 50dB entre o SRT de um ouvido e o limiar por via óssea do lado oposto. O ruído mascarante deve ser apresentado após breve explicação para a criança, como por exemplo: "Agora você é o piloto de um avião que está voando na chuva. Quero ver se você é capaz de me apontar a figura ou de repetir a palavra que eu falar no meio do barulho!"

Para crianças de quatro a cinco anos de idade pode ser empregado o mesmo procedimento logoaudiométrico usado com indivíduos adultos.

O material de fala empregado para a pesquisa do SRT e para determinar o índice de reconhecimento de fala de crianças de dois a cinco anos de idade deve constituir-se de palavras que façam parte do vocabulário destas, representando suas possibilidades lingüísticas e fonológicas a fim de que o processo de avaliação logoaudiométrica possa refletir sua real habilidade de processar auditivamente a informação de fala que recebe.

Após a realização da triagem instrumental, onde é possível determinar grosseiramente o grau de perda auditiva da criança, aconselhamos iniciar a pesquisa do SRT do seguinte modo:

a) A criança deve ser instruída a apontar a figura solicitada pelo examinador ou a repetir o vocábulo emitido a partir de uma ordem simples, como, por exemplo: "Mostre o cachorro", "Onde está o sapato?", "Onde está a mamãe?" ou, ainda, "Fale a palavra boneca" etc. (Figura VII-3).

b) A cada nova ordem, o examinador deverá diminuir a intensidade de fala de 5 em 5dB, até que a criança não mais responda ou aponte a figura errada. É por esta razão que as figuras deverão estar dispostas sobre uma pequena mesa e não poderão ser retiradas, uma vez solicitadas, já que, por exclusão, a criança poderia acertar, apresentando uma resposta falsa que não refletiria o seu verdadeiro limiar de recepção de fala.

É de extrema importância a obtenção do SRT, pois a maioria das crianças não responde bem ao tom puro, uma vez que este não tem o mesmo significado que um sinal de fala tem para elas. Deste modo, a discrepância entre os resultados da audiometria tonal e os resultados logoaudiométricos poderá ocorrer e, neste caso, o examinador deverá confiar mais no resultado do SRT do que nos limiares tonais quando se trata de crianças.

No caso de a criança possuir um nível de aquisição de linguagem que demonstre um vocabulário expressivo que lhe possibilite manter uma conversação, é possível realizar a pesquisa do SRT somente com o uso do microfone. A técnica empregada é a mesma do adulto, tomando-se o cuidado de situar as instruções em um contexto lúdico que desperte o interesse da criança, como, por exemplo: "Vamos falar ao telefone? Eu pergunto e você me responde, está bem?". A criança deve ser informada de que as palavras serão faladas em intensidade cada vez menores e que deverá repeti-las como entender.

Para tanto pode-se utilizar uma lista de palavras trissílabas ou polissílabas por conterem maior quantidade de informação. Apresenta-se uma palavra em cada nível de intensidade em técnica descendente até atingirmos cerca de 20 dB NS, quando então passaremos a falar quatro palavras por nível a fim de obtermos os 50% necessários ao SRT. No momento que a criança repete corretamente duas delas, desde que não o faça em intensidades menores que esta, o SRT foi obtido.

Pode ser encontrada no Quadro VII-6 a lista de palavras empregadas na pesquisa do SRT em crianças.

Nesta faixa etária é freqüente a presença de problemas de emissão oral, tais como: trocas, omissões ou substituições de fonemas, as quais podem ou não estar relacionadas a um problema auditivo. Nestes casos, antes de passarmos à pesquisa do índice de reconhecimento de fala, é conveniente a aplicação de um teste de discriminação de pares mínimos, isto é, palavras compostas por fonemas que diferem pelo traço de sonoridade (Quadro VII-7).

Figura VII-3
Figuras usadas para pesquisa do SRT em crianças

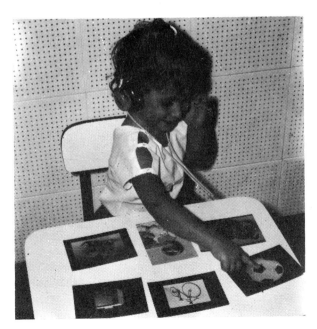

Figura VII-4
Jogo de encaixe usado como outro meio para se realizar a logoaudiometria em crianças

Quadro VII-6
Lista de palavras para SRT

1 pacote	número	girafa
2 parede	sapato	relógio
3 paletó	cenoura	telefone
4 boneca	soldado	sorvete
5 tapete	tomate	televisão
6 caneta	xícara	papagaio
7 caderno	casaco	elefante
8 tomada	camisa	aspirador
9 cozinha	brinquedo	geladeira
10 banana	gelado	cozinha
11 azeite	janela	pirulito
12 galinha	lâmpada	cadeira
13 macaco	cabelo	campainha
14 novela	coração	biscoito
15 fósforo	toalha	desenho

Quadro VII-7
Lista de pares mínimos
Teste igual / diferente

1 pato-bato	14 tito-dito
2 faca-vaca	15 pano-mano
3 mata-mata	16 tato-pato
4 tela-dela	17 praga-traga
5 zinco-cinco	18 pinta-tinta
6 zelo-gelo	19 pente-dente
7 malha-malha	20 ponta-tonta
8 bola-gola	21 feto-teto
9 mera-fera	22 dela-dela
10 banha-manha	23 gato-cato
11 cela-zela	24 queijo-queixo
12 mela-nela	25 selo-gelo
13 seio-cheio	

Quadro VII-8
Lista de palavras — Índice de Reconhecimento de Fala (IRF)

	O.D.				O.E.	
1	pá	pato	96%		pé	pente
2	tom	cama	92%		teu	taco
3	cor	bola	88%		cal	caldo
4	dar	data	84%		bar	bala
5	gás	gota	80%		dom	dente
6	fiz	gema	76%		gás	gola
7	sol	fonte	72%		fio	faca
8	chá	santo	68%		sal	sola
9	voz	chave	64%		chão	cheio
10	vão	vela	60%		vou	vida
11	zás	zinco	56%		giz	garra
12	já	gelo	52%		Zé	jarra
13	mal	mata	48%		mar	mola
14	não	nada	44%		nós	nariz
15	nhô	sonho	40%		nhá	canhão
16	ler	lama	36%		lar	leite
17	lhe	calha	33%		lha	malha
18	réu	rede	28%		rio	carro
19	três	traço	24%		traz	ostra
20	grau	droga	20%		grão	cravo
21	tia	dado	16%		pôr	maçã
22	cal	rato	12%		dor	dama
23	dia	anjo	8%		nem	homem
24	pau	padre	4%		cão	vaca
25	tal	casa	0%		céu	samba

Apresentamos a lista de pares mínimos no mesmo nível de intensidade em que pesquisamos o índice de reconhecimento de fala (35 a 40 dBNS), falando dois vocábulos por vez (ex: pato/bato) e pedindo que a criança, após ouvi-los, nos diga se são iguais ou diferentes. A seguir, anotamos o número e o tipo de erro cometido pela criança, informações estas que deverão constar do relatório de avaliação audiológica.

A pesquisa do Índice de Reconhecimento de Fala (IRF) é a última etapa da avaliação logoaudiométrica e só poderá ser realizada nas crianças que tenham um vocabulário expressivo considerável, a fim de que possamos determinar a porcentagem de palavras repetidas corretamente. Para tal, utilizamos uma lista de 25 monossílabos e 25 dissílabos, os quais deverão ser sempre precedidos da frase introdutória: "Repita a palavra", ou "Diga a palavra" (Quadro VII-7).

No caso de a criança recusar-se a repetir as palavras, podemos substituí-las por figuras que as representem, desde que mantenhamos fixo o nível de intensidade de apresentação das mesmas.

O mesmo procedimento deverá ser empregado com crianças portadoras de distúrbios articulatórios, independentemente de falharem ou não no teste igual/diferente, uma vez que o rebaixamento nos índices de reconhecimento de fala destas crianças, na maioria das vezes decorre de seu problema de emissão oral, não havendo comprometimento auditivo. Portanto, nestes casos, aconselhamos o uso de figuras, fotografias ou objetos que os representem, tomando-se o cuidado prévio de pedir à criança que os nomeie (Figura VII-4).

Crianças acima dos seis anos de idade tendem a responder adequadamente aos testes logoaudiométricos onde são empregadas as mesmas técnicas utilizadas com pacientes adultos.

3. A logoaudiometria na criança difícil de testar

Na avaliação audiológica de crianças, o examinador muitas vezes se depara com aquelas que apresentam, além dos problemas auditivos, outros comprometimentos, tais como: distúrbios emocionais, retardo no desenvolvimento mental, problemas visuais e distúrbios neurológicos.

Segundo Myklebust (1954), os quadros patológicos que levam ao atraso no desenvolvimento da linguagem oral podem ser classificados em quatro entidades clássicas: a) deficiência auditiva periférica; b) retardo mental; c) disfunção cerebral ou distúrbios auditivos centrais ou afasia infantil; d) autismo.

É fundamental que o examinador conheça estas patologias e os procedimentos que podem facilitar a tarefa de avaliar a audição destas crianças. Além disso, é importante ter em mente que, excluindo-se o quadro de deficiência auditiva periférica, não é freqüente encontrarmos alterações na acuidade auditiva nos demais. Quando uma deficiência auditiva é detectada, ela é decorrente da associação do problema auditivo periférico ao(s) outro(s) problema(s) que a criança apresenta. Se, após a avaliação audiológica, constatarmos a presença de limiares de fala reduzidos, quando comparados aos limiares tonais, podemos suspeitar de que possa haver uma alteração central associada à deficiência auditiva (Goldstein *et al.*, 1972).

Cabe ao examinador a tarefa de escolher o procedimento mais adequado para avaliar a maneira como estas crianças reagem aos estímulos de fala, valorizando cada reação que elas venham a manifestar, desde a simples identificação de presença e ausência destes até o reconhecimento e a compreensão de ordens simples.

Todos os métodos e técnicas sugeridos neste capítulo podem ser usados e adaptados às dificuldades ou limitações que estas crianças venham a apresentar.

4. Logoaudiometria para indicação do aparelho individual de amplificação sonora

Sendo um dos principais objetivos do aparelho de amplificação sonora melhorar a captação e o reconhecimento dos sinais de fala para o deficiente auditivo, o processo de seleção, indicação e adaptação deste baseia-se na determinação do campo dinâmico de audição da criança, isto é, o espaço compreendido entre o SRT e o limiar de desconforto para a fala (LDF), sendo esta a área efetivamente aproveitável para a amplificação.

Desse modo, a pesquisa cuidadosa do limiar de recepção de fala deve estar associada à pesquisa do limiar de desconforto, que pode ser realizada de maneira simples, bastando para isso que o examinador aumente a intensidade do sinal de fala a partir do nível no qual foi realizado o teste para verificar o índice de reconhecimento de fala, no caso de crianças que adquiriram a linguagem verbal, e pergunte diretamente à criança se o som da voz a incomoda.

Para as crianças que não adquiriram a linguagem verbal, pesquisa-se o LDF repetindo-se as sílabas "bá,bá,bá" ou "bu,bu,bu" e observando-se a reação que elas apresentam. O nível de desconforto é atingido quando elas demonstram alterações na expressão facial indicativas de desprazer, susto, choro, insatisfação e intolerância.

É importante lembrar que os procedimentos descritos deverão ser repetidos com cada modelo de aparelho selecionado.

Em resumo, podemos concluir que, dentro da avaliação audiológica da criança, a logoaudiometria desempenha um dos mais importantes papéis, devido à confiabilidade dos seus resultados, quando comparados aos obtidos através da audiometria tonal. Ela nos fornece informações quantitativas e qualitativas valiosas sobre as reações que a criança apresenta à voz humana, aos sons de fala e sua possibilidade de desenvolver o mais estruturado sistema de comunicação que adquirimos principalmente através da audição: a *linguagem falada*.

Bibliografia

AMERICAN HEARING-SPEECH-LANGUAGE-ASSOCIATION. Guidelines for determining threshold level for speech. *ASHA*: 85-89, 1988.

BOHLSEN, Y.A. *Um procedimento de avaliação da percepção de fala em presença de ruído em escolares de 7 a 10 anos de idade.* Tese de Mestrado. PUC-São Paulo, 1992.

CARHART, R. Basic principles of speech audiometry. *Acta Otolaryngol.*, 40:62, 1951.

CRANDELL, C.C. Speech Recognition in noise by children with minimum degrees of sensorineural hearing loss. *Ear & Hearing*, 14(3): 210-216, 1993.

ERBER, N.P. Use of the auditory numbers test to evaluate speech perception abilities of hearing impaired children. *J. Speech Hear. Dis.*, 45:527, 1980.

FINITZO-HIEBER, T.; GERLING, I.J.; MATKIN, N.D. *et al.* A sound effect recognition test for the pediatric audiologic evaluation. *Ear Hear.*, 1:271, 1980.

FLETCHER, H. *Speech and Hearing communication.* New Jersey, D. Van Nostrand, 1953.

GOLDSTEIN, R: Mc RANDLE C.C., RODMAN, L.B. Site of lesion in cases of hearing loss associated writh RH incompatibility: an argument for peripheral impairment. *J. Speech Hear. Disord.*, 37:447-450, 1972.

HAGERMAN, B. *Some aspects of methodology in speech audiometry.* Doctoral thesis at the Karolinska Institute. Estocolmo, Suécia, 1984.

JAKOBSON, R.; FAUT, C.G.M.; HALLE, M. *Preliminaries to speech analysis: the distinctive features and their correlates.* Massachusets, The M.I.T. Press, 1963.

JERGER, J. & JERGER, S. Psychoacoustic comparison of cochlear and VIIIth nerve disorders. *J. Speech Hear. Res.*, 10:659, 1967.

_____. Pediatric speech intelligibility test performance — intensity characteristics. *Ear Hear.*, 3:138, 1983.

JERGER, S.; JERGER, J.; LEWIS, S. Pediatric speech intelligibility test II: Effect of receptive language age and chronological age. *Int. J. Pediatric Otrhinolaryngol.*, 3:101, 1981.

KATZ, J. *Handbook of clinical audiology.* 3rd ed. Baltimore, The Williams and Wilkins Co., 1985.

LING, A. & LING, D. *Speech and the hearing impaired child: theory and practice.* 3rd ed., Washington, The Alexander Graham Bell Association for the Deaf, 1978.

_____. *Aural Rehabilitation.* 3rd ed. Washington, The Alexander Graham Bell Assoc., 1978.

MACHADO, S.F. *A lista de espondaicos e outros estímulos de fala na logoaudiometria.* Tese de Mestrado. PUC-São Paulo, 1988.

MYKLEBUST, H. *Auditory disorders in children.* Nova Iorque, Grüne and Stratton Inc., 1954.

NORTHERN, J. & DOWNS, M. *Hearing in children.* 3rd ed. Baltimore, The Williams and Wilkins Co., 1984.

OLSEN, W.O. & MATKIN, N.D. In: DOWNS, M. & NORTHERN, J. *Hearing in children.* 3rd ed. Baltimore, The Williams and Wilkins Co., 1984.

PUPO, A.C. *Alguns aspectos do processo de discriminação auditiva de sons da fala em crianças.* Tese de Mestrado. PUC-São Paulo, 1981.

RUSSO, I.C.P. & BEHLAU, M. *Percepção da fala: análise acústica do português brasileiro.* São Paulo, Lovise Científica, 1993.

SANTOS, T.M.M. & RUSSO, I.C.P. *A prática da audiologia clínica.* São Paulo, Cortez, 1986.

SJÖGREN, H. Objective measurement of speech level. *Audiology*, 12:47, 1973.

SKINNER, M. W. The hearing of speech during language acquisition. *Otolaryngol. Clinics North Am.*, 11:631, 1978.

CAPÍTULO VIII
Medidas da imitância acústica na criança

A aplicação do termo medidas da imitância acústica ao invés de impedanciometria na criança, como era anteriormente denominado este capítulo, deveu-se às recomendações propostas pelo *American National Standards Institute* (1986), que sugeriu o uso da palavra imitância, uma vez que esta engloba tanto a impedância quanto a admitância acústicas. Estas, por sua vez, fazem parte da bateria dos testes utilizados rotineiramente na análise da imitância do ouvido médio e não somente a impedância. Desta forma, passaremos a adotar a nova nomenclatura, baseadas em Jerger (1975).

Imitância acústica é uma expressão genérica, usada tanto para designar a oposição à passagem do fluxo de energia sonora, representada pela impedância, quanto a facilitação, representada pela admitância, sendo ambas quantidades recíprocas. Um sistema que oferece alta impedância à transferência da energia sonora apresenta baixa admitância e vice-versa (Wiley & Block, 1985).

Com a difusão do uso clínico das medidas da imitância acústica na década de 60, diversos aspectos da função do ouvido médio passaram a ser estudados. De início os trabalhos eram voltados ao estudo das características do ouvido médio em adultos. Somente a partir da década de 70 é que começaram a surgir em nosso país alguns trabalhos que se preocuparam com a população infantil. Dentre eles, destacam-se o de Lopes Filho (1972), Maudonnet e Pascoal (1973), Santos (1980), Russo (1981, 1985), Iorio (1985), Pereira (1985), Quintanilha Ribeiro (1987) e, mais recentemente, Carvallo (1992), que aplicou as medidas da imitância acústica com a utilização de equipamento computadorizado em crianças de zero a oito meses de idade, visando estudar o comportamento do seu sistema tímpano-ossicular, através de provas timpanométricas, da pesquisa do reflexo estapediano ipsilateral, analisando o efeito gerado pelo emprego de diferentes tons na testagem: 226, 678 e 1000 Hz.

As medidas da imitância do ouvido médio constituem-se num dos mais valiosos e inestimáveis instrumentos de avaliação de problemas auditivos em crianças, tornando-se indispensáveis dentro da bateria audiológica, devido à sua rapidez e objetividade, além de serem de fácil aplicação, não provocando dor ou traumatizando o pequeno paciente. Sua efetividade relaciona-se, principalmente à identificação precoce das possíveis alterações de cavidade timpânica e tuba auditiva, tão comuns em crianças, alterações estas que podem passar despercebidas nas triagens audiométricas, pois os limiares tonais podem não estar ainda prejudicados na presença destas alterações em sua fase inicial. Além disso, o diagnóstico diferencial entre as várias patologias condutivas, a pesquisa do recrutamento nas perdas auditivas neuro-sensoriais, a avaliação da função tubária em membranas timpânicas perfuradas e a predição dos limiares tonais a partir do reflexo estapediano, constituem aplicações clínicas da mais alta relevância para o diagnóstico da deficiência auditiva na infância.

A bateria dos testes da imitância acústica consiste de três medições separadas: a timpanometria, a complacência ou admitância estática e o reflexo do músculo do estribo, denominado reflexo estapediano.

A *timpanometria* é uma medida dinâmica que avalia a mobilidade do conjunto tímpano-ossicular em resposta a graduais variações de pressão no meato acústico externo. O conceito fundamental da timpanometria baseia-se no fato de que a transmissão do som através do mecanismo do ouvido médio é máxima quando a pressão do ar é igualada nos dois lados da membrana timpânica. O timpanograma é o gráfico que revela o grau de mobilidade ou a complacência (admitância) do sistema do ouvido médio, sendo as primeiras classificações dos tipos de timpanogramas feitas por Lidén *et al.* (1970) e Jerger (1970). A medida da pressão do ouvido médio, anteriormente feita em milímetros de água (mmH_2O), atualmente é feita em decaPascal (daPa) e pode ser observada na posição correspondente ao pico do timpanograma, isto é, no ponto de máxima complacência (admitância) do sistema. Investigações timpanométricas mais recentes realizadas com a utilização de equipamentos computadorizados sugerem o aparecimento de outras curvas timpanométricas com picos múltiplos ou invertidos, com o uso de diferentes freqüências de tom, além de 220 ou 660Hz, mas 226, 678 e 1000Hz, destacando-se, em nosso meio, o trabalho de Carvallo (1992), com crianças de zero a oito meses de idade.

Complacência ou admitância estática é a medida da mobilidade do sistema em termos de volume equivalente das cavidades dos ouvidos externo e médio em centímetros cúbicos (cm^3) ou mililitros (ml), ou milimhos (mmho). Em outras palavras, é a medida da imitância absoluta do sistema vibratório do ouvido médio. O procedimento convencional de mensuração é obter-se o volume de ar contido na cavidade do ouvido externo, introduzindo-se uma pressão de + 200 daPa. Em seguida, mede-se o volume dos ouvidos externo + médio, ajustando-se a pressão ao ponto de máxima complacência ou admitância do sistema tímpano-ossicular. A diferença entre as duas medidas é o volume do ouvido médio ou a imitância absoluta do sistema. Esta medida revela rigidez ou flacidez do conjunto tímpano-ossicular, sendo das três medições aquela que tem menor valor diagnóstico, principalmente se isolada das demais medições (Jerger, 1975; Russo, 1981, 1985; Russo e Santos, 1993).

A medida do *reflexo do músculo do estribo* consiste na obtenção do menor nível de intensidade de um tom puro ou ruído capaz de produzir a contração do músculo estapédio. Quando este músculo contrai exerce tensão no estribo e enrijece a cadeia ossicular. O resultado deste enrijecimento é um aumento do Nível de Pressão Sonora no meato acústico externo, devido à redução na transmissão de energia para freqüências baixas de grande intensidade. Para ouvidos normais os valores do reflexo estapediano para tons puros podem oscilar entre 70 e 100 dBNA e 65dBNA para ruído branco (Metz, 1952), podendo ser pesquisado tanto contra quanto ipsilateralmente. No Brasil, destacam-se nesta medição os trabalhos de Santos (1980) que estudou a emergência e o desenvolvimento do reflexo acústico contralateral em bebês de 12 horas até 9 meses de idade e Carvallo (1992) que pesquisou reflexos acústicos ipsilaterais em bebês de zero a oito meses de idade, utilizando tons puros e ruído branco.

Segundo Northern e Downs (1991) os audiologistas que se utilizam das medições da imitância acústica precisam seguir três regras básicas: (1) reconhecer padrões gerais nos testes da bateria imitanciométrica, (2) não valorizar valores absolutos em qualquer um dos resultados da bateria e (3) estar cientes das conclusões diagnósticas implícitas baseadas somente nos testes de imitância acústica. Advertem Jerger & Hayes (1980) que "[...]os resultados de qualquer medida isolada da imitância acústica são geralmente ambíguos e possuem pouco valor individual".

Nos países europeus e americanos, pesquisadores como Robertson (1968), Brooks (1971), Keith (1973, 1975, 1978), Jerger *et al.* (1974), Margolis e Popelka (1975), Paradise *et al.* (1976), Groothius (1978, 1979), Reichert (1978), Orchik *et al.* (1978a, 1978b), Schwartz e Schwartz (1978, 1980), McCandless e Allred (1978), Bennet e Weatherby (1979, 1982), Wright *et al.* (1985), preocuparam-se em estudar a função do ouvido médio e a ação reflexa de seus músculos, aplicando as medidas da imitância acústica em bebês e crianças em geral, sendo que os últimos trabalhos foram realizados com os equipamentos computadorizados mais modernos que empregam diferentes tons de sonda.

1. A aplicação das medidas da imitância acústica em bebês

Geralmente, os programas de detecção precoce da deficiência auditiva utilizados em berçários estão voltados unicamente para a identificação das perdas neuro-sensoriais, esquecendo-se da elevada incidência de problemas de ouvido médio na infância. Algumas das razões apontadas na literatura para a não inclusão das medidas da imitância acústica nestes programas são:

• por não estar completo o desenvolvimento do ouvido médio de zero aos nove meses de idade, fica dificultada a obtenção das medidas;

• a hipermobilidade da membrana timpânica, bem como a sua posição;

• a pequena extensão do meato acústico externo;

• as alterações de ventilação da cavidade timpânica em conseqüência das características anatômicas da tuba auditiva;

• os ouvidos dos bebês neonatos não são examinados rotineiramente nos bercários;

• necessidade do médico otorrinolaringologista para realizar a otoscopia e aspirar o meato acústico externo que, em geral, está preenchido por *vernix caseosum*;

• os padrões usados para avaliar as curvas timpanométricas dos bebês estão baseados em padrões elaborados a partir de estudos realizados em adultos;

• os testes audiométricos realizados em bebês não detectam perdas auditivas condutivas;

• existe menor preocupação com as perdas condutivas leves e moderadas e suas conseqüências;

• o custo do equipamento.

Paradise *et al.* (1976) avaliaram 280 crianças entre 10 dias a 5 anos de idade através da otoscopia combinada à timpanometria e encontraram uma correlação elevada entre as duas medidas (86%) nas crianças de mais de 7 meses de idade. Entretanto, devido à baixa correlação encontrada nas crianças abaixo de 7 meses, os autores não recomendaram seu uso, principalmente de forma isolada, nos programas de triagem auditiva em berçários.

Schwartz e Schwartz (1978) realizaram um trabalho sobre o valor da timpanometria em crianças em idade inferior a 7 meses. Encontraram elevada porcentagem de timpanogramas normais falsos (80%) em seus sujeitos e relacionaram este achado aos efeitos das paredes demasiadamente elásticas do meato acústico externo do bebê.

Keith (1978) sumarizou esta situação declarando que é imperativo que a timpanometria seja realizada sempre juntamente com a pesquisa do reflexo acústico, uma vez que isoladamente ela não é confiável para ser usada nos programas de triagem auditiva em bebês, concluindo que a timpanometria, por si só, não é capaz de diferenciar patologias otológicas nessa faixa etária.

Por estas razões, pode-se compreender a dificuldade na utilização das medidas da imitância nos programas de detecção precoce da deficiência auditiva em berçários.

Santos (1980) realizou um estudo sobre a timpanometria e o reflexo acústico contralateral do músculo estapédio em uma população de 165 bebês cujas idades variavam de neonatos até os nove meses. Observou que 79,70% dos bebês neonatos (84 ouvidos) apresentavam timpanogramas normais e 20,20% apresentavam timpanogramas alterados, todos, porém, não apresentaram reflexo acústico contralateral. Para o grupo de um mês de idade (83 ouvidos), 25,30% dos bebês apresentavam timpanogramas normais e ausência de reflexo estapediano; 27,70% possuíam timpanometrias normais e presença do reflexo acústico; 18,07%, timpanometrias anormais e ausência do reflexo e 28,91% apresentavam timpanometrias anormais, com reflexos estapedianos presentes (Quadro VIII-1).

Foi observado por esta autora para 57 ouvidos de bebês testados aos três meses de idade, que 22,80% apresentaram timpanometria normal e ausência do reflexo; 54,38% dos ouvidos com timpanometria normal e presença do reflexo; 22,80% de timpanogramas anormais com reflexo ausente e 0,52% de timpanogramas anormais com presença de reflexo estapediano.

No grupo de bebês de seis meses de idade (48 ouvidos), 0,62% apresentaram timpanogramas normais com ausência de reflexo; 52,08%, timpanogramas normais com presença do reflexo; 16,66% timpanogramas alterados com ausência de reflexo e 29,15% timpanogramas alterados com presença do reflexo estapediano.

No grupo de nove meses de idade foram testados 50 ouvidos, sendo que 8% com timpanogramas normais e ausência do reflexo; 50% timpanogramas normais com presença do reflexo; 14% timpanogramas alterados com ausência do reflexo e 28% timpanogramas alterados com presença do reflexo estapediano.

Outro fato constatado por Santos (1980) ao fazer a análise dos níveis mínimos de resposta obtidos para o reflexo estapediano foi que, à medida que o bebê crescia, havia mudança sensível nestes valores, tornando-se cada vez menores, além de diminuir a incidência de respostas reflexas ausentes (Quadros VIII-2, VIII-3 e VIII-4).

Quadro VIII-1

Quadro geral dos resultados obtidos nas medidas da imitância de 165 bebês

Idade meses	N° de ouvidos testados	Timpanometrias normais		Timpanometrias alteradas	
		s/reflexo	c/reflexo	s/reflexo	c/reflexo
RN	84	79,70%	—	20,20%	—
1	83	25,30%	27,70%	18,07%	28,91%
3	57	22,80%	54,38%	22,80%	0,52%
6	48	0,62%	52,08%	16,66%	29,15%
9	50	8,00 %	50,00%	14,00%	28,00%

(Santos, 1980)

Quadro VIII-2

Porcentagem de respostas reflexas para a freqüência de 500 Hz

Idade meses	Nº de ouvidos testados	Sem resp.	120	115	110	105	100	95	90	85	80 dB NA
RN	84	100	–	–	–	–	–	–	–	–	–
1	83	38,5	20,4	24,0	10,8	2,0	2,0	–	–	–	–
3	57	33,3	15,7	8,7	17,5	15,7	7,0	1,7	–	–	–
6	48	12,5	20,8	10,4	16,6	10,4	6,2	6,2	8,3	2,0	4,1
9	50	20,0	10,0	8,3	10,0	18,0	12,0	14,0	–	6,0	2,0

Quadro VIII-3

Porcentagem de respostas reflexas para a freqüencia de 1000 Hz

Idade meses	Nº de ouvidos testados	Sem resp.	120	115	110	105	100	95	90	85	80 dB NA
RN	84	100	–	–	–	–	–	–	–	–	–
1	83	36,1	19,2	21,6	15,6	2,4	3,6	–	–	–	–
3	57	36,8	1,7	19,2	26,3	1,7	8,7	5,2	–	–	–
6	48	18,7	8,3	14,5	16,6	10,4	10,4	10,4	6,2	2,0	2,0
9	50	20,0	4,0	8,0	14,0	14,0	8,0	16,0	8,0	–	8,0

Quadro VIII-4

Porcentagem de respostas reflexas para a freqüência de 2000 Hz

Idade meses	Nº de ouvidos testados	Sem resp.	120	115	110	105	100	95	90	85	80 dB NA
RN	84	100	–	–	–	–	–	–	–	–	–
1	83	37,3	22,8	21,6	13,2	2,4	2,4	–	–	–	–
3	57	42,1	3,5	14,0	14,0	12,2	5,2	5,2	1,7	–	–
6	48	16,6	8,3	18,7	16,6	6,2	10,4	8,3	8,3	–	6,2
9	50	22,0	4,0	8,0	12,0	14,0	6,0	16,0	10,0	–	8,0

Os achados imitanciométricos deste trabalho levaram Santos (1980) a refletir sobre a confiabilidade de resultados obtidos em um exame isolado, mostrando a necessidade de, ao se suspeitar de problemas otológicos e/ou auditivos, repetir o exame em vários períodos do desenvolvimento do bebê, de forma a obter um perfil do que realmente esteja acontecendo em seu ouvido.

Com o intuito de estudar a imitância acústica em neonatos e crianças pequenas, analisando o efeito de diferentes tons de sonda,

Carvallo (1992) verificou o comportamento do sistema tímpano-ossicular de 97 ouvidos de 50 crianças de zero a oito meses de idade através de provas timpanométricas, analisando o efeito da utilização de diferentes tons na testagem: 226Hz, 678Hz e 1000Hz. Neste mesmo estudo, identificou o nível de intensidade sonora em que foram obtidos reflexos acústicos ipsilaterais com tons de sonda de 226, 1000 e 2000 Hz e ruído branco.

As amostras de timpanogramas obtidas revelaram diferentes comportamentos, caracterizados por diferenças estatisticamente significantes quanto à presença do efeito de oclusão em 678 e 1000Hz, quando confrontados ao tom de 226Hz; quanto à capacidade das três freqüências em gerar diferentes formas de curva timpanométrica; quanto ao volume do meato acústico e ao pico de admitância. De um modo geral houve um comportamento mais homogêneo da amostra de 226 Hz em todos os parâmetros analisados.

Os reflexos acústicos ipsilaterais estiveram presentes em todas as crianças, em níveis variando de 70 a 110dBNA para os estímulos de 1000 e 2000Hz e, de 65 a 95 dBNA para o ruído branco.

A autora concluiu que a associação entre achados timpanométricos normais e presença de reflexos acústicos com o uso do tom de sonda de 226Hz configura-se em forte indicativo de integridade do sistema auditivo em nível periférico e que padrões timpanométricos alterados obtidos com o uso de tons de sonda mais agudos não configuram necessariamente uma condição patológica.

Tanto o trabalho de Santos (1980) quanto o de Carvallo (1992) se revestem de grande importância uma vez que ambos foram realizados no Brasil, contribuindo para o estudo das medidas da imitância acústica nesta fase tão importante do desenvolvimento infantil.

2. As medidas da imitância acústica em pré-escolares e escolares e as triagens imitanciométricas

Os problemas de ouvido médio são responsáveis pelo grande número de perdas auditivas em crianças em seu primeiro ano escolar e, mais especificamente, nos pré-escolares. Estas perdas, na maioria das vezes, não são detectadas e passam despercebidas pelos pais e professores. Como conseqüência, as crianças são tidas como desatentas, demoram a aprender e, freqüentemente, apresentam problemas de fala.

Uma vez que as medidas da imitância acústica demonstraram sua superioridade em relação às da audiometria tonal na detecção das alterações de tuba auditiva e cavidade timpânica, em nosso país foram realizados vários estudos, a exemplo dos trabalhos realizados nos EUA e na Europa, visando determinar as características da imitância do ouvido médio nesta população, destacando-se entre eles os estudos de Russo (1981,1985), Iorio (1985), Pereira (1985) e Quintanilha Ribeiro (1987).

Com o intuito de descrever os achados imitanciométricos de pré-escolares em função do sexo e da faixa etária, Russo (1981) aplicou as medidas da imitância acústica, ou seja, a timpanometria, a complacência estática, a pressão do ouvido médio e a pesquisa do nível mínimo de reflexo estapediano contralateral em 380 crianças de 4 a 6 anos de idade. As conclusões deste estudo revelaram que:

• a porcentagem de curvas timpanométricas do tipo A tende a aumentar com a idade, ao contrário dos timpanogramas dos tipos B e C;

• o grupo de crianças que teve maior representatividade nas pressões de ouvido médio abaixo de -100 daPa foi o de 4 anos de idade, no sexo masculino;

• os valores médios de complacência estática foram mais elevados para o sexo masculino e tendem a aumentar com a idade;

• os valores médios para o reflexo estapediano não diferiram em função do sexo, havendo uma tendência à redução destes níveis com o aumento da idade;

• a ausência do reflexo estapediano diminuiu com a idade e foi maior no sexo masculino. A autora verificou que estes achados são influenciados por sexo e idade e são comparáveis aos resultados obtidos por pesquisadores europeus e americanos, tais como: Brooks (1969), Lewis *et al.* (1974) Harker e Van Wagoner (1974), McCurdy *et al.* (1976).

Em trabalho posterior, Russo (1985) estudou a relação dos achados imitanciométricos com o nível sócio-econômico em 524 pré-escolares de 4 a 6 anos de idade. Deste grupo, 185 pertenciam ao nível sócio-econômico baixo, 172 ao médio e 185 ao nível alto. Os resultados deste estudo foram classificados arbitrariamente em quatro grupos ou categorias diagnósticas, com base no padrão de classificação timpanométrica proposto por Lidén *et al.* (1970) e Jerger (1970), onde a categoria A (Figura VIII-1) caracterizou-se pelo pico de máxima complacência situado entre os valores de pressão 0 a -99 daPa; complacência estática entre 0,20 e 0,90ml, reflexo estapediano presente nas quatro freqüências testadas, isto é, 500, 1000, 2000 e 4000 Hz.

A categoria diagnóstica B caracterizou-se pela ausência do pico de máxima complacência, curva timpanométrica plana, valores de complacência estática inferiores a 0,20ml e ausência de reflexo estapediano (Figura VIII-2).

A categoria diagnóstica C caracterizou-se por apresentar picos de máxima complacência deslocados para pressões negativas abaixo de -100 daPa, valores de complacência estática superiores a 0,50 ml e elevação acima de 110 dBNA ou ausência do reflexo estapediano (Figura VIII-3).

Na categoria D foram classificados os timpanogramas do tipo A, com ausência de reflexo estapediano em todas as freqüências testadas.

Os resultados obtidos podem ser sumarizados no Quadro VIII-5, onde foi estabelecida a relação entre a faixa etária, o nível sócio-econômico e a categoria diagnóstica.

Quadro VIII-5

Relação entre as categorias diagnósticas, a faixa etária e o nível sócio-econômico

Faixa etária (anos)	Tipo de curva	Nº de ouvidos	NSE baixo	Nº de ouvidos	NSE médio	Nº de ouvidos	NSE alto
4-5	A	68	46,0%	66	48,5%	76	46,0%
	B		16,2%		13,7%		18,5%
	C		37,8%		37,9%		34,0%
	D		–		–		1,5%
5-6	A	73	47,0%	69	60,8%	74	69,0%
	B		13,7%		8,7%		5,5%
	C		39,3%		30,5%		25,5%
	D		–		–		–
6-7	A	78	54,0%	68	57,4%	79	60,8%
	B		7,7%		8,8%		12,6%
	C		34,7%		30,8%		26,6%
	D		3,6%		3,0%		–

(Russo, 1985)

A análise dos resultados mostrou uma elevação da incidência da categoria A (normais) à medida que o nível sócio-econômico se elevou e com o aumento da idade. Houve uma diminuição de incidência da categoria B, com o aumento da idade. O grupo de 4 anos de idade foi aquele que menor representatividade teve na categoria A, apresentando a mais elevada porcentagem de incidência da categoria B (curvas sugestivas de presença de secreção na cavidade timpânica) e uma equivalência de incidência da categoria C (curvas sugestivas de disfunções na tuba auditiva). A incidência da categoria D foi extremamente baixa na faixa de 4-5, ausente na faixa de 5-6, voltando a ocorrer em pequena proporção na faixa dos 6-7 anos de idade.

Entretanto, a análise estatística destes achados revelou não haver diferenças significantes no tocante à incidência de alterações imitanciométricas sugestivas de problemas da cavidade timpânica e da tuba auditiva, quando são levados em consideração as variáveis sexo, faixa etária e nível sócio-econômico. Os problemas de ouvido médio nesta faixa etária decorrem, na maioria das vezes, da imaturidade funcional da tuba auditiva e da elevada incidência de afecções das vias aéreas superiores (McCurdy *et al.*, 1976).

Iorio (1985) estudou os valores de pressão, volume de ouvido médio e o reflexo acústico contralateral do músculo do estribo em 381 escolares de 6 a 14 anos de idade em função do sexo e da faixa etária. Dividiu a amostra em dois grupos etários, isto é, de 6-9 e de 10-14 anos e seus resultados revelaram a presença de reflexo estapediano nas freqüências estudadas em 99% da população estudada. Quanto aos valores obtidos para pressão do ouvido médio, a autora não encontrou diferenças estatísticas significantes entre os sexos e os dois grupos etários estudados, mas seus resultados mostraram um aumento de 0,1 ml no valor obtido para o volume do ouvido médio para o grupo de 10-14 anos, indicando que este valor aumenta com a idade.

Pereira (1985) estudou nessa mesma população a presença do reflexo acústico contralateral do músculo do estribo, com o objetivo de analisar as diferenças entre os níveis mínimos obtidos para o reflexo e os limiares de audibilidade, entre sexo e faixa etária. Encontrou mais de 4/5 de reflexos presentes nas freqüências pesquisadas, mas seus resultados não mostraram associação estatisticamente significante entre a presença de reflexo nas freqüências de 500, 1000 e 2000 Hz e o lado do ouvido eferente entre sexo e faixa etária. Entretanto, encontrou maior número de reflexos ausentes para a freqüência de 4000 Hz no grupo de 6 a 9 anos do sexo feminino e no grupo de 10 a 14 anos do sexo masculino. Obteve 90% de reflexos presentes para o grupo de 6 a 9 anos de idade e 84% para o grupo de 10 a 14 anos, sendo esta diferença considerada estatisticamente significante. Suas conclusões não revelaram diferenças estatisticamente significantes entre as médias obtidas para os níveis mínimos de reflexo contralateral do músculo do estribo e os limiares de audibilidade entre sexo e faixa etária.

A *American Speech-Language-Hearing Association* (ASHA — Associação Americana de Fala-Linguagem-Audição), em 1978, propôs um roteiro para a aplicação das medidas da imitância acústica de forma mais rápida e eficaz em programas de triagem em pré-escolares e escolares. Este roteiro divide os resultados em três classes, segundo a timpanometria e o reflexo estapediano a 100 dBNA em 1000 Hz:

Classe 1 — crianças que passam na triagem, apresentando pressão de ouvido médio normal e presença do reflexo estapediano;

Classe 2 — (de risco) crianças que apresentam valores de pressão de ouvido médio inferiores a -200 daPa ou ausência do reflexo estapediano;

Classe 3 — crianças que falham na triagem, apresentando pressão de ouvido médio anormal e ausência do reflexo estapediano.

As crianças das classes 2 e 3 deverão ser encaminhadas para a realização de avaliação otológico-audiológica completa.

A eficácia da triagem imitanciométrica está limitada à identificação de problemas de ouvido médio. A associação de dois tipos de triagem, a audiométrica e a impedanciométrica é, possivelmente, a melhor maneira de detectar problemas auditivos a fim de minimizar os efeitos negativos da perda auditiva em nossa população.

Quintanilha Ribeiro (1987), desenvolveu um procedimento de triagem que associa a otoscopia, a aplicação da timpanometria, a pesquisa do reflexo acústico contralateral para um tom de 1000 Hz a 120 dBNA e a audibilidade de um tom puro na freqüência de 4000 Hz a 30 dBNA, detectando alterações de ouvido médio em 172 das 1044 crianças testadas, supostamente normais, mas que na verdade necessitavam de tratamento. O método revelou ser eficaz, confiável e prático, devido à rapidez (2 minutos por criança) sendo, portanto, recomendado na triagem auditiva de pré-escolares e escolares em nosso meio.

Figura VIII-1

TIMPANOMETRIA – TIPO A

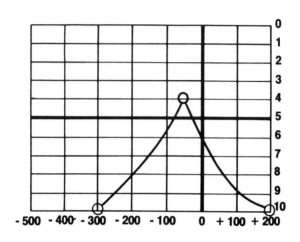

COMPLACÊNCIA ESTÁTICA

	O.D.	O.E.
Pressão O.M.		
Máx. Relax.		
+200 mmH$_2$0		
Vol. Equival.	0,20 a	0,50 cc

REFLEXO MÚSCULO ESTAPÉDIO CONTRALATERAL

VIA AF. DIR.				Hz	VIA AF. ESQ.			
L.A.	L.R.	DIF.	TDT		L.A.	L.R.	DIF.	TDT.
	P			500		P		
	P			1K		P		
	P			2K		P		
	P			4K		P		

Figura VIII-2

TIMPANOMETRIA – TIPO B

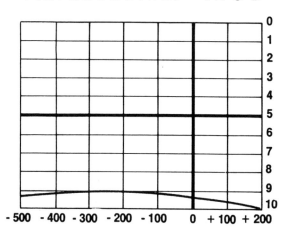

COMPLACÊNCIA ESTÁTICA

	O.D.	O.E.
Pressão O.M.		
Máx. Relax.		
+200 mmH$_2$0		
Vol. Equival.	< 0,20 cc	cc

REFLEXO MÚSCULO ESTAPÉDIO CONTRALATERAL

VIA AF. DIR.				Hz	VIA AF. ESQ.			
L.A.	L.R.	DIF.	TDT		L.A.	L.R.	DIF.	TDT.
	NR			500		NR		
	NR			1K		NR		
	NR			2K		NR		
	NR			4K		NR		

Figura VIII-3

TIMPANOMETRIA – TIPO C

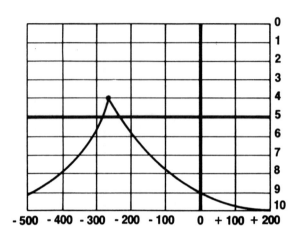

COMPLACÊNCIA ESTÁTICA

	O.D.	O.E.
Pressão O.M.		
Máx. Relax.		
+200 mmH$_2$0		
Vol. Equival.	〉 0,50 cc	

REFLEXO MÚSCULO ESTAPÉDIO CONTRALATERAL

VIA AF. DIR.				Hz	VIA AF. ESQ.			
L.A.	L.R.	DIF.	TDT		L.A.	L.R.	DIF.	TDT
	P			500		115		
	P			1K		120		
	P			2K		120 ↓		
	P			4K		120 ↓		

Um comitê da ASHA formado em 1990 criou um roteiro básico para a triagem de problemas de ouvido médio em crianças, recomendando a inclusão de alguns procedimentos, tais como a obtenção da história, inspeção visual, audiometria de identificação e timpanometria, excluindo a pesquisa do reflexo estapediano.

Quanto à história, não há necessidade de obter-se uma anamnese completa, bastando que constem informações sobre episódios de otalgia ou otorréia que possam ter ocorrido com a criança, dados estes que ·poderão ser obtidos através de carta enviada aos pais, contendo espaço para a autorização destes.

A inspeção visual deve incluir observação de qualquer malformação de pavilhão e/ou meato acústico externo, a otoscopia, a fim de eliminar a presença de qualquer corpo estranho, inflamação, alteração de membrana timpânica ou cerúmen potencialmente obstrutivo que impeça a visualização do tímpano.

A audiometria de identificação inclui a triagem audiométrica nas freqüências de 1000, 2000 e 4000 Hz a 20 dBNA nos dois ouvidos (ASHA, 1985), a fim de detectar além da perda condutiva gerada pelo problema de ouvido médio, perdas neuro-sensoriais.

A timpanometria, a medida do volume equivalente do ouvido médio e a amplitude do timpanograma são as medições imitanciométricas constantes neste protocolo, o qual excluiu a pesquisa do reflexo estapediano por concordar com o fato de que a ausência deste pode decorrer de três principais razões: 1 — redução na entrada do mecanismo devida a problema de ouvido médio; 2 — redução na transmissão pela via aferente devida a perda auditiva neuro-sensorial e 3 — funcionamento anormal da porção eferente do arco reflexo decorrente de alterações de tronco cerebral ou nervo facial. Diante destas razões o comitê não recomendou a inclusão da pesquisa do reflexo acústico neste protocolo de triagem para perdas auditivas decorrentes de alterações de ouvido médio.

Os critérios para a falha propostos pela ASHA (1990) são os seguintes:

I - História - Otalgia/Otorréia

II - Inspeção visual

    A. Defeitos estruturais de orelha, cabeça ou pescoço

    B. Anormalidades de meato acústico externo

        1. sangue ou efusão

2. oclusão
3. inflamação
4. cerúmen excessivo, tumor ou corpo estranho

C. Anormalidades de membrana timpânica
   1. cor anormal
   2. tímpano abaulado
   3. linha de fluido ou bolhas
   4. perfuração
   5. retração

III - Audiometria de Identificação - qualquer falha no procedimento de triagem audiométrica anteriormente descrito neste capítulo (ASHA, 1985).

IV - Timpanometria

A. Timpanograma plano.

B. Baixo pico de admitância em duas ocorrências sucessivas num intervalo de 4 a 6 semanas.

C. Timpanograma com amplitude exagerada em duas ocorrências sucessivas num intervalo de 4 a 6 semanas.

3. A predição do limiar auditivo a partir do reflexo estapediano

É importante ressaltar que, na avaliação audiológica da criança, nenhum teste isolado tem valor diagnóstico absoluto e, pelo fato de a imitanciometria ser um teste objetivo e rápido complementa sobremaneira os achados audiométricos. Sua aplicação clínica não se restringe ao diagnóstico diferencial das patologias de ouvido médio. Por outro lado, a detecção do recrutamento por meio da pesquisa do reflexo estapediano facilita o trabalho de indicação, seleção e adaptação do aparelho de amplificação sonora individual nas deficiências auditivas neuro-sensoriais em crianças pequenas.

Outra aplicação possível da medida do reflexo estapediano diz respeito à possibilidade de se predizer o limiar auditivo para a via aérea, baseando-se nos valores obtidos para reflexo estapediano, usando-se como estímulo acústico o ruído branco e o tom puro.

Figura VIII-4
Criança sendo submetida a impedanciometria com brinquedo

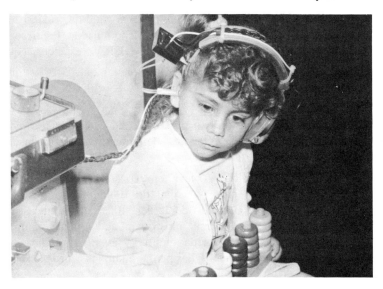

Em trabalho realizado por Deutsch (1972), onde foi pesquisado o nível mínimo de pressão sonora para tom puro (2000 e 4000 Hz) e para ruído de banda estreita capaz de provocar o reflexo estapediano em sujeitos com audição e ouvido médio normais, o autor demonstrou que era necessário uma energia sonora de 81 dBNPS, em média, para se obter o reflexo estapediano com tom puro; e que com 62 dBNPS, em média, era possível se obter o reflexo estapediano com ruído de banda estreita. Isto significa que com 19 dBNPS a menos no ruído, é possível obter-se o reflexo acústico do músculo estapédio.

Niemeyer e Sesterhenn (1974) observaram que os limiares do reflexo acústico para ruído branco são mais baixos do que para tom puro e que a diferença em dB entre os dois limiares está relacionada com o grau de perda auditiva neuro-sensorial.

Segundo Jerger *et al.* (1974) um ruído branco provoca uma sensação central de "somação de intensidade" e isto leva à impressão de que a intensidade é maior que a real, em pacientes cuja audição é normal e cujo ouvido médio também está normal. Nos pacientes com perda auditiva neuro-sensorial, o número de freqüências audíveis é menor e, como resultado, também a somação é menor e isto faz com que os níveis mínimos de resposta reflexa para ruído branco e para tom puro sejam próximos.

Em 1978, Jerger *et al.* apresentaram uma modificação do teste por eles elaborado em 1974. Este teste, denominado "Predição da Sensitividade através do Reflexo Acústico" (PSRA), estabelece que:

• se a diferença entre ruído e tom é menor que 20 e o limiar de reflexo para ruído de banda larga é de 95 dBNPS ou menos, pode-se esperar uma perda auditiva de leve à moderada;

• quando o limiar de reflexo para ruído de banda larga é maior que 95 dBNPS, é possível detectar uma perda auditiva neuro-sensorial severa.

Esta técnica — PSRA — leva em consideração o limiar de reflexo acústico absoluto para um sinal de 1000Hz e para o ruído de banda larga. Segundo o estudo de Jerger, 100% das crianças cuja audição foi prevista como normal mostraram audiogramas normais. Em 85% das crianças com perda auditiva severa a predição foi confirmada, o que ocorreu em 54% das perdas auditivas neuro-sensoriais moderadas.

A técnica de Jerger se utiliza do seguinte procedimento:

a) Obtenção das medidas timpanométricas e dos valores da complacência estática;

b) Obtenção do limiar de reflexo para as freqüências de 500, 1000 e 2000 Hz;

c) Obtenção da média dos limiares de reflexo para tom puro:

$$(\text{Limiar de reflexo} = \frac{500 + 1000 + 2000}{3});$$

d) Registro do valor de reflexo mais baixo entre os limiares de reflexo para tom puro;

e) Obtenção do limiar de reflexo para ruído de banda larga;

f) Obtenção da diferença entre a média do limiar de reflexo para tom puro e o limiar de reflexo para ruído (c-e);

g) Obtenção da diferença entre o limiar de reflexo mais baixo para tom puro e o limiar de reflexo para ruído (d-e);

h) Obtenção da diferença entre o limiar de reflexo para 500Hz e o limiar de reflexo para ruído branco.

O valor provável do limiar auditivo seria o resultado da média entre:

1. a diferença entre a média do limiar de reflexo para tom puro e o limiar de reflexo para ruído;

2. a diferença entre o limiar de reflexo mais baixo para tom puro e o limiar de reflexo para ruído;

3. a diferença entre o limiar de reflexo para 500Hz e o limiar de reflexo para ruído.

Em resumo, o limiar provável seria o resultado da seguinte fórmula:

$$\frac{1+2+3}{3}.$$

Avaliação dos resultados:

1. se a diferença for maior que 20 dB, espera-se limiar normal;

2. se a diferença estiver entre 10 e 19 dB, espera-se perda auditiva entre leve e moderada;

3. se a diferença estiver menor que 10 dB, espera-se perda auditiva severa;

4. se não se obtém reflexo para as três freqüências, espera-se perda de audição profunda;

5. se o valor de reflexo para ruído for igual ou menor que 90 dB, espera-se, mesmo que a diferença esteja entre 15 e 19 dB, que a audição esteja normal;

6. se o valor da diferença é menor que 10 dB, mas o limiar de reflexo para ruído for menor que 10 dB, espera-se perda auditiva de leve a moderada.

No Quadro VIII-6 encontra-se o resumo destes valores.

Quadro VIII-6

Valor da diferença entre as médias	Valor do limiar para ruído	Grau provável de perda auditiva
20 ou mais	qualquer	normal
15 a 19	90 dB ou menos	normal
15 a 19	maior que 90 dB	leve a moderada
10 a 14	qualquer	leve a moderada
menor que 10	100 dB ou menos	leve a moderada
menor que 10	maior que 100 dB	severa
sem reflexo	qualquer	profunda

(adaptado de Lopes Filho & Schievano, 1975)

Por exemplo: uma criança de oito anos de idade que apresenta os seguintes limiares de reflexo para tom puro e ruído de banda larga:

Via aferente direita

500 Hz - 105 dB

1000 Hz - 110 dB

2000 Hz - 100 dB

ruído - 90 dB

Procedimento:

1. média dos limiares de reflexo para tom puro:

$$\frac{100 + 110 + 105}{3} = 105.$$

2. diferença entre a média para tom puro e o valor para ruído:

105 - 90 = 15.

3. diferença entre o limiar de reflexo mais baixo e o limiar para ruído:

100 - 90 = 10.

4. diferença entre o limiar de reflexo para 500 Hz e o limiar para ruído:

105 - 90 = 15.

5. média das diferenças obtidas acima:

$$\frac{15 + 10 + 15}{3} = 13,3.$$

Aplicando-se os dados constantes no Quadro VIII-6, observa-se que o provável grau de perda auditiva para este ouvido é de leve a moderado.

No Brasil, Lopes Filho e Schievano (1975) publicaram um trabalho sobre predição do limiar auditivo por meio da imitanciometria, baseados na avaliação de 82 ouvidos, dos quais 47 com audição normal e 35 portadores de perda auditiva neuro-sensorial. Obtiveram 76,8% de predição correta e um erro moderado de 21,9% dos casos. A maior incidência de erros ocorreu no grupo de pacientes com deficiência auditiva moderada, onde o índice de acertos ficou por volta de 60%. Os autores concluíram que este método é de grande auxílio na avaliação da audição quando associado às outras medidas audiológicas, e que não tem valor quando um ou ambos ouvidos médios não forem normais.

4. Maneiras de facilitar a aplicação do exame em crianças

Embora as medidas da imitância acústica sejam uma técnica objetiva de avaliação da audição, de fácil aplicação, rápida e não traumatizante, a maior dificuldade encontrada em sua realização é a própria criança.

É necessário que o examinador tenha muita experiência, persistência e boa vontade para com a criança, além de perfeito domínio do equipamento. Ele deve estar preparado para trabalhar rápida e eficientemente, preocupando-se em obter as informações mais importantes para a avaliação geral, como, por exemplo: o pico de máxima admitância, a pressão do ouvido médio e a presença ou não do reflexo estapediano.

Nada dificulta mais a realização das medidas da imitância do ouvido médio do que uma criança que chora ou se movimenta em demasia. Para contornar estas dificuldades bastante freqüentes é recomendável realizar-se estas medidas após o término da audiometria, pois, a esta altura, a criança deverá estar mais confiante, relaxada e tranqüila.

Dependendo da faixa etária ou do estágio de desenvolvimento de linguagem, a criança é capaz de permitir a colocação da sonda através de uma explicação simples ou de uma estória. Contudo, para crianças com menos de dois anos de idade é imprescindível a utilização de recursos para distrair a sua atenção e evitar que ela retire a sonda. Podem ser empregados brinquedos coloridos, um molho de chaves, revistas ou livros ilustrados com figuras de animais; a própria chupeta ou mamadeira, se usadas em momento certo, são de grande auxílio.

Algumas das sugestões abaixo relacionadas poderão contribuir para aumentar as chances de aplicação bem-sucedida da imitanciometria em crianças pequenas:

a) com bebês recém-nascidos o maior obstáculo não é a reação do bebê, e sim a dimensão da haste que prende o fone e a sonda, ou seja, o conjunto de cabeça originalmente designado para adultos. Um modo de superar este obstáculo é soltar o fone e deitar o bebê em decúbito lateral com um dos ouvidos sobre o fone e introduzir a sonda no lado oposto. Os bebês recém-nascidos geralmente permanecem quietos, não oferecendo resistência à realização do teste. Após algumas semanas, o bebê pode apresentar choro, o qual pode ser eliminado com o uso da mamadeira enquanto ele se adapta ao objeto estranho colocado em seu ouvido. O mesmo procedimento deve ser aplicado para bebês até 3 meses de idade.

À medida que o bebê atinge os 6 meses de idade, maior é a dificuldade em mantê-lo quieto, e sua reação à colocação da sonda e do fone é mais evidente: ele tenta retirá-la com movimentos de cabeça e/ou ombro. Nessa fase, já é possível realizar o exame estando o bebê sentado e recostado no colo da mãe, utilizando o fone e a sonda presos na haste de sustentação. No caso de a haste ser muito grande para a cabeça da criança, pode-se utilizar uma espuma de borracha ou gaze, colocada no centro da cabeça. Para desviar sua atenção do equipamento é recomendável o uso de brinquedos que se iluminam, formas geométricas, brinquedos de corda a serem manipulados pela criança ou pela mãe.

Em torno dos 9 meses o bebê já consegue levar a mão para tentar retirar o fone e a sonda e por isso às vezes é necessário que a mãe segure seus braços e que o estímulo visual seja bastante interessante. O uso de um espelho nessa faixa etária é bastante eficaz, pois a criança se interessa pela imagem projetada e deixa de chorar.

O momento ideal para a realização da imitanciometria no bebê é quando ele está alimentado e em sono profundo; mas, como isso nem sempre acontece, as sugestões acima descritas funcionam muito bem, na maior parte das vezes.

b) A faixa etária em que a criança oferece maior resistência à realização do teste é entre 1 e 2 anos de idade. Nessa fase, a criança reage de forma global, com movimentos generalizados de todo o corpo, dificultando a manutenção da sonda e a adequada vedação do meato acústico externo. A criança é muito pequena para escutar e compreender estórias e nenhum brinquedo é suficientemente interessante para desviar sua atençao do teste, o que a faz gritar e chorar.

Nesses casos, bem como para crianças portadoras de outros distúrbios associados (problemas neurológicos, psicológicos e mentais), torna-se necessário o emprego da sedação. Entretanto, a prescrição do medicamento deve ser feita pelo médico da criança, em dosagem por ele recomendada e sob sua supervisão. O uso de sedativo deve ser sempre evitado, pois algumas dessas drogas podem inibir ou elevar os níveis de reflexo estapediano, bem como causar efeito contrário ao esperado, ou seja, excitar ao invés de acalmar (Lopes Filho *et al.* 1974).

c) Para crianças na faixa de 2 a 6 anos de idade, a estória da formiga tem produzido excelentes resultados, fazendo com que a criança não só permita a realização do teste, mas se envolva no contexto da estória, permanecendo calma e quieta:

> Conheço uma formiga muito sapeca que gosta de morar no ouvido das crianças. Ela aproveita a hora em que a criança dorme, deitada na areia ou na grama, e aí entra no ouvido e faz a sua casinha. Este aparelho (fone e sonda) serve para pegar a formiga e nessa borrachinha (adaptador) eu vou passar um açúcar especial (álcool). Agora vou colocar a borrachinha em seu ouvido para evitar que a formiga escape, está bem? Assim que ela sentir o cheirinho do açúcar, virá comê-lo e ficará presa na borrachinha; daí, então, eu poderei tirá-la do seu ouvido.

O maior problema desta estória é mostrar a formiga retirada do ouvido da criança. Entretanto, espera-se que a examinadora empregue a sua criatividade para sair de situações como esta.

Em outros casos, o uso de um brinquedo de encaixe pode ajudar a criança a se manter distraída e sem se mexer, o que facilita muito a execução do exame (Figura VIII-4).

Finalmente, não existem razões pelas quais uma criança não se submeta às medidas da imitância acústica, desde que as condições de meato acústico externo e membrana timpânica assim o permitam.

Bibliografia

ALLRED, P.F.; McCANDLESS, G.A.; WEAVER, R.M. Tympanometry and the emergence of the acoustic reflex in neonates. *Abstracts of the American Speech and Hearing Association Convention,* Las Vegas, 16:564, 1974.

AMERICAN NATIONAL STANDARDS INSTITUTE — ANSI. Proposed American National Standards Specification for Instruments to Measure Aural Acoustic Impedance and Admmitance (Aural Acoustic Immitance). *ANSI* S3.39, Nova Iorque, 1986.

AMERICAN SPEECH AND HEARING ASSOCIATION. Guidelines for acoustic immitance screening of middle ear function. *ASHA*, 20:550, 1978.

AMERICAN SPEECH-LANGUAGE-HEARING ASSOCIATION. Guidelines for identification Audiometry, *ASHA*, 27:49-52, 1985.

_____. Guidelines for screening for hearing impairment and middle ear disorders. *ASHA*, 32 (suppl.2):17-24. 1990.

BENNET, M. & WEATHERBY, L. Multiple probe frequency acoustic reflex measurements. *Scand. Audiol.*, 8;233-239, 1979.

_____. Newborn acoustic reflexes to noise and pure-tone signals. *J. Speech Hear Res.*, 25:383-387, 1982.

BROOKS, D.N. The use of electroacoustic impedance bridge in the assessment of middle ear function. *Int. Audiol.*, 8:563, 1969.

_____. Eletroacoustic impedance bridge studies in normal ears in childre. *Journal of Speech and Hear. Res.*, 14:247, 1971.

CARVALLO, R.M.M. *Medidas da Imitância Acústica em crianças de zero a oito meses de idade*. Tese de Doutorado. Escola Paulista de Medicina, São Paulo, 1992.

DEUTSCH, L. The threshold of the stapedius reflex for the pure tone and noise stimuli. *Arch. Otolaryngol.*, 74:248, 1972.

FELDMAN, A.S. & WILBER, L.A. *Acoustic impedance and admitance — the measurement of middle ear function*. Baltimore, The Williams and Wilkins Co., 1976.

GROOTHIUS, J.R.; ALTEMEIER, W.A.; WRIGHT, P.F. *et al.* The evolution and resolution of otitis media in infants: tympanometric findings. In: HARFORD, E.R.; BESS, F.H.; BLUESTONE, C.D. *et al. Impedance screening for middle ear disease in children*. Nova Iorque, Grüne & Stratton Inc., p. 105-109, 1978.

GROOTHIUS, J.R.; SELL, S.H.W.; WRIGTH, P.F. *et al.* Otitis media in infancy: tympanometric findings. *Pediatrics*, 63:435-442, 1979.

HABENER, S. & SNYDER, J Stapedius reflex amplitude and decay in normal hearing ears. *Arch. Otolaryngol.*, 100:294, 1974.

HARKER, L.A. & VAN WAGONER, R. Application of impedance audiometry as a screening instrument. *Arch. Otolaryngol.*, 77·198, 1974.

IORIO, M.C.M. *Estudo impedanciométrico das variações da pressão e volume da orelha média e presença de reflexos acústicos em escolares brasileiros*. Tese de Mestrado. Escola Paulista de Medicina, São Paulo, 1985.

JERGER, J. Clinical experience with impedance audiometry. *Arch. Otolaryng.*, 92:311, 1970.

_____. Impedance Terminology. *Arch. Otolaryng.*, 101:589-90, 1975.

JERGER, J. *et al.* Predicting hearing loss from the acoustic reflex. *J. Speech and Hear. Dis.*, 39:11, 1974.

JERGER, J. & HAYES, D. Diagnostic applications of impedance audiometry: middle ear disorder; sensorineural disorder. In: JERGER, J. & NORTHERN, J.L. (eds.). *Clinical Impedance Audiometry*. 2. ed. Acton, M.A. American Electromedics Corp., ch. 6, p. 109-127, 1980.

JERGER, J.; HAYES, D.; ANTHONY, L.; MAULDIN, L. Factors influencing prediction of hearing levels from the acoustic reflex. *Monogr. Contemp. Audiol.*, 1:1, 1978.

JERGER, S.; JERGER, J.; MAULDIN, L.; SEGAL, P. Studies in impedance audiometry II — Children less than six years. *Arch. Otolaryngol.*, 99:1, 1974.

KEITH, R.W. Impedance audiometry with neonates. *Arch. Otolaryngol.*, 97:465, 1973.

KEITH, R.W. Middle ear function in neonates. *Arch. Otolaryngol.*, 101: 376-379, 1975.

_____. Commentary. Letter to the editor. *Audiol. Hear Educ.*, 4:28, 1978.

LEWIS, A.N.; BARRY, M.; STUART, J.E. Screening procedures for the identification of hearing and ear disorders in Australian aborigenal children. *J. Laryngol. Otol.*, 88:335, 1974.

LIDÉN, G.; PETERSON, J.L.; BJORKMAN, G. Tympanometry: a method for analysis of middlle ear function. *Acta Otolaryngol.*, (Estocolmo), 263:218-224, 1970.

LOPES FILHO, O.C. Contribuição ao estudo clínico da impedância acústica. Tese de Doutoramento. Departamento de ORL da Faculdade de Medicina da USP, São Paulo 1972.

LOPES FILHO, O.C.; ARRUDA, A.E.D.; SOUZANI, H.; RUSSO, I.C.P. Estudo clínico da ação de sedativos em exames impedanciométricos. *Rev. Brasil. Oto-rino-laring.*, 40 (2/3):236-240, 1974.

LOPES FILHO, O.C. & SCHIEVANO, S.R. Predição do limiar auditivo por meio da impedanciometria. *Rev. Bras. de ORL*, 41:238, 1975.

MAUDONNET, O. & PASCOAL, J. Qual é o real valor da impedanciometria? *Rev. Bras. de ORL*, 42:223, 1973.

MARGOLIS, R.H. & POPELKA, G.R. Static and dynamic acoustic impedance measurement in infant ears. *J. Speech Hear. Res.*, 18:435, 1975.

McCANDLESS, G.A. & ALLRED, P.L. Tympanometry and emergence of the acoustic reflex in infants. In: HARFORD, E.R.; BESS.; F.H., BLUESTONE, C.D. *et al. Impedance screening for middle ear disease in children*. Nova Iorque, Grüne & Stratton Inc., p. 56-57, 1978.

McCURDY, J.A. *et al.* Auditory screening of preschool children with impedance audiometry — a comparison with pure tone audiometry. *Clin. Pediatr.* (Filadélfia), 15(5):436, 1976.

METZ, O. Threshold of reflex contraction of muscles of middle ear and recruitment of loudness. *Arch. Otolaryngol.*, 55:536, 1952.

NEWMAN, R.L. *et al.* Application of the Neimeyer method of predicting hearing loss in neonates and infants. *Abstracts of the American Speech and Hearing Association Convention*. Las Vegas, 16:564, 1974.

NIEMEYER, W. & SESTERHENN, G. Calculating the hearing threshold from the stapedius reflex for different sound stimuli. *Audiology*, 13:421, 1974.

NORTHERN, J. L. & DOWNS, M.P. *Hearing in Children*. 4.th ed. Baltimore, The Williams and Wilkins Co., 1991.

ORCHIK, D.J.; DUNN, J.W.; McNUTT, L. Tympanometry as a predictor of middle ear effusion. *Arch. Otolaryngol.*, 104:4-6, 1978a.

ORCHIK, D.J.; MORFF, R.; DUNN, J.W. Impedance audiometry in serous otitis media. *Arch. Otolaryngol*, 104:409-412, 1978b.

PARADISE, J.L.; SMITH, C.; BLUESTONE, C.D. Tympanometric detection of middle ear effusion in infants and young children. *Pediatrics*, 58:198-206, 1976.

PEREIRA, L.D. *Ocorrência de reflexos acústicos e sua relação com os limiares de audibilidade em escolares brasileiros*. Tese de Mestrado. Escola Paulista de Medicina, São Paulo, 1985.

QUINTANILHA RIBEIRO, F. A. *Um método prático para a avaliação de comprometimento do aparelho auditivo em crianças*. Tese de Mestrado. Escola Paulista de Medicina, São Paulo, 1987.

REICHERT, T.J.; CANTEKIN, E.I.; RIDING, K.H. *et al.* Diagnosis of middle ear effusions in young infants by otoscopy and tympanometry. In: HARFORD, E.R.; BESS, F.H.; BLUESTONE, C.D. *et al. Impedance screening for middle ear disease in children*. Nova Iorque, Grüne & Stratton Inc., 1978 p. 69-79..

ROBERTSON, E.O.; PETERSON. J.L.; LAMB, L.E. Relative impedance measurements in young children. *Arch. Otolaryngol.*, 88:162, 1968.

ROSEMBERG, J.S.; BRENMAN, A.K. & ROSEMBERG, P. E. Validity of impedance audiometry in: HARFORD, E.R.; BESS, F.H.; BLUESTONE, C.D. & KLEIN, J.O. *Impedance screening of middle ear disease in children*. Nova Iorque, Grüne & Stratton Inc., 1978, p. 97-104.

RUSSO, I.C.P. *Achados impedanciométricos em crianças de 4 a 6 anos de idade*. Tese de mestrado. PUC-São Paulo, 1981.

_____. *Achados impedanciométricos em pré-escolares de níveis sócio-econômicos baixo, médio e alto*. Tese de mestrado. Escola Paulista de Medicina, São Paulo, 1985.

RUSSO, I.C.P. & SANTOS, T.M.M. *A prática da Audiologia Clínica*. 4. ed. revista e ampliada. São Paulo, Cortez, 1993.

SANTOS, T.M.M. *Estudo do reflexo acústico contralateral do músculo estapédio em bebês de 12 horas de vida a 9 meses de idade*. Tese de Mestrado. PUC-São Paulo, 1980.

SCHWARTZ, D.M. & SCHWARTZ, R.H. A comparison of tympanometry and acoustic reflex measurements for detecting middle ear effusion in infants below seven months of age. In: HARFORD, E. R. *et al. Impedance screening for middle ear disease in children*. Nova Iorque, Grüne & Stratton Inc., 1978.

_____. Tympanometric findings in young infants with middle ear effusion: some further observations. *Int. J. Pediatr. Otolaryngol.*, 2:67-72, 1980.

WILEY, T. & BLOCK, M. Overview and basic principles of acoustic immitance measurements. In: KATZ. (ed.) *Handbook of Clinical Audiology* 3. ed. Baltimore, The Williams and Wilkins, 1985.

WRIGHT, P.; McCONNEL, K.; THOMPSON, J.; VAUGHN, W.; SELLS, S. A longitudinal study of the detection of otitis media in the first two years of life. *Int. J. Pediatr. Otorhinolaryngol.*, 10:245-252, 1985.

CAPÍTULO IX
A criança com outras dificuldades

Nem sempre a criança, cuja audição avaliamos, apresenta uma perda auditiva; muitas até se comportam como deficientes auditivas, apesar de mostrarem achados audiológicos considerados clinicamente normais.

O diagnóstico precoce do verdadeiro problema de uma criança pode diminuir os efeitos negativos causados pela deficiência, seja ela orgânica ou psicológica. Uma criança deficiente auditiva que é tratada erroneamente como autista ou deficiente mental pode sofrer conseqüências psicológicas desastrosas em seu desenvolvimento global, as quais muitas vezes poderiam ter sido evitadas com o diagnóstico correto e o uso de recursos adequados.

Os cuidados na seleção dos procedimentos e das técnicas de avaliação audiológica a serem empregados em uma população infantil não devem ser subestimados. Nem sempre a criança que está sob avaliação apresenta maturidade mental, física e psicológica; por esta razão, a ausência de respostas abertas ao estímulo sonoro nem sempre é um indicativo de perda auditiva. Muitas vezes, a criança responde indiretamente ao estímulo sonoro.

Estas crianças necessitam de estratégias e meios de avaliação diferentes daqueles empregados na rotina audiológica convencional. Uma observação cuidadosa do seu comportamento auditivo, onde serão obtidas informações sobre fatores, tais como: padrão de voz, padrão de fala, desenvolvimento da linguagem, o uso que faz de pistas visuais, comportamento social etc. pode auxiliar no levantamento da hipótese de comprometimento ao nível do Sistema Nervoso Central ou de um problema emocional. Somente o emprego de testes específicos, principalmente na área dos problemas perceptuais auditivos, é que pode determinar a causa das dificuldades da criança.

O atraso ou o não desenvolvimento da fala é, muitas vezes, o motivo de maior preocupação dos pais, que iniciam então uma *via crucis* de consultas a especialistas, tentando descobrir o porquê do problema do(a) filho(a). Algumas crianças não desenvolvem linguagem e fala normalmente, devido à deficiência mental; outras por apresentarem distúrbios emocionais; outras por deficiência auditiva e outras por serem portadoras de distúrbios auditivos centrais (afásicas). Como, em geral, a criança que não ouve, não fala, fica muito difícil para os pais e para o examinador inexperiente aceitarem a idéia de que a audição da criança está normal, mas que seu atraso no desenvolvimento da fala está acontecendo em decorrência de outros problemas.

O diagnóstico diferencial precoce é, portanto, de suma importância, uma vez que a rotina terapêutica a ser proposta para uma criança deficiente mental é completamente diferente daquela a ser proposta para uma criança autista ou deficiente auditiva periférica.

As desordens auditivas da criança afásica, deficiente mental e emocionalmente perturbada não devem ser confundidas com aquelas da criança que apresenta deficiência auditiva periférica (Myklebust, 1954).

Em todas as etapas da avaliação audiológica a audição deve ser vista não só como um processo fisiológico distinto de outras funções sensoriais, mas como uma parte integrante do comportamento da criança. A audição pode ser avaliada de forma mais adequada somente quando é considerada como parte do desenvolvimento global da criança.

O distúrbio auditivo é mais um aspecto a ser avaliado e classificado. Os distúrbios auditivos presentes nas crianças afásicas, deficientes mentais e com problemas emocionais não devem ser confundidos com aqueles das crianças com deficiência auditiva.

Este conceito de distúrbio auditivo e sua avaliação em bebês e crianças pequenas reforça outros problemas que estão relacionados ao comportamento auditivo. Algumas crianças podem não reagir ao som, embora tenham acuidade auditiva normal; outras podem responder normalmente a certas freqüências sonoras, embora tenham deficiência auditiva moderada/severa nas freqüências da fala. Outras, ainda, apresentam respostas inconsistentes ao som, às vezes manifestando reações abertas para sons fracos e outras vezes ignorando sons fortes.

A análise de situações isoladas de resposta auditiva pode levar o examinador a conclusões errôneas. A criança e seu comportamento frente ao mundo sonoro devem ser avaliados em relação a toda sua sintomatologia e não somente em relação às suas respostas ao som. O diagnóstico só pode ser feito depois que todas as evidências clínicas e sintomatológicas forem examinadas e usadas de forma a confirmar e validar as respostas auditivas da criança.

Na criança com múltipla deficiência, a dificuldade maior reside no estabelecimento do grau de comprometimento de cada uma de suas dificuldades, pois é sabido que nem todas estão comprometidas no mesmo nível e grau.

O diagnóstico diferencial precoce permite ao examinador orientar e esclarecer os pais quanto aos procedimentos a serem tomados para minimizar as dificuldades da criança. Todos os examinadores, não importando a área de especialização, devem estar convencidos de que é sua obrigação ter um mínimo de conhecimento que lhes permita identificar o tipo de distúrbio de linguagem que está presente. Devem ser capazes de explorar as várias possibilidades de diagnóstico a tal ponto que possam determinar o tipo de distúrbio auditivo e possam, então, inferir na sua relação com o desenvolvimento da linguagem.

Myklebust (1954) organizou um estudo sobre o comportamento auditivo de um grupo de 228 crianças que apresentavam atraso no desenvolvimento de fala, caracterizando-as, segundo suas manifestações, nos seguintes aspectos: qualidade de voz, qualidade da fala, uso de gestos, desenvolvimento motor, uso de pistas visuais, uso dos resíduos auditivos, qualidade do riso e do choro etc. O resumo que será apresentado a seguir mostra quanta informação pode ser obtida a partir da observação do comportamento da criança durante uma avaliação audiológica. É a sinopse do trabalho integral de Myklebust (1954) que foi originalmente apresentado em seu livro *Auditory Disorders in Children.*

1. A avaliação do comportamento auditivo como fator de diagnóstico diferencial

O diagnóstico diferencial dos distúrbios auditivos em crianças pequenas (4 anos) poderá ser feito a partir dos dados da anamnese, da avaliação clínica do comportamento e do exame clínico da criança.

O processo de análise diferencial do comportamento da criança implica no fato de o examinador ter experiência e treino em observação, além de conhecer a sintomatologia comportamental dos diversos distúrbios auditivos encontrados em crianças pequenas.

Mesmo que este conhecimento não constitua a solução para todos os problemas do diagnóstico diferencial, uma vez que crianças com múltiplas deficiências apresentam características comportamentais de mais de um distúrbio, é de suma importância a avaliação qualitativa dessa sintomatologia. Por essa razão, serão descritas as principais características comportamentais da *deficiência auditiva periférica, da afasia, do distúrbio emocional e da deficiência mental.*

1.1. Sintomas comportamentais da criança com deficiência auditiva periférica

A criança deficiente auditiva periférica apresenta deprivação em um dos sentidos básicos para o estabelecimento de contato com o mundo e o ambiente que a rodeia, o que é fundamental para o desenvolvimento da linguagem oral.

Por apresentar dificuldade para ouvir, não consegue desenvolver a linguagem oral, mas usa sua voz de modo projetivo para chamar a atenção dos outros sobre si. Pelo fato de não possuir o *feedback* acústico-articulatório, suas vocalizações não apresentam melodia e têm qualidade tonal característica: gutural, com flutuações de altura e intensidade. Utiliza-se de gestos indicativos e representativos para acompanhar suas tentativas de comunicação. Faz uso intensivo e compensatório de todas as sensações captadas pela pista visual, tátil e até mesmo por seus resíduos auditivos. Expressões faciais, mímicas, leitura oro-facial, vibrações, são fontes ricas de informações para ela.

Em geral, seu desenvolvimento motor é normal. Em algumas situações pode apresentar atividade motora maior do que a normal, devido à grande necessidade de explorar visualmente o ambiente. Sua marcha pode ser ruidosa, arrastando os pés e, no caso de problema vestibular associado à deficiência auditiva, pode apresentar problemas de equilíbrio ou balanceio. Seu desenvolvimento emocional pode estar atrasado e imaturo, mas não pode ser considerado atípico.

1.2. Sintomas comportamentais da criança afásica — lesões neurológicas centrais

Os principais sintomas comportamentais apresentados pelas crianças afásicas podem ser resumidos, desde que não esqueçamos a enorme variedade de graus em que estas lesões podem se manifestar.

A criança portadora de afasia expressiva mostra bom relacionamento com seu ambiente e, geralmente, responde normalmente ao som.

Na afasia receptiva, a inabilidade para interpretar os símbolos da linguagem verbal é mais comum e, por esta razão, freqüentemente confundida com a deficiência auditiva periférica. Em geral, são crianças que ignoram os sons da fala e demais estímulos acústicos.

Suas tentativas de comunicação limitam-se a jargões sem sentido ou estereótipos usados de forma não-projetiva, desacompanhados de gestos simbólicos ou representativos. Suas vocalizações apresentam qualidade tonal idêntica à da criança ouvinte normal.

Suas respostas ao som são caracteristicamente erráticas e inconsistentes; podem num momento responder a um estímulo de pequena intensidade e no momento seguinte ignorá-lo, mesmo quando apresentado em nível mais intenso.

O comportamento emocional mostra diminuição na intensidade de suas manifestações afetivo-emocionais. Em geral, o choro e o riso resultam do cansaço ou da fadiga.

Apresentam pouca sensitividade para pistas visuais, expressões faciais e sensações táteis. Portanto, não se utilizam delas para receberem informações do ambiente em que vivem.

Estas crianças apresentam retardo no desenvolvimento motor e sua atividade motora não tem direção ou objetivo. Distraem-se facilmente e não conseguem manter-se concentradas em uma atividade ou brinquedo. Manifestam comportamento perseverativo, são altamente distraídas e completamente desinibidas. Estes três sintomas mostram a falha existente na estruturação do seu mundo simbólico, o que resulta na desintegração psicológica, quando estas crianças são confrontadas com diversos estímulos sensoriais.

1.3. Sintomas comportamentais da criança com distúrbio emocional (surdez psíquica)

A audição é um sentido primário para possibilitar contato com o mundo. Quando surge um conflito entre as necessidades internas da criança e seu ambiente, ela se protege anulando partes do seu contato com o meio: "tampa os ouvidos". As crianças com distúrbios emocionais podem ser confundidas com o deficiente auditivo periférico por não apresentarem respostas ao mundo sonoro. Para essas crianças, o mundo sonoro não é agradável nem lhes desperta boas sensações.

A história do desenvolvimento dessas crianças mostra fases em que elas pareciam usar sua audição; aos poucos, foi diminuindo o uso da fala e da audição.

Estas crianças não se comunicam por intermédio da fala, podendo até apresentar mutismo. Quando as vocalizações ocorrem, mostram qualidade tonal compatível com a da criança normal. A improvisação dos sons ocorre em situações em que a criança está envolvida com o seu mundo interior.

Suas respostas aos estímulos sonoros são indiretas e, geralmente, para estímulos de pouca intensidade. Pode sorrir quando ouve o seu nome, mesmo a uma pequena intensidade.

Raramente riem ou choram, mesmo quando se machucam; se choram, fazem-no sem lágrimas. Rejeitam todos os estímulos sensoriais. Dessa forma, não se utilizam de pistas visuais, expressões faciais e sensações táteis. Em geral, não aceitam contato face a face; parecem olhar através do falante.

O desenvolvimento motor é normal, mas seu comportamento pode ser estereotipado ou ritualizado, com balanceios ou mantendo-se na mesma posição por bastante tempo.

Sua percepção social é deficiente; agem como se as outras pessoas não existissem.

1.4. Sintomas comportamentais da criança com deficiência mental

Outro quadro de distúrbio de comunicação que pode ser, em alguns momentos, confundido com a deficiência auditiva periférica é a deficiência mental.

Os deficientes mentais apresentam um padrão de comportamento global característico, ou seja, atrasado. Seu desenvolvimento motor e de linguagem está de acordo com seu potencial intelectual: quanto mais rebaixado, mais lento e menos preciso.

Suas respostas ao estímulo sonoro são adequadas desde que o estímulo apresentado seja cuidadosamente selecionado e criteriosamente administrado. Suas reações são compatíveis com seu nível mental, mas bastante alteradas quando comparadas à sua idade cronológica. Apresentam, geralmente, melhores respostas para sons concretos e com significado do que para tons puros.

As manifestações do seu comportamento emocional encontram-se reduzidas em qualidade. Usam as pistas sociais e as expressões faciais como forma de entender o que ocorre à sua volta, mas sempre de modo limitado por sua capacidade.

2. O distúrbio de processamento auditivo central e sua avaliação

Sabe-se que o mais alto nível de audição reside no fato de que o homem — por sua grande habilidade de distinguir e reconhecer o significado dos sons — é capaz não só de produzir uma enorme variedade deles por meio da fala, como também de desenvolver um sistema de comunicação estruturado e único de sua espécie: a linguagem falada. É indispensável, pois, que o audiologista disponha dos meios apropriados para proceder à avaliação desta função sobremodo importante.

Os problemas perceptuais e de processamento auditivo são objeto de estudo em várias disciplinas, destacando-se a neurologia, a psicologia, a pedagogia e a fonoaudiologia. Desse modo, podem receber terminologias e abordagens terapêuticas diferentes, dependendo do enfoque estudado pela respectiva área.

A avaliação e o atendimento da criança que apresenta limitações evidentes em suas habilidades para responder, decodificar, reconhecer, compreender, memorizar, manipular e aplicar de modo efetivo as informações auditivas é uma tarefa bastante complexa e que não pode ser generalizada para todas as crianças.

A avaliação tem como objetivo determinar qual destas habilidades encontra-se mais prejudicada na criança examinada, necessitando, pois, de treinamento imediato. A padronização dos procedimentos de avaliação nos permite apenas estabelecer parâmetros comparativos, mas nunca garantir prognósticos.

O atendimento destas crianças deve estar centrado nas dificuldades específicas de cada uma delas, com o objetivo final de integrá-la ao sistema educacional vigente, atendendo às suas necessidades de integração social e comunitária.

Crianças com problemas perceptuais e/ou de processamento auditivo costumam caracterizar-se, fundamentalmente, por revelarem grande dificuldade em acompanhar a escolaridade, observando-se algumas características, tais como:

a) déficit na discriminação figura/fundo;

b) atenção auditiva diminuída no tempo e na qualidade;

c) limitações na memória e na evocação;

d) retardo no desenvolvimento da linguagem receptiva (Matkin, 1982);

e) padrões deficitários para habilidades integrativas (somação binaural);

f) redução na habilidade para seqüenciar a informação auditiva;

g) dificuldade para associar símbolos auditivos a visuais;

h) dificuldade para receber estímulos de fala cuja velocidade foi alterada.

Além destas características específicas, muitas vezes tais crianças apresentam outros problemas que se adicionam em variedade e em diferentes graus às suas dificuldades auditivas. No grupo de problemas adicionais podem estar incluídos os problemas visuais, motores, de equilíbrio e de linguagem.

As crianças que aparentemente revelam problemas no processamento auditivo já receberam inúmeros rótulos. Foram diagnosticadas como "portadoras de distúrbios da linguagem simbólica"; "portadoras de disfunção cerebral mínima"; "afásicas" ou "portadoras de distúrbio específico de linguagem". Atualmente, as crianças que apresentam dificuldades para compreender a informação auditiva são "agrupadas" no quadro denominado *Distúrbio de Processamento Auditivo Central* (Pinheiro & Musiek, 1985). A única certeza que temos sobre esta terminologia é que ela diz respeito a um sintoma e não a uma doença, já que até o presente momento não é possível determinar a causa ou o local do problema no Sistema Nervoso Central (SNC).

Estas crianças, cujo único sintoma é o distúrbio de aprendizagem causado por sua dificuldade em utilizar efetivamente os estímulos auditivos, passam por inúmeros testes audiológicos convencionais, revelando audição normal. Diversos autores (Hodgson, 1966; Stubblefield e Young, 1975; Willeford, 1976) empregaram testes de fala sensibilizada para pesquisar a origem do distúrbio de aprendizagem nestas crianças.

Stubblefield e Young (1975) observaram que no *Staggered Spondaic Word Test(SSW)* estas crianças cometiam mais erros do que as crianças consideradas normais.

Willeford (1976) aplicou uma bateria de testes de fala sensibilizada incluindo fusão binaural, fala filtrada, fala competitiva e fala alternada e observou que crianças com distúrbios de aprendizagem mostraram a pior performance no teste de fusão binaural. Para o autor, isto indica que a função do tronco cerebral pode estar alterada, pois é nesta região que ocorrem as relações normais entre as informações auditivas e visuais.

Em 1977, Martin e Clark elaboraram um procedimento de teste que incluía teste de discriminação de fala utilizando filtro passa-baixo e uma combinação de testes de fala dióticos e dicóticos. Os autores aplicaram o procedimento em um grupo de crianças normais e em um grupo de crianças portadoras de distúrbios de aprendizagem. Seus resultados revelaram que as crianças que obtiveram índices mais elevados de discriminação para a apresentação diótica do que para a dicótica encontravam-se no grupo de crianças com problemas de aprendizagem.

Antes de aplicarmos os testes logoaudiométricos sensibilizados mencionados nestas pesquisas, é fundamental que submetamos estas crianças a uma avaliação audiológica básica, constituída de audiometria tonal por via aérea e por via óssea, pesquisa do SRT e do Índice de Reconhecimento de Fala sem ruído competitivo e testes de imitância acústica pelas razões abaixo apontadas:

a) muitas vezes a criança tem problema de aprendizagem decorrente de uma patologia condutiva ou neuro-sensorial;

b) os testes auditivos centrais podem revelar resultados ambíguos quando associados à perda auditiva periférica;

c) muitos dos testes a serem aplicados são realizados em nível de sensação, exigindo para tal os limiares tonais da criança.

Um trabalho realizado por Freeman & Parkins (1979) mostrou uma incidência três vezes maior de timpanogramas anormais entre o grupo de crianças portadoras de distúrbio de aprendizagem, quando comparados ao grupo de crianças normais. A importância da bateria audiológica rotineira como fonte de informação sobre a integridade da audição periférica e como base para a aplicação de testes específicos para pesquisar a via auditiva central deve ser sempre assegurada.

Segundo Hodgson (1985), os testes que visam pesquisar a via auditiva central podem ser agrupados de várias formas:

a) de acordo com o tipo de sinal acústico (tom puro, dígitos, fonemas etc.)

b) de acordo com a forma de apresentação (monoaural, diótica, dicótica etc.)

c) de acordo com o local do Sistema Nervoso Central Auditivo que está sendo pesquisado (tronco cerebral, córtex auditivo etc.)

d) de acordo com a bateria de testes pré-estabelecidos, o que pode complicar a tarefa didática, pois vários testes se sobrepõem e pesquisam diversos aspectos ao mesmo tempo.

Algumas vezes, crianças com distúrbios de aprendizagem apresentam respostas inconsistentes para tons puros nos testes convencionais. Nestes casos, a aplicação da audiometria eletrofisiológica de tronco cerebral (BERA) pode auxiliar na determinação dos seus limiares auditivos.

Após a aplicação da bateria audiológica convencional, o audiologista pode selecionar alguns testes específicos que irão avaliar tarefas que envolvem suas habilidades auditivas. A aplicação da bateria de testes centrais requer algumas precauções por parte do examinador, para que este não caia em armadilhas que venham a invalidar seu trabalho.

Pinheiro e Musiek (1985) ressaltam alguns tópicos referentes à aplicação desta bateria:

a) é importante calibrar o equipamento de teste;

b) todo cuidado deve ser tomado na seleção do equipamento, já que gravadores comerciais geram muito ruído de fundo, comprometendo a avaliação da relação sinal/ruído;

c) tomar cuidado quanto às possíveis diferenças de intensidade quando são empregados dois canais de gravação, pois isto pode afetar os resultados;

d) repor, periodicamente, as fitas gravadas, pois com o uso tendem a ficar barulhentas e menos nítidas;

e) selecionar cuidadosamente a bateria de testes — materiais usados para avaliar as funções verbal e não-verbal, examinando os diversos aspectos das funções corticais;

f) conhecer os padrões normativos existentes para possibilitar a avaliação adequada dos resultados para cada faixa etária;

g) observar se o paciente apresenta outros problemas associados para que não venham a interferir nos resultados dos testes. Problemas auditivos periféricos podem contribuir para um desempenho ruim em algumas situações, como em perdas auditivas unilaterais, em casos de recrutamento, em perdas auditivas para freqüências altas, superiores a 1500 Hz. Se o paciente é portador de distúrbio psiquiátrico, este fato deve ser levado em consideração, já que muitos pesquisadores têm mencionado a presença de alterações cerebrais em pacientes esquizofrênicos.

h) lembrar que é muito difícil estabelecer valores estatísticos significantes para os achados dos trabalhos realizados nesta área, uma vez que a qualidade das respostas dos pacientes varia muito, dependendo das áreas neurológicas afetadas e, mesmo com todo o avanço tecnológico, ainda não é possível determinar o topodiagnóstico das lesões cerebrais com exatidão.

Nas crianças com distúrbio de aprendizagem é ainda mais difícil estabelecer valores estatísticos de forma generalizada. O termo "distúrbio de aprendizagem" engloba uma série de problemas educacionais, dos quais não se conhece a base neuro-anátomo-funcional. Este fato pode explicar por que razão diferentes pesquisadores obtêm resultados distintos estatisticamente, até mesmo quando repetem o mesmo procedimento.

i) dificuldade no estabelecimento do local ou locais da lesão no SNC e, dessa forma, relacionar a lesão às manifestações comportamentais do indivíduo, já que uma lesão cerebral pode interferir no funcionamento de outras áreas, tais como: na transmissão do impulso nervoso e na bioquímica do tronco cerebral. Desse modo, uma lesão cerebral dificilmente restringe suas seqüelas para uma única função e o paciente apresenta problemas múltiplos.

j) O critério de avaliação e seleção do material a ser utilizado, quando o sujeito do teste é uma criança, já que muito do material de fala empregado nos testes de fala sensibilizada foge ao nível semântico da criança. É importante lembrar que somente por volta dos nove anos de idade é que a criança pode realizar testes de fala dicóticos. Conhecer as possibilidades de uma criança em realizar tarefas auditivas centrais é, portanto, imprescindível, para que não sejam propostas atividades que estejam fora de seu estágio de desenvolvimento.

Outro cuidado que deve ser tomado diz respeito à diferenciação entre *percepção auditiva*, função primariamente sensorial, de *processamento auditivo*, já que muitas vezes o indivíduo é capaz de perceber adequadamente o estímulo, mas seu cérebro não é capaz de processar a resposta. Geralmente, os testes auditivos centrais estudam a forma como o cérebro está realizando o processamento auditivo, e a correta interpretação de seus resultados nos informa *qual* e *onde* está o problema.

A bateria de testes mais comumente aplicada a pacientes com suspeita de problemas auditivos de origem central costuma incluir os seguintes testes: fusão binaural; testes de fala dicóticos; testes de fala filtrada; testes de fala alternada e testes de fala competitiva.

Willeford (1985) sugere a seguinte bateria de testes para a pesquisa da função auditiva central em crianças:

1. testes comportamentais que envolvem estímulos monóticos distorcidos ou padronizados;

2. testes que apresentam o estímulo de forma dicótica;

3. testes que pesquisam a interação binaural.

Os testes monóticos compreendem os testes de fala filtrada, fala comprimida, de seqüência do padrão tonal, de identificação da sentença sintética (com mensagem competitiva ipsilateral), de *performance* função x intensidade e os testes de fala x ruído.

Testes de fala filtrada — onde o material de fala recebe um tratamento acústico que limita o campo de freqüências do estímulo de fala. Em geral, são atenuadas as freqüências altas, visto que a eliminação das baixas não se mostrou tão eficiente (Levy, 1981). Os pacientes portadores de lesão no lobo temporal costumam apresentar maior dificuldade para perceber o estímulo de fala e, em grande número de casos, a *performance* é pior no ouvido contralateral ao do hemisfério lesado do que no ouvido ipsilateral, sendo que esta assimetria de respostas confirma uma anormalidade. Esta técnica foi experimentada e validada por Bocca e Calearo (1963) em adultos e Willeford (1975, 1976, 1977) encontrou os mesmos resultados em crianças, mas salienta que algumas com disfunção auditiva central podem se sair relativamente bem neste teste, falhando em outros drasticamente.

Testes de fala comprimida — onde a fala é acelerada, ou seja, o tempo de duração da mensagem é encurtado. Tem sido observado que os pacientes portadores de distúrbios auditivos centrais enfrentam problemas relativos aos fatores temporais e, por isso, o teste de fala comprimida tem sido usado nestes pacientes. É muito importante que a qualidade tonal (freqüências) dos materiais de fala seja mantida, a fim de evitar possíveis distorções. Willeford (1975,1980) relata que ao se utilizar do teste de fala comprimida de Beasley *et al.* (1976) obteve os seguintes resultados:

- crianças que falhavam em todos os testes;

- crianças que falhavam somente em testes selecionados;

- crianças que só conseguiam se sair bem neste teste;

- crianças que falharam só neste teste.

Como conclusão, Willeford (1985) ressalta a importância de se aplicar uma bateria completa de testes, devido às grandes diferenças individuais que podem ser encontradas entre as crianças com problemas auditivos centrais.

Teste de seqüência do padrão tonal — desenvolvido por Pinheiro (1977), este teste não-verbal permite a avaliação da habilidade de percepção e de seqüência temporal. O teste se compõe da apresentação de três estímulos de tons diferentes, com duração de 500 ms = 0,5 s cada e intervalos de 300 ms = 0,3 s entre os tons. As freqüências dos tons são: 880 Hz (baixo-B) e 1.430 Hz (alta-A), que são apresentados em seis combinações diferentes: ABA, BAB, AAB, BBA, ABB e BAA. Após uma fase inicial de treinamento, 30 padrões são apresentados em cada ouvido via fones ou em campo livre. O paciente pode responder imitando os tons apresentados ou descrevendo-os verbalmente, ou mesmo apontando blocos altos e baixos, segundo o padrão apresentado. Pinheiro (1977) e Pinheiro *et al.* (1982) referem que os pacientes com lesão cerebral e/ou problemas de aprendizagem são, muitas vezes, capazes de imitar o padrão tonal, mas não conseguem responder adequadamente quando se pede que descrevam verbalmente o padrão tonal. Advertem, porém, que crianças com menos de sete anos de idade têm maior dificuldade para realizar este teste devido ao fator maturacional.

Teste de identificação da sentença sintética — mensagem competitiva ipsilateral — este teste foi descrito por Jerger & Jerger (1974, 1975) e compõe-se de uma narrativa em monólogo que compete com um estímulo de sentenças sem sentido. Este material tem se mostrado muito eficaz quando aplicado em crianças, mas mostra limitações com aquelas portadoras de dificuldades de leitura, mesmo de materiais com significado. Neste teste, o paciente deve ser capaz de ler ou reconhecer a sentença apresentada em um quadro onde estão listadas aleatoriamente dez sentenças.

Teste da performance função x intensidade — elaborado por Jerger (1983), consiste na pesquisa do fenômeno do *roll-over* para uma lista de palavras foneticamente balanceadas e mostra existirem achados alterados nas crianças portadoras de disfunção cerebral.

Testes da performance da fala x ruído — onde pesquisa-se o reconhecimento de fala em presença de ruído competitivo. Apesar de não serem muito aplicados a pacientes com problemas auditivos centrais, estes testes revelam que crianças com deficiência auditiva central apresentam dificuldades para se comunicar em locais ruidosos. A tentativa de reprodução de situações de fala x ruído com a utilização de níveis fixos de ruído branco não tem espelhado a dificuldade encontrada nos ambientes reais. Deste modo, a exemplo do que tem sido feito nos países europeus e americanos, no Brasil, Shochat (1991) e Costa (1992) desenvolveram testes de reconhecimento de fala em presença de ruído branco e *cafeteria noise* para indivíduos portadores de perdas auditivas induzidas por ruído.

Bohlsen (1992), visando observar o efeito do ruído na percepção de fala, estudou 104 escolares com audição normal de 7 a 10 anos de idade, usando uma lista de expressões espondaicas (cap. VII — Quadro VII-4) apresentada em competição ipsilateral frente a um ruído de voz feminina mesclando mensagens. A relação sinal/ruído foi de 0 dB e o nível de apresentação do teste foi de 60 dBNA. Os resultados revelaram diferenças estatisticamente significantes entre a apresentação da lista sem e com o ruído competitivo, mostrando que este atua como agente minimizador da redundância da fala.

Em recente trabalho Pereira (1993) investigou o efeito do ruído branco contínuo homolateral competitivo na inteligibilidade de palavras monossilábicas em um grupo de indivíduos adultos otologicamente normais. O nível de apresentação das palavras foi mantido em 40 dBNA e o ruído foi apresentado nas seguintes relações sinal/ruído: -25, -15, -5 e + 5 dB. Os resultados mostraram que o ruído branco interferiu na inteligibilidade dos monossílabos, ocorrendo maior interferência quanto maior o nível de intensidade deste em relação ao sinal de fala. Pereira (1993) recomenda as relações fala/ruído de - 5 e + 5 dB como sendo as de melhor aplicabilidade na pesquisa do reconhecimento de fala em presença de ruído competitivo.

Testes dicóticos — compreendem a apresentação simultânea de sinais de fala diferentes para cada ouvido. Desde sua elaboração, estes testes despertaram grande interesse, tanto na área da pesquisa quanto na do diagnóstico clínico. O uso dos testes dicóticos como meio de detectar lesões do SNC tem sido bastante discutido, já que são válidos na medição da assimetria hemisférica ou como indicativos de disfunção cerebral (Kimura, 1961).

Alguns dos testes dicóticos que não fazem parte da bateria de Willeford para crianças serão apresentados a seguir de forma suscinta; estes incluem uma variedade de técnicas e estímulos.

Dígitos — Este teste consiste na apresentação simultânea para os dois ouvidos de pares de números diferentes. Tal como em outros testes isolados, existem crianças para as quais o teste é altamente sensível e outras das quais não se consegue obter qualquer diferença significativa de comportamento.

Palavras espondaicas — SSW — Neste procedimento, o material de fala (espondaicos) é trabalhado de forma a ocorrer uma sobreposição parcial entre as palavras espondaicas apresentadas, de modo que a segunda sílaba da primeira palavra espondaica ocorra simultaneamente com a primeira sílaba da segunda palavra espondaica. O mais importante é que as sílabas que não estão sobrepostas possam formar uma nova palavra (Quadro IX -1).

Quadro IX - 1

	não compete	compete	não compete
O.D.	quem	quer	
O.E.		vem	mais
palavra nova	quem		mais

Os trabalhos apresentados por pesquisadores da área têm mostrado a eficácia do SSW como forma de medir os distúrbios auditivos centrais da criança.

Testes com sentenças competitivas — Neste procedimento o material usado como estímulo é composto por sentenças. O objetivo do teste é identificar o local da lesão em pacientes adultos portadores de lesão permanente em algumas áreas do cérebro. Este material também tem se mostrado útil para confirmar a presença e a natureza das dificuldades de processamento auditivo apresentadas por uma criança com problemas de aprendizagem.

Existem diversos tipos de teste com sentenças; entre eles podemos destacar o teste de identificação das sentenças sintéticas, o teste pediátrico de inteligibilidade de fala e o teste de sentenças de fala natural.

Teste de identificação de sentenças sintéticas — SSI — idealizado por Jerger *et al.* (1968) e adaptado para o português por Almeida e Caetano (1988) o SSI é um teste de reconhecimento de sentenças sintéticas composto por dez sentenças sem sentido, cujas palavras estão agrupadas com extensão e ordenação variadas. A apresentação do material de teste pode ser feita de várias formas, criando, então, a situação de competição dicótica. Uma das formas propostas é a apresentada nas sentenças gravadas com voz masculina em um dos ouvidos, enquanto simultaneamente, no outro ouvido é apresentada uma narrativa de textos da História do Brasil. A gravação das sentenças deve obedecer ao seguinte critério: são 10 sentenças, com 3 segundos de duração, mantendo-se um intervalo de 7 segundos entre elas. O paciente é instruído a apontar a sentença escrita à sua frente que corresponda àquela que ouviu e reconheceu. A competição ipsilateral da mensagem é feita em seis diferentes relações sinal/ruído:

+10, 0, -10, -20, -30 e -40 dB. O Quadro IX-2 mostra as sentenças sintéticas utilizadas na adaptação do SSI para o português.

Quadro IX - 2
Sentenças sintéticas utilizadas no teste SSI

1. Que ignora o fim principal é ganhar
2. A porta larga para ser mais rápido
3. Gosta muito crer te dá muito para
4. Quarto Golpe de Estado e o campo
5. Sempre e corre muito mais bonito que
6. Confiança em minha alma cai dentro de
7. Ação humilde é bem claro o céu
8. Sobre minha cabeça está de Deus pai
9. Grande general chega já e não creias
10. Assista a aula de papel branco na

(Almeida e Caetano, 1988)

Teste Pediátrico de Inteligibilidade de Fala — PSI — Elaborado por Jerger (1982) e adaptado por Almeida *et al.* (1988) para o português, o PSI se utiliza de dez sentenças contendo vocábulos que podem ser associados com figuras que representem a ação, agrupadas em dois grupos de cinco em pranchas e associadas a alimentos, vestimentas, animais, brinquedos e veículos. As sentenças foram gravadas do mesmo modo que no procedimento descrito para o SSI, sendo a mensagem competitiva uma estória infantil apresentada ipsilateralmente. Os autores recomendam a sua aplicação para crianças a partir dos três anos de idade. O Quadro IX-3 mostra a lista de sentenças utilizada na aplicação do PSI.

QUADRO IX - 3
Lista de sentenças utilizada na aplicação do PSI

1. Mostre o rato pintando um ovo
2. Mostre o gato escovando os dentes
3. Mostre o cavalo comendo a maçã
4. Mostre o rato pondo o sapato
5. Mostre o gato penteando o cabelo
6. Mostre o gato tomando o leite
7. Mostre o rato lendo o livro
8. Mostre o cavalo correndo
9. Mostre o gato comendo sanduíche
10. Mostre o rato jogando futebol

(Almeida et al., *1988)*

Teste de sentenças da fala natural ou rotineira — foi desenvolvido por Willeford e Bilger (1980) e é composto por sentenças simples e comuns que fazem parte do dia-a-dia da língua inglesa. O objetivo do uso de sentenças rotineiras era evitar a dependência da identificação de palavras que são transitórias, principalmente monossílabos. Um segundo objetivo era o desejo de simular construções gramaticais que podem ser encontradas no dia-a-dia. Neste teste, o autor procurou dar aos indivíduos uma pista para sua habilidade em reconhecer formas padronizadas da linguagem falada. Ao mesmo tempo, foi feita uma seleção do material de linguagem para que seu nível não ficasse acima das possibilidades de reconhecimento para crianças, pessoas com inteligência abaixo da média, pessoas com baixo nível cultural ou para pacientes que apresentassem redução no seu desempenho geral, devido a lesão do SNC.

Neste teste, pares de sentenças, cujo conteúdo versa sobre o mesmo assunto, são apresentados simultaneamente, uma frase para cada ouvido. As sentenças são similares em duração e conteúdo e são apresentadas de tal modo que começam e terminam ao mesmo tempo. Exemplo:

- Eu acho que vai chover amanhã;
- Está geando sobre a grama.

São consideradas respostas erradas, qualquer combinação entre as seguintes:

- Confusão com a sentença competitiva;
- Omitir uma palavra;
- Adicionar uma palavra;
- Substituir uma palavra que não é encontrada em nenhuma das sentenças;
- Qualquer palavra errada que altere o significado ou a intenção da sentença.

Fusão Binaural — Neste procedimento, uma série de palavras espondaicas são apresentadas ao paciente, mas antes passam por um processo de filtragem, de tal modo que a banda de alta freqüência é emitida em um ouvido, enquanto a de baixa freqüência é emitida no outro ouvido. Willeford e Bilger (1978) concluíram que o teste de fusão binaural é o procedimento mais sensível da bateria, quando se avalia crianças com distúrbio de aprendizagem.

Existem muitos outros testes que podem ser aplicados na criança com distúrbio auditivo central. Os que foram citados anteriormente fazem parte da bateria da maior parte dos autores pesquisados. Acreditamos que a criança com problema de aprendizagem merece uma atenção maior por parte da equipe que atua junto a ela no processo diagnóstico, orientação e seleção dos procedimentos terapêuticos que esta criança necessita. Testes objetivos, tais como BERA, podem auxiliar na identificação do quadro geral da criança, diagnosticando de forma precisa a presença ou não de problemas auditivos centrais, que podem comprometer seriamente o desenvolvimento de linguagem desta criança.

A medida do reflexo acústico do músculo estapédio também pode ser um indicativo de problema auditivo central ou periférico. É um exame simples e rápido, baseado no princípio de que quando o reflexo ipsilateral está presente, mas o contralateral está ausente, uma patologia no tronco cerebral pode estar interferindo no arco reflexo estapédio-coclear (Figura IX-1). Ocasionalmente, é possível observar-se este achado em crianças com problemas auditivos centrais.

Figura IX-1
Diagrama esquemático do reflexo acústico do músculo estapédio

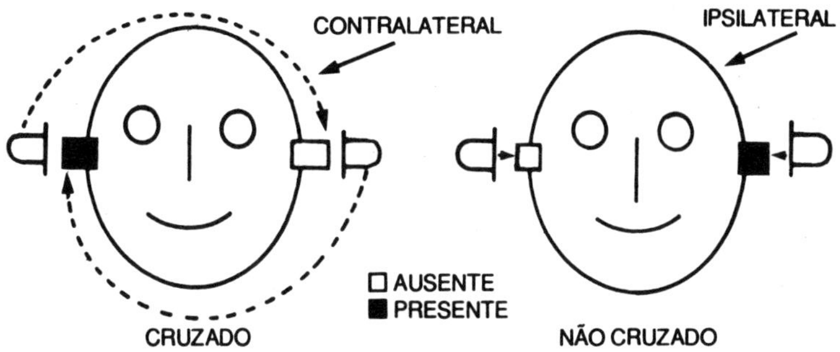

O emprego de testes isolados no diagnóstico da criança com problemas de aprendizagem pode levar-nos a interpretações errôneas sobre suas dificuldades, necessidades e limitações. É necessário que estas crianças sejam avaliadas como um todo e, principalmente, que suas habilidades auditivas sejam verificadas de forma a se estabelecer um programa de trabalho que atenda às suas necessidades e que aproveite ao máximo o seu potencial. Muito, ainda, precisa ser feito, principalmente pelos estudiosos e interessados no assunto dentro da realidade brasileira, a fim de que possamos efetivamente auxiliar as crianças portadoras de distúrbios auditivos centrais.

Bibliografia

ALMEIDA, C.I.R. & CAETANO, M.H.U. Logoaudiometria utilizando sentenças sintéticas. *Revista Brasileira de Otorrinolaringologia*, 54(3): 68-72, 1988.

_____. CAMPOS, M.I.; ALMEIDA, R.R. Logoaudiometria Pediátrica. *Revista Brasileira de Otorrinolaringologia*, 54(3): 73-77, 1988.

BEASLEY, D.; MAKI, J.; ORCHIK, D. Children's perception of time-compressed speech using two measures of speech discrimination. *J. Speech Hear. Disord.*, 41:216, 1976.

BOCCA, E. & CALEARO, C. Central hearing process. In: JERGER, J. *Modern Developments in Audiology*. Nova Iorque, Academic Press, 1963. p.337-70.

BOHLSEN, Y.A. *Um procedimento de avaliação da percepção de fala em presença de ruído em escolares de 7 a 10 anos de idade*. Tese de mestrado. PUC-São Paulo, 1992.

COSTA, E.A. *Estudo da correlação entre a audiometria tonal e o reconhecimento de monossílabos mascarados por fala competitiva nas perdas auditivas induzidas pelo ruído*. Tese de Mestrado. PUC-São Paulo, 1992.

FREEMAN, B. A. & PARKINS, C. The prevalence of middle ear disease among learning impairment children. *Clin. Pediatr.*, 18:205, 1979.

HODGSON, W. R. *Speech discrimination of children with suspected central nervous system impaiments*. Paper presented at the Annual Hearing and Speech Seminar, Kansas City Medical Care, 1966.

HODGSON, W. R. In: KATZ, J. *Handbook of clinical audiology*. 3rd ed. Baltimore, The Williams and Wilkins Co., 1985.

JERGER, S. Speech Pathology in young children. *Ear Hear.*, 4:56, 1975.

_____. Pediatric Speech Intelligibility Test: Performance-Intensity Characteristics. *Ear Hear.*, 3:325-334, 1982.

_____. Neuroaudiologic Findings in Patients with Central Auditory Disorders. *Seminars in Hearing*, 4:133-159, 1983.

JERGER, J. & JERGER, S. Auditory findings in brainsetm disorders. *Arch. Otolaryngol.*, 99:342, 1974.

_____. Clinical validity of central auditory tests. *Scand. Audiol.*, 4:147, 1975.

JERGER, J.; SPEAKS, C.; TRAMMEL, J.L. A new approach to speech audiometry. *J. Speech Hearing Dis.*, 33(4):318-328, 1968.

KATZ, J. Clinical use of central auditory tests. In: KATZ, J. *Handbook of clinical audiology*. Baltimore, The Williams and Wilkins Co., 1978. p. 233-43.

KIMURA, D. Some effects of temporal bone damage on auditory perception. *Can. J. Psychol.*, 15:156, 1961.

_____. Some effects of temporal lobe damage on auditory perception. *Can. J. Psychol.*, 15:166-171, 1961a.

_____. Cerebral dominance and the perception of verbal stimuli. *Can. J. Psychol.*, 15:166, 1961b.

LEVY, F. *Central auditory testing in learning-disabled children*. Master's dissertation. University of Witwatersand, 1981.

MACHADO, S. *A lista de espondaicos e outros estímulos de fala na logoaudiometria.* Tese de mestrado. PUC-São Paulo, 1987.

MARTIN, F. & CLARK, J. Audiologic detection of auditory processing disorders in children. *J. Am. Audiol. Soc.*, 3:140, 1977.

MATKIN, N. *Central auditory testing.* Paper presented at American Speech-Language-Hearing Association Convention, Los Angeles, 1982.

MYKLEBUST, H. *Auditory disorders in children.* Nova Iorque, Grüne & Stratton Inc., 1954.

PEREIRA, L.D. *Audiometria verbal: teste de discriminação vocal com ruído.* Tese de Doutorado. Escola Paulista de Medicina, São Paulo, 1993.

PINHEIRO, M. Auditory perception in patients with left and right hemisphere lesions. *Ohio J. Speech Hear.*, 12:9, 1977.

_____. Test of central auditory function in children with learning disabilities. In: KEITH, R. *Central Auditory Dysfunction.* Nova Iorque, 1977, p. 223-56.

PINHEIRO, M.; JACOBSEN, G.; BOLLER, F. Auditory dysfunction following a gunshot wound of the pons. *J. Speech Hear. Disord.,* 47:296, 1982.

PINHEIRO, M. & MUSIEK, P. *Assessment of central auditory dysfunction —* foundations and clinical correlates. Baltimore, The Williams and Wilkins Co., 1985.

SCHOCHAT, E. *Percepção de fala entre indivíduos portadores de perda auditiva induzida pelo ruído.* Tese de Mestrado. Universidade de São Paulo, 1991.

STUBBLEFIELD, J. H. & YOUNG, C. E. Central auditory dysfunction in hearing disabled children. *J. Learn. Disabl.,* 8:32, 1975.

WILLEFORD, J. Central auditory function in children with learning disabilities. *Audiol. Hear. Educ.,* December-January, 12, 1975-1976.

_____. Differential diagnosis of central auditory dysfunction. In: BRADFORD, L. *Audiology: an audio journal for continuing education.* Nova Iorque, Grüne & Stratton Inc., 1976. v.2.

_____. Assessing central auditory behavior in children: a test battery approach. In: KEITH, R. *Central auditory dysfunction.* Nova Iorque, Grüne & Stratton Inc., 1977, p.43-72.

_____. Evaluation of central auditory disorders in learning disabled children. In: BRADFORD, L. *Learning disabilities: an audio journal for continuing education.* Nova Iorque, Grüne & Stratton Inc., 1977, v. 1.

WILLEFORD, J. & BILGER, J. Auditory perception in children with learning disabilities. In: KATZ, J. *Handbook of clinical audiology.* Baltimore, The Williams and Wilkins Co., 1978, p. 410-25.

_____. Central auditory behaviour in learning disabled children. *Seminar. Speech Lang. Hear.,* 1:127, 1980.

CAPÍTULO X
Orientação e seguimento

A detecção da perda auditiva no nascimento é decisiva para o estabelecimento de programas de habilitação que visem a integração do deficiente auditivo na comunidade de ouvintes em que vivemos. Esta integração não só asseguraria um desenvolvimento de linguagem que respeitasse a hierarquia das etapas que determinam a aquisição da linguagem, período crítico de maturação, como também propiciaria o equilíbrio psico-social e educacional do deficiente auditivo.

Através da criação destes programas poderíamos ter esperanças de evitar algumas das principais conseqüências do diagnóstico tardio da deficiência auditiva congênita, apontados por Boothroyd (1982):

1. Problema perceptual — A criança não pode identificar objetos ou eventos pelos sons que os mesmos produzem, estando mais sujeita a acidentes, pois um importante mecanismo de alerta e defesa encontra-se prejudicado.

2. Problema de fala — A criança não aprende a associar os movimentos de seus mecanismos fono-articulatórios aos sons resultantes. Conseqüentemente, tende a não adquirir o controle da fala, tanto no que se refere à intensidade quanto à altura de sua voz.

3. Problema de comunicação — A criança não aprende a sua própria língua. Por esta razão, não consegue transmitir seus pensamentos às outras pessoas, exceto por intermédio de gestos e demais ações concretas. Por não entender o que os outros falam, ela fica impossibilitada de manter uma conversação.

4. Problema cognitivo — A criança, ao adquirir a linguagem falada, tem acesso ao mundo através dos pensamentos dos outros, das idéias abstratas e das informações sobre épocas ou locais longínquos. A criança deficiente auditiva aprende sobre o mundo a partir de situações concretas: "aqui e agora".

5. *Problema social* — A criança tem dificuldade em desenvolver atitudes adequadas perante os outros, principalmente por não perceber um aspecto da paralinguagem, isto é, os fatores supra-segmentais da fala. Por exemplo: a mudança no tom de voz é um forte indicativo do estado emocional em que o falante se encontra, e esta mudança poderia adverti-la de que passou dos limites. Por não percebê-la, a criança deficiente auditiva tem dificuldade de assimilar as regras sociais, usando, então, comportamentos ritualísticos e manipula os adultos, a fim de influenciá-los. Como conseqüência, surge o isolamento do mundo e dos outros, isto é, a segregação.

6. *Problema emocional* — A criança, sendo incapaz de satisfazer suas necessidades através do uso da linguagem falada, é incapaz de perceber as reações dos pais e familiares, sentindo-se frustrada, confusa, zangada, medrosa, agressiva e, freqüentemente, desenvolve uma auto-imagem negativa.

7. *Problema educacional* — A criança obtém um benefício mínimo de experiências profissionais, necessitando freqüentemente de educação especial.

8. *Problema intelectual* — Embora possuidora de inteligência não-verbal normal, a criança é deficiente na competência da linguagem e no conhecimento geral. Ela não pode, portanto, através da inteligência, usar seu conhecimento do mundo para resolver problemas, nem adquirir ou transmitir informações.

9. *Problema vocacional* — A falta das habilidades verbais, do conhecimento geral, do treinamento acadêmico e das habilidades sociais fazem com que a criança deficiente auditiva atinja a idade adulta com possibilidades profissionais severamente limitadas.

10. *Problema familiar* — As reações instintivas dos pais de um bebê que falha em desenvolver a linguagem verbal é deixar de estimulá-lo, não falando com ele, provocando uma redução na interação familiar. Ao descobrirem a real natureza das dificuldades, podem entrar em um estado de confusão, negação do problema e revolta, o que reduz a sua efetividade geral como pais, comprometendo não somente o desenvolvimento da linguagem, mas também a integração sócio-emocional da criança.

11. Problema sócio-econômico — A ausência de interação da criança com seus pais será repetida posteriormente pela sociedade como um todo, que tende a estigmatizá-la e segregá-la. A necessidade do uso de um aparelho auditivo e sua manutenção geram problemas econômicos sérios, devido ao custo elevado dos mesmos, sem levar em conta o trabalho especializado necessário, o qual requer a participação de uma equipe de profissionais.

Diante destes problemas, conclui-se que o trabalho de habilitação da criança deficiente auditiva deve ter início tão logo o diagnóstico tenha sido efetuado e o aparelho auditivo indicado.

Na área da educação de um deficiente auditivo destaca-se o papel do audiologista educacional, especialista que irá assegurar que todos os aspectos de audição e aprendizagem da criança sejam maximizados a fim de atingir suas capacidades vitais. Sua atuação engloba todos os aspectos necessários à habilitação e reabilitação auditivas, incluindo o trabalho de indicação e adaptação do aparelho auditivo em situação de terapia; a escolha do método de reabilitação mais apropriado para cada caso; seleção das classes nas escolas; treinamento de pessoal de apoio; orientação aos pais, familiares e professores, além de determinar a necessidade de reavaliações audiológicas periódicas do deficiente auditivo (Northern e Downs, 1991).

O primeiro passo é a seleção dos modelos de aparelhos auditivos que melhor se adaptem ao tipo e grau de perda auditiva apresentado pela criança. As características eletroacústicas do aparelho, ou seja, ganho, resposta em freqüência e saída máquina, deverão ser comparadas aos achados audiológicos da criança. Deverão ser também determinados os controles de volume, tonalidade e limitação de ganho e saída, bem como o tipo de molde mais adequado a cada caso. Atualmente, esta tarefa é facilitada com o advento dos equipamentos de mensuração *in situ*, os quais possibilitam a medição dos efeitos de ressonância da orelha externa, do nível de pressão sonora atingido pelo aparelho auditivo na superfície da membrana timpânica da criança, do ganho de inserção, dos efeitos totais do acoplamento molde-aparelho na orelha da criança, requerendo, para tanto, mínima cooperação desta (Gabbard e Northern, 1986).

Entretanto, além da realização das mensurações *in situ* o audiologista deverá observar as reações da criança em campo livre, determinando o ganho funcional do aparelho e, principalmente, avaliando seu comportamento frente aos estímulos de fala.

A adaptação do aparelho auditivo em crianças deve ser realizada em sessões terapêuticas, as quais possibilitam a observação de seu comportamento auditivo diante dos diversos estímulos sonoros, com cada um dos modelos selecionados.

Após a indicação e adaptação do aparelho auditivo, o programa de habilitação deve ter início, visando proporcionar à criança deficiente auditivo experiências intensas em várias situações: terapêutica, domiciliar e escolar.

Devido ao impacto que o diagnóstico da deficiência auditiva acarreta aos pais e familiares da criança, uma parte importante do programa envolve a orientação aos pais. Com este objetivo, a equipe de Audiologia Educacional do curso de Fonoaudiologia da PUC de São Paulo elaborou um programa intensivo de orientação individual ou em grupo para pais de deficientes auditivos (Balieiro, Bevilacqua, e Pupo, 1985).

Este programa foi elaborado com o intuito de orientar os pais, auxiliando-os a aceitar o problema e motivá-los no trabalho que deverão desenvolver com seu filho, constando dos seguintes itens:

• explicação do funcionamento do ouvido normal;

• explicação dos tipos de deficiência auditiva;

• explicação do funcionamento do aparelho auditivo, cuidados especiais e importância de seu uso;

• explicação do processo de aquisição de linguagem da criança ouvinte x criança deficiente auditiva;

• explicação dos métodos de atuação e da forma de colocá-los em prática;

• solicitação da realização de um diário feito pelos pais, onde constem todas as situações verbais e auditivas da criança;

• execução das tarefas propostas pelo audiologista, a serem desenvolvidas em casa pelos pais (Bevilacqua e Balieiro, 1984).

Caso os pais apresentem problemas emocionais que lhes impeçam de atuar convenientemente com seu filho, é aconselhável o seu encaminhamento para terapia de apoio, com o auxílio de um psicólogo.

A integração do deficiente auditivo na escola

Existem controvérsias em relação à integração do deficiente auditivo na escola regular, tendo em vista a severidade da perda auditiva e a época em que o diagnóstico foi realizado.

Uma criança que apresente uma deficiência auditiva leve ou moderada poderá ingressar na escola regular, sem necessitar de educação especial. Já aquela que apresenta deficiência auditiva severa ou profunda tem necessidade de escola especial até adquirir a linguagem verbal, para poder começar a sua integração na escola regular (Couto, 1978).

Segundo Perier (1972), da Escola Integrada de Bruxelas, "quando uma criança apresenta uma perda auditiva severa, mas não profunda, pode necessitar despender um ou dois anos em classe especial para deficiente auditivo para, posteriormente, ser integrada a uma classe de ouvintes de 1ª série. Dos deficientes auditivos mais profundos somente alguns serão capazes de ingressar em uma classe de ouvintes durante o curso primário".

Perier (1972) e Spinelli (1983) em seus trabalhos defendem a colocação do deficiente auditivo em escolas regulares, por ser o melhor meio para sua integração à comunidade.

Concordamos com esta posição, acrescentando a faixa etária na qual o diagnóstico foi realizado como fator decisivo para o programa de encaminhamento do deficiente auditivo à escola.

Para as crianças cujo diagnóstico tenha sido efetuado no máximo até os dois anos de idade, aconselhamos escola regular, pois oferece a oportunidade de aquisição de linguagem segundo os padrões da criança ouvinte.

É importante, contudo, que esta criança esteja usando o aparelho auditivo e freqüente regularmente sessões de terapia fonoaudiológica em situação de clínica.

Para as crianças cujo diagnóstico foi realizado entre três e seis anos, nossa orientação é sua colocação em classes especiais, dentro de escolas regulares. Além disso, o professor deverá ser orientado, principalmente, no tocante ao local que a criança deverá estar sentada na sala de aula e ao modo de se comunicar com ela.

Para os deficientes auditivos cujo diagnóstico foi realizado após a fase pré-escolar, portanto, após os sete anos de idade, a orientação é de colocá-los em escolas especiais, as quais terão condições de educá-los através de estratégias específicas que possam facilitar seu processo educacional.

Para os três casos, não dispensamos o uso do aparelho auditivo e da terapia fonoaudiológica, uma vez que acreditamos no aproveitamento dos restos auditivos da criança e no seu treinamento auditivo como meios eficazes de aceleração do processo de aquisição e desenvolvimento da linguagem.

O objetivo não é converter a criança surda em uma versão fictícia de uma criança ouvinte normal, mas em uma criança não-ouvinte bem ajustada, que está dominando completamente as limitações de seu déficit sensorial (Gesell, 1956).

Bibliografia

BALIEIRO, C. R.; BEVILACQUA, M. C.; PUPO, A. C. *Programa clínico para deficientes auditivos de 0 a 5 anos*: atividades terapêuticas. Cadernos Distúrbios da Comunicação, Série Audiologia Educacional — DERDIC, 4. PUC-SP., São Paulo, 1985.

BEVILACQUA, M. C. & BALIEIRO, C. R. *Programa clínico para deficientes auditivos de 0 a 5 anos*. Cadernos Distúrbios da Comunicação — DERDIC, 1. PUC-SP, São Paulo, 1984.

BOOTHROYD, A. *Hearing impairment in young children*. Nova Jersey, Prentice Hall-Englewood Cliffs, 1982.

COUTO, A. *O deficiente auditivo de 0 a 6 anos*. Rio de Janeiro, Skorpios, 1978.

GABBARD, S. & NORTHERN, J.L. Real ear hearing instrument measurements in children. *Hear. Instrum.*, *38*(9): 789-793, 1986.

GESELL, A. The psychological development of normal and the deaf children in their preschool years. *Volta Rev.*, 58:117, 1956.

NORTHERN, J.L. & DOWNS, M. P. *Hearing in Children* 4th ed. Baltimore, The Williams & Wilkins Co., 1991.

PERIER, O. The process of integration of the deaf child in regular school. *Scand. Audiol. (suppl. 2)*, 1972.

SPINELLI, M. *Foniatria*. São Paulo, Moraes, 1983.

GRÁFICA PAYM
Tel. (011) 4392-3344
paym@terra.com.br